沈阳体育学院硕士研究生“十三五”规划教材

运动技术生物力学诊断与分析

闫红光　主编

人民体育出版社

图书在版编目（CIP）数据

运动技术生物力学诊断与分析 / 闫红光主编 . -- 北京 : 人民体育出版社 , 2021（2023.2 重印）
ISBN 978-7-5009-5889-5

Ⅰ . ①运… Ⅱ . ①闫… Ⅲ . ①运动生物力学—研究
Ⅳ . ① G804.6

中国版本图书馆 CIP 数据核字 (2020) 第 215367 号

*

人 民 体 育 出 版 社 出 版 发 行
北京中献拓方科技发展有限公司印刷
新 华 书 店 经 销

*

787 × 1092 16 开本 15.5 印张 325 千字
2021 年 1 月第 1 版 2023 年 2 月第 3 次印刷

*

ISBN 978-7-5009-5889-5
定价：70.00 元

社址：北京市东城区体育馆路 8 号（天坛公园东门）
电话：67151482（发行部） 邮编：100061
传真：67151483 邮购：67118491
网址：www.psphpress.com
（购买本社图书，如遇有缺损页可与邮购部联系）

编委会

前 言

FOREWORD

本教材以沈阳体育学院研究生培养目标为参考，结合多年研究生在撰写毕业论文时遇到的体育动作技术力学分析、人体肌肉力量评价、实验方法及分析阐述等方面的问题，在大量调研本科生、研究生和专家学者的基础上，经过数次修改和完善而成。本教材结合体育院校研究生实际，优选体育实例，注重实践能力培养，注重理论与实践的结合及知识的逻辑性和学科的前沿性，每章均配有内容提要、教学重点、教学难点、学习要求及课后习题，为学生自我学习打开空间。

全书共九章。其中第一章、第二章、第三章、第五章、第八章、第九章的第一节、第二节中的一和三由闫红光撰写，第四章由王新撰写，第六章的第一节、第三节、第四节，第七章的第一节由娄彦涛撰写，第六章的第二节、第七章的第二节、第三节、第四节由孟昭莉撰写，第九章的第二节中的二由于经伦完成。

沈阳体育学院研究生部在本书的编写过程中给予了大力支持，人民体育出版社在体系构建上提出了有益的建议，在此一并表示感谢。由于时间仓促和水平有限，书中定有不少缺点和错误，诚恳希望使用者批评指正。

2020年6月10日

目 录

CONTENTS

CHAPTER 01

第一章 绪 论

【内容提要】

本章阐述运动生物力学发展简史，运动生物力学学科的主要任务及运动生物力学在运动技术诊断与分析中的应用。

【教学重点】

1. 运动生物力学学科的主要任务；
2. 运动生物力学在运动技术诊断与分析中的应用。

【教学难点】

运动生物力学在运动技术诊断与分析中的应用。

【教学要求】

1. 运动生物力学学科的主要任务；
2. 运动生物力学在运动技术诊断与分析中的应用。

第一节 运动生物力学学科的形成

运动生物力学是生物力学的一个分支，研究日常活动中有关人体运动、运动器材、组织康复等机械运动规律，随着科学的发展和实践的需要，它逐渐成为一门新兴的边缘学科。运动生物力学要具体回答人体完成日常各种动作时是怎样运动和为什么会运动，以及运动对于组成人体各种生物材料的影响；同时也要研究影响人体运动的外界条件（如周围的环境、场地以及各种医疗辅助器械、监护装置等）与运动的关系。根据生物力学原理和人体形态、机能的特点，结合对运动场地、器材器具的利用和改进，为运动员确定合理的（包括最佳的）动作技术，可以有效地预防运动损伤，促进损伤恢复；研究合理、有效的运动方法，可以达到最佳的竞技状态和健身康复效果。运动生物力学本身已经超出了传统的科学界限，它是人类工程学、生物学、材料科学等相互渗透的一门新兴学科。

运动生物力学是古老的课题之一，对它的研究和应用有着悠久的历史，主要经历了如下几个时代：

一、亚里士多德时代

早在公元前，古希腊的哲学家和自然学家亚里士多德（公元前 384 年—公元前 322 年）就对生物体的运动产生了兴趣，他注意到了日常生活中人和动物的运动力学问题。意大利著名医生加伦（公元 131 年—公元 201 年）通过动物的解剖实验，证明大脑的运动冲动是沿神经传导至肌肉，使肌肉产生收缩而引起关节运动。

亚里士多德试图用生物机体（包括人体）有目的的运动现象来统一解释无生命物质的运动及其原因。他建立了两条影响深远但不准确的定律。其一，他认为“下落运动的快慢有两个原因：①运动所通过的媒质不同，如通过水或空气；②运动物体自身轻重的程度不同”。因此他关于落体运动的定律是：“如果运动的其他条件相同的话，物体下落的时间与重量成反比，如一物重量是另一物的两倍，则在同一下落中前者所用时间是后者的一半。”“如果空气比水稀两倍，则同一运动物体在水中的运动耗时是空气的两倍。”其二，除上升和下落外，地上物体的其他一切运动，他都认为是强迫运动：“任何运动着的事物都必然有推动者”。

二、伽利略与牛顿时代

1638 年，意大利科学家伽利略（1564—1642）首先发现施加载荷与骨形态之间的关系。意大利医生、解剖学家阿·鲍列里（1608—1679）进一步将力学和解剖学结合起来研究人体运动，1679 年，他完成了《论动物的运动》一书，可谓是第一部生物力学著作。他在这部著作中发表了利用杠杆原理测定人体重心的实验材料，并将人和动物在空间的主动移位运动分为三种基本形式，即蹬离地面（走、跑、跳等）、蹬离周围介质（如游泳、飞翔）和拉引（攀登、爬杆等）。

英国科学家牛顿从力学的基本概念（质量、动量、惯性、力）和基本定律（运动三定律）出发，运用他所发明的微积分这一锐利的数学工具，从数学上论证了万有引力定律，把经典力学确立为完整而严密的体系，并且把天体力学和地面上的物体力学统一起来，实现了物理学史上第一次大的综合。

三、19 世纪初——全面发展阶段

19 世纪初，骨力学方面取得一系列进展。1834 年，贝尔（Bell）指出骨可以使用尽可能少的材料来承担载荷；1838 年，Ward 报道增加压缩载荷可以加快骨的形成；1852 年，Iudwig 论及重力和肌肉力对维持骨的质量是必要的；1862 年，两位德国研究人员各自独立报道了加压对骨生长的影响；1867 年，瑞士学者报道了骨的内部结构和外部形态一样，与其所承受载荷的大小及方向有直接关系；1892 年，德国医学博士 WolFF 发表了著名的《骨转化定律》一文，这一法则已得到临床和实验的支持。

19 世纪中叶，随着照相技术的出现，法国生理学家马勒（1838—1904）对人体运动的方法进行了大量的研究，为生物力学分析提供了许多新的手段。1877 年美国摄影师麦布里奇（1830—1904）用 24 部照相机排成一列，第一次按顺序拍摄了骑马奔跑的连续动作照片，这是影片分析的萌芽。为纪念他对生物力学的贡献，1978 年第 11 届国际生物力学大会开始设立“麦布里奇”杰出贡献奖，以表彰那些在生物力学基础理论、研究方法及应用研究方面作出突出贡献的科研工作者。1882 年，马勒率先用高速摄影和风力装置记录和研究运动，拍摄到了鸽子、蜜蜂以及子弹的飞行情况，并在 1895 年研制出气压式测力台，利用高速摄影影片测量方法，结合测力台数据对人体步行时下肢运动学数据进行步态分析研究。现代的步态分析方法就是建立在其工作基础之上，同时他还记录测力台和位移数据，以此分析研究人体原地纵跳动作。

19 世纪 30 年代，著名的英国生理学家希尔因对肌肉的研究而获得诺贝尔奖，他提取青蛙的离体缝匠肌进行实验得出著名的 Hill 方程，即肌肉收缩的力速方程。他对肌肉力学研究的成果为生物力学研究奠定了基础。同时，他还研究过人体运动时的空气阻力，并提出估算空气阻力的经验公式。

四、20 世纪——运动生物力学学科的形成

20 世纪初期，德国学者布拉温和菲舍尔首次用解剖尸体的实验方法，测定人体各部分的相对重量和重心位置，并用测量速度、加速度和人体各部分重量推算引起加速度的力，从动力学方面研究人体运动。菲舍尔关于人体各部分相对重量和重心位置的资料，至今仍被用于计算人体重心。

20 世纪中叶，医学家和生物学家逐步认识到力的因素对解决本学科许多问题的意义，力学家在寻求力学的发展和应用新领域时，也注意到生物体是运用力学的广阔天地。两者的结合形成了一门新兴边缘学科——生物力学。

20 世纪后期，许多生物力学专家把生物力学的知识点应用到竞技体育和临床医疗领域，特别是骨伤、整形等领域的研究，逐步形成运动生物力学、医用生物力学、骨伤科生物力学等生物力学的分支学科，从此运动生物力学作为独立学科得到了迅速发展。

运动生物力学是一门很年轻的科学，其名称有一段时期未统一。美国原先称人体运动学（kinesiology），后又称运动技术生物力学（the biomechanics of sports techniques）；苏联早期称动力解剖学（kinetic anatomy），以后改称运动生物力学（sport biomechanics）；

日本称身体运动学；德国称运动分析。1973 年 8 月在美国召开的第四届国际生物力学会议上，决定采用运动生物力学作为学科的统一名称。此后，对本学科世界各国也都统称为运动生物力学。

运动生物力学涉及人体形态结构及组织的力学特性，生理功能特点对力学特性的影响，人体自身控制运动的能力及方式对人体内力和外力影响等诸多方面，是有关力学、解剖学、生理学、数学、现代控制论、电子计算机等相关学科方法论的综合应用，正因为如此，运动生物力学提出了学科发展的主要任务。

第二节　运动生物力学学科发展的主要任务

一、运动技术的生物力学原理及其优化方法

确定运动技术的生物力学原理首要考虑运动项目目标、指标提高的动作组成成分的相关因素。在找出相关因素的基础上，再找主要因素，主要因素动作组成成分找到后，再找动作组成成分所含技术动作对运动项目指标提高影响的运动生物力学因素。以自由式滑雪空中技巧运动项目为例，项目目标是要求运动员完成事先选定的动作，空中动作要求完成得高飘舒展，着陆时要求无手臂、臀部及背部触雪且平稳滑下着陆坡。运动项目动作结构系统由助滑、起跳、空中翻转及落地四部分动作组成。难度较高的动作往往在落地稳定性上出问题，这是影响运动项目指标的因素，而这一因素又和落地动作的具体情况有关，即后空翻的空中动作。如果落地时前倾失稳，说明空翻速度不够；如果落地时手在体后触雪或臀触雪，则说明空翻转动速度过快。影响空翻转速的因素在于起跳，影响起跳空翻速度的因素有颈头、立腰、摆臂、屈踝、腿蹬伸强度、滑行速度等。对此，我们需要利用运动生物力学原理来减少影响因素，如起跳时对梗头、立腰、屈踝等动作的对抗肌群进行同时施力控制，使这些运动角度不变就可以减少控制因素；滑行速度可用助滑高度来控制，使控制因素变为只有摆臂和腿蹬伸强度。出台起跳腿蹬伸时展髋动作会增大后空翻转速，蹬伸时收髋动作会减少后空翻转速，这是因为展髋增加了支撑力的力臂从而增加支撑力对人体重心的力矩，使后空翻转速加快，反之则减慢。以上事例给出了运动技术的生物力学原理，同时也给出了技术优化的方法。

二、组织生长与应力关系的研究为训练和康复服务

人体组织承受负荷时要引起组织内力。组织单位截面上受的内力称为应力。研究表明应力对组织的生长代谢有重要影响。如人体在地面受地球引力，人体行走时骨骼

要承担地球引力在骨内引起的应力，这种应力对骨的生长代谢有刺激作用，骨对这种应力刺激有一个适应范围，在这个范围内骨的生长和代谢是正常的。如果应力低于这个范围，骨的生长代谢就失去平衡，出现萎缩和脱钙。如果应力高于正常范围一定限度，骨的生长就会加快，这一特点在骨折康复中已经得到应用。Julius Wolff（1884）首先提出活骨按其所受应力和应变而改变。骨外部形状的变化称为外表再造，而孔隙度、成分、X光片黑度和密度的变化称为内部再造。在生长期和成年期，这两种再造都会发生。Wolff以后的许多学者也研究了这一问题。Evans（1957）综合了前人的研究，认为压应力能刺激新生骨的生长。Hert（1971）对兔子受周期载荷时骨变化的研究得出结论：应力低于正常值，会使骨的强度降低，X光片的黑度降低，骨的尺寸减少。周期性应力对骨的功能适应性是一个促进因素，压应力和张应力的影响是相同的。

应力影响肌肉的生长代谢，在一定应力作用下，肌肉纤维变粗，肌体增大，肌力增强，值得强调的是应力变换的速度对肌肉的质量、性能也都有一定的影响。

三、运动器械的研究和设计为运动训练及健身服务

研究和设计运动器械已经成为社会生活需求的一个重要方面。这方面的事例很多，体育产业的蓬勃发展，全民健身和运动训练都需要大量的运动器材，尤其是当今科学技术对社会影响越来越大，人们逐渐认识到科学训练的价值，小型多功能智能型运动量定量化的训练器材正受到专业体育队伍的青睐。社会生活质量的提高，尤其是生活节奏的加快，让人们越来越认识到健康的价值，健身的需求悄然升起，从健身服装到鞋帽，再到运动器材已经发展成一种产业。健身娱乐的新方式新设备有待开发，这方面的工作任重道远。

四、骨骼、肌肉和关节力学

骨骼、肌肉和关节都是人体运动器官的重要组成部分，它们的力学性质一直是运动生物力学关注的重点。骨力学研究开展得较早，也取得了不少成果。骨是有生命的器官，它是物理、生物、化学的综合体，物理的刺激能使骨生长，生物化学因素能使骨吸收。Roux（1895）曾经系统地阐述功能适应性原理，一个器官对于其功能适应性是由其实践进化而来，并提出最小最大设计原则，即自然进化的趋向是用最小的结构材料来承受最大的外力。后来的研究也证实了Roux的想法是正确的。Roux（1895）曾经提出松质骨最优的结构应是桁架形式，Pauwels（1948）证实了这一推测。Kummer（1966）提出了人体股骨端部的三维桁架模型，与实物照片相比，二者非常相似。

肌肉是人体运动的发动机。肌肉的力学性质一直为生理和运动生物力学学者所关注。电子显微镜技术的发展促进了肌纤维滑移理论的发展，希尔的肌肉动力学理论把

肌肉的研究推进到一个新阶段。人们一直在寻找肌肉的动力学本构方程，但至今还没有找到。因此，肌肉力学的研究尚处于实验研究阶段，还有许多工作需要我们去做。

关节是人体骨连接构成运动偶的节点，韧带完成骨连接，关节软骨和关节液构成关节润滑系统。不同关节有不同的结构，因而有不同的活动自由度。研究关节韧带的力学性质、关节表面的力学性质、关节的力学稳定性，无论对医疗还是体育都有重要意义。

五、运动项目的力学特点为运动选材提供参数

体育运动的各项目都有其动作结构特点和技术特点以及人体在环境中的力学特点，如体操运动项目的动作结构特点是旋转及翻转动作多，要求人体的转动惯量要小，即要求人体身高较低，避免在多周空翻的高难动作中调用更多的动量矩，动量矩是人体起跳时由肌肉力所提供。体操运动员选材时要选个子不会长得高的运动员，这是由项目的动作结构的力学特点提出的参数要求。速度滑冰运动员的最大阻力是空气阻力，空气阻力和运动员的身体形态有关。人体空气动力学风洞实验表明，人上体肩宽背厚空气阻力小，选材时应考虑这一参数要求。研究环境与运动项目结合的力学特点及项目运动结构的自身力学特点，给出选材时要求的人体形态参数是运动生物力学的任务之一。

六、运动生物力学的研究方法

运动生物力学同其他学科一样有其自身的研究方法，同样也需要经历实验研究和理论研究两个方面。实验研究能发现问题为理论研究提供模型依据，同时实验又是检验理论正确性的标准。理论研究能揭示人体运动规律的抽象理论模型，使认识更深刻更普遍。同时理论的正确程度也需要实验检验，因此这两个研究方面是不可偏废的，是互相补充、相得益彰的。

由于运动生物力学是新发展起来的边缘学科，它的研究方法既借用了相关学科研究方法，又有自己独特的一面，如研究人体机械运动，包括研究人体环节刚体运动的理论力学和研究人体组织变形的材料力学及人体解剖学、人体生理学，理论研究涉及运动学、动力学、材料力学、控制论及人体解剖学、人体生理学等诸多方面，而实验研究又涉及测量学、摄像、数据处理、误差分析等方面，除要借用这些学科方面的研究方法外，还要创建解决研究人体组织力学性质各向异性、非线性、运动环节无明显界限标识及测不准等问题的独特研究方法。

第三节 运动生物力学在运动技术诊断与分析中的应用

运动技术是人们从事体育活动的方法，而运动技术的生物力学原理是体育活动中具有普遍意义的规律。

体育运动中有许多运动项目，各运动项目都有各自的动作结构系统和动作节律及项目追求的目标。因此运动技术的研究分析构成了运动生物力学研究分析中最主要的内容，通过技术分析确定运动技术的生物力学原理，研究优化运动技术的方法，使动作技术达到最佳化。但是要做到技术分析的研究结果真实客观，就必须懂得运动生物力学的基本内容、研究方法、研究手段和研究过程，控制好技术分析的每一个环节。

一、运动生物力学动作技术分析的概念

学习掌握运动生物力学动作技术分析的基本方法，首先要掌握运动生物力学基本理论，在掌握基本理论的基础上，运用所学的理论知识和研究方法去解决运动实践问题。

动作技术又叫运动技术，是人们完成体育活动的方法。人体的运动动作是一个结构复杂的整体，它是由许多相互联系和相互影响的动作组成的。运动生物力学的动作技术分析就是运用生物力学理论和研究手段对动作技术的结构组成、动作技术特征、运动效果及其影响因素进行研究，从而提出动作技术的生物力学原理，为运动训练和体育教学提供科学依据。要强调指出，由于运动项目的多样性和技术动作的特殊性，原则上没有统一的运动动作技术的生物力学原理，而只有针对具体运动项目的运动动作技术的生物力学原理。运动技术分析可分为如下几个大的方面：①运动结构组成；②动作技术控制特征；③动作技术要素与优化；④动作技术生物力学原理。为了进一步说明动作技术分析的概念，这里举一个例子：单杠的特卡切夫腾越是体操竞赛中具有惊险性的腾越再握动作，是20世纪70年代苏联运动员特卡切夫首创。特卡切夫腾越是前摆分腿向后腾越再握成悬垂摆的一组单杠动作。当时，为了更好地掌握高腾空脱手再握这一创新动作，我国研究人员采用高速摄影的方法对这一动作进行摄影测量和解析，获得了动作全过程重心的运动轨迹和有关动作阶段的速度、关节角度等特征数据。经过分析研究，明确了高腾空再握是这一动作技术的关键技术。为了保证实现再握的可能性，研究指出腾空时重心轨迹必须通过再握区，运动员在脱手时应使自己的重心获得适宜的水平速度和垂直速度，大约分别为2.4米/秒和2.8米/秒，这样，运动员在脱手后的0.3秒到0.5秒才有实现再握的可能性，动作技术分析的目的在于揭示动作技术的生物力学基本规律，提出完成动作技术的合理方法。

二、运动技术的生物力学原理

运动技术的生物力学原理就是研究该项目运动技术的结构组成、动作技术控制特征、运动效果的影响等因素，整理出该运动技术项目具有普遍意义要素的意义和组合原则，便于运动技术的分析。

体育动作丰富多样，仅奥运竞技项目就有几十大类几百项，每个项目又由若干个技术动作组成，那么如何着手进行动作技术分析呢？我们知道，各体育项目的目的和任务不同，使得它们的动作技术的生物力学原理也不同，有着截然不同的生物力学特征。因而，人们只能提出具体动作技术的生物力学原理，而不能提出一个适用于所有运动项目的动作技术生物力学原理，这就决定了动作技术分析通常是逐个项目具体进行。种类繁多的体育动作技术有无规律可循呢？观察和分析告诉我们，在各项体育动作技术中，无论动作技术简单或复杂，都有表征动作技术特征的生物力学要素存在，人体运动的各种动作技术的生物力学原理通常是用力学原理、生物学原理对这些的要素的合理性给予论证，并揭示要素的匹配关系及内部联系。因此动作技术的生物力学原理分析，就是用力学原理和生物学原理对该项动作技术的生物力学要素及要素的匹配关系的研究。只要掌握了这些要素，就可以通过对这些要素的研究，达到对人体运动动作技术做全面、定量描述的目的。

各体育运动项目中的人体运动是多运动环节的复杂机械运动，研究、明确运动各中间阶段运动目的、任务及过渡的目的、任务及其实现方式是运动生物力学的重要任务之一。运动生物力学是在研究运动项目、运动结构的基础上，利用已有的有关人体的生物学知识、力学知识进一步研究运动技术是否合理的研究过程和理论化过程。因此掌握运动生物力学基础知识是完成运动技术分析的关键。

CHAPTER 02

第二章 力和力矩的基本运算

【内容提要】

本章主要阐述力及力矩的基本性质、运算；力系的平移简化定理及肌肉力与外界接触力的关系。

【教学重点】

1. 力的分解与合成；
2. 力矩、力偶及其性质；
3. 肌肉力与外界接触力的关系。

【教学难点】

1. 矢量的运算法则；
2. 力矩矢量的意义及计算方法；
3. 肌肉力与外界接触力的关系。

【教学要求】

1. 掌握力的分解与合成的运算方法；
2. 掌握力矩的意义与运算方法；
3. 肌肉力与外界接触力的关系。

第一节　力

物体和物体之间存在着相互作用，为了描述物体之间的这种相互作用，我们要学习力及其性质。

一、力的定义

力是物体间的相互作用。物体和物体相互作用的形式可分为不接触的相互作用和接触的相互作用。在我们生活的空间，地球和物体之间存在相互吸引，两磁铁之间存在相互吸引或排斥，人跑动时脚蹬地，脚和地面相互接触产生接触作用等。为了描述物体之间的这种相互作用我们称为力。因此力是物体间的相互作用。

物体相互作用产生力。虽然力看不见摸不着，但是我们能感觉到力的存在，那么，力有什么特点呢？我们用开门和关门及门的运动效果来说明。开门用力拉，关门用力推，门的运动方向不一样，说明力有方向性；开门、关门用力程度不一样，门开关运动的快慢程度也不一样，说明力有大小；门把手装的位置离门轴远近不一样，同样程度用力，门运动的快慢程度也不一样，说明力有作用点。概括起来力有三个特性：大小、方向、作用点。

为了形象说明力，我们用一支箭来表示力的特性，用箭的长度表示力的大小，用箭头表示力的方向，用箭头或箭尾与物体的接触点表示力的作用点，箭头与物体接触表示压力，箭尾与物体接触表示拉力。力的大小用牛顿来度量。例如，人体与小车之间的相互作用（人对小车的压力 R 和小车给人的支持力 N），物体受力的画法示意图如图 2-1-1 所示；运动员踏跳时，足与板的相互作用如图 2-1-2 所示。

图 2-1-1　物体受力的画法示意图

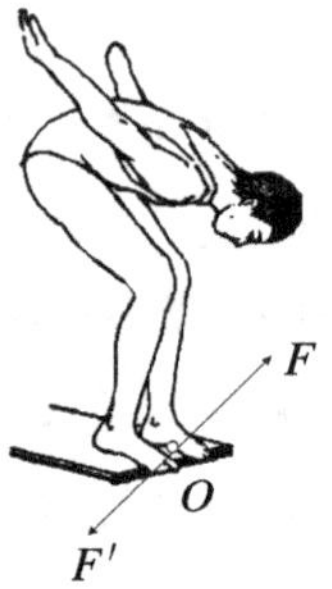

图 2-1-2　运动员踏跳时，足与板的相互作用

二、力的性质

（一）作用力与反作用力定律——牛顿第三定律

物体相互作用产生力遵从什么样的规律是我们关心的问题。英国物理学家牛顿发现了物体间相互作用力的规律——牛顿第三定律。

两物体发生相互作用，作用力和反作用力总是大小相等、方向相反、在一条直线上，且分别作用在两个不同的物体上。

牛顿第三定律是分析物体受力的依据。要研究某物体受力，就把该物体定为研究对象，分析该物体和哪些物体发生相互作用，有一种相互作用就有一个力作用在研究对象上。如分析运动员起跑后蹬时刻的受力情况，就把该运动员作为研究对象，运动员和地球发生相互作用，运动员脚和地面有互相挤压的相互作用、脚和地面有摩擦相互作用，如果忽略空气和人的相互作用，人体受三种相互作用，则人体应该受三个力（图 2-1-3）。

图 2-1-3　运动员起跑后蹬时刻的受力情况

（二）力的可合成性

1. 力的平行四边形法则（矢量的平行四边形法则）

作用在刚体上的两个力如果作用线交于一点，此两个力称为共点力。共点力可以进行矢量合成。

合成是按等效原则进行的，即两分力对物体作用的效果与两力合成的一个合力作用效果相同。力合成的方法遵守平行四边形法则，如图 2-1-4 所示。力 F_1和力 F_2作用线交于 O 点，此二力是共点力，可以合成。力 F_1与力 F_2的合力为平行四边形的对角线 OC。

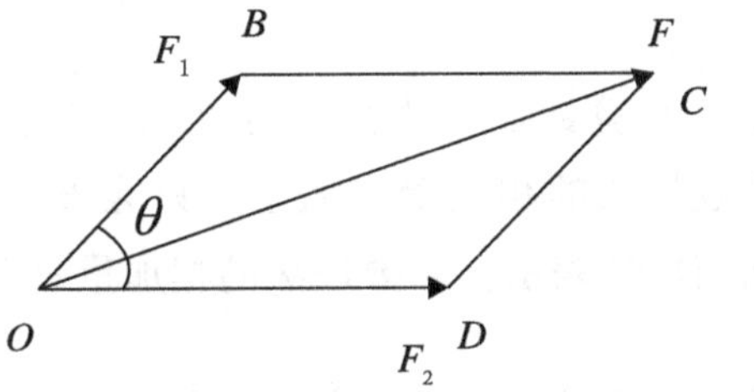

图 2-1-4　力平行四边形法则

它们的合成是向量合成，平行四边形法则称为矢量加法，遵守加法交换律。矢量加法可写成式（2-1-1）：

$$F_1+F_2=F \quad \text{或} \quad F_2+F_1=F \tag{2-1-1}$$

矢量可用粗体字表示，也可用字母上加箭头表示。作平行四边形加法合成合力的方法如下：在力作用线交点 O 处，按力 F_1的大小和方向作出力 F_1，如图 2-1-4 所示，OB 有向线段表示力 F_1，同样过 O 点按力 F_2的大小和方向作出力 F_2，OD 有向线段表示力 F_2。根据平行四边形对边平行且相等的性质作出平行四边形，即过 B 点作直线 BC

平行 F_2 力，再过 D 点作直线 DC 平行力 F_1 得平行四边形 $OBCD$，其对角线 OC 即为合力 F。合力 F 是两力 F_1，F_2 所夹的对角线。

平行四边形法则：作用在物体上同一点互成角度的两个力，它们合力的大小是以这两个力为邻边所画的平行四边形的对角线，合力通过两个分力的交点，对角线的长度就是合力的大小，对角线的方向就是合力的方向。

表达式：$F=\sqrt{F_1^2+F_2^2+2F_1F_2\cos\theta}$ （2-1-2）

2. 力合成的三角形及多边形法则

由于对角线平分平行四边形，所以在力的合成时做平行四边形的一半就可以了，如果做上一半三角形：$OB+BC=OC$，即 $F_1+F_2=F$；如果做下一半三角形：$OD+DC=OC$，即 $F_2+F_1=F$；概括其做法是按第一个力的大小和方向做出第一个力矢量，在第一个力矢量的箭头接第二个力矢量的箭尾，按第二个力的大小和方向做出第二个力矢量，从第一个力的箭尾到最后一个力的箭头连一力矢量即为合力，如图 2-1-5 所示。此方法适用于多个力的合成。

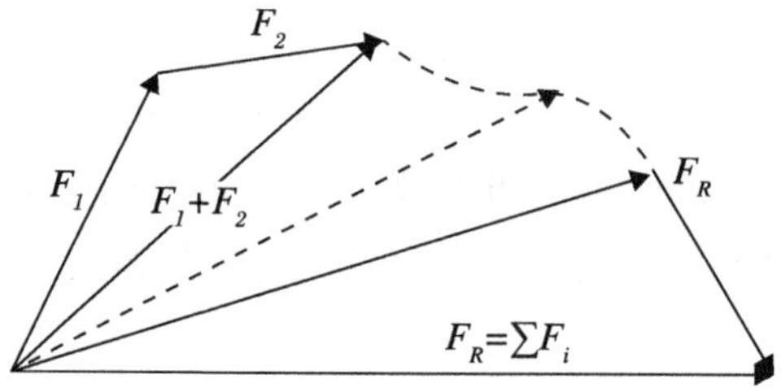

图 2-1-5 力的多边形法则

矢量加法是比代数加法和算数加法更高级的加法。矢量加法的相加量既有大小，又可以表示任意方向；代数加法的相加量有大小且只能表示相同或相反方向，相同方向用正号表示，相反方向用负号表示；算数加法的相加量只有大小。

例 2-1-1 跳高运动员踏跳时人体受三个力，重力 G，地面对踏跳脚的竖直方向支持力 N，地面对踏跳脚的摩擦力 F，如图 2-1-6 所示。

解：如图 2-1-6 所示，按重力的大小和方向作出重力 G 矢量，重力矢量的箭头为摩擦力矢量 F 的箭尾，按 F 力矢量的大小和方向作出 F 力矢量，F 力矢量的箭头为 N 力矢量的箭尾，按 N 力的大小和方向作出 N 力矢量。以重力矢量的箭尾为箭尾以 N 力矢量箭头为箭头作一力矢量即为合力矢量 R。

$$R=G+F+N$$

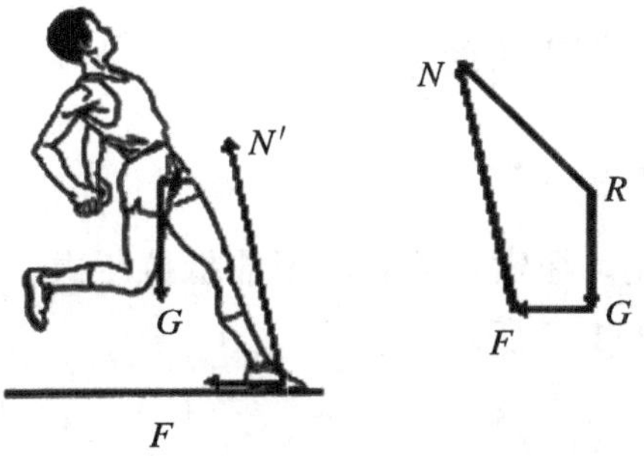

图 2-1-6 人体受三个力及三个力的合成图

3. 二力平衡原理

物体受两个力平衡，则此二力必大小相等，方向相反，且在一条直线上。

二力平衡原理是重要的原理，它与力的可合成性、力的作用与反作用定律构成力的三个基本性质，也是刚体力学的三个基本公理。后面我们将看到利用力的基本性质来证明一系列重要定理。

4. 力的可传递性原理（物体刚化处理）

作用在刚体上的力可以沿力的作用线在刚体内移动，力对刚体的作用效果不变。如图 2-1-7 所示，力 F 作用在物体上的 a，b，c，d 时，对物体的作用效果相同。

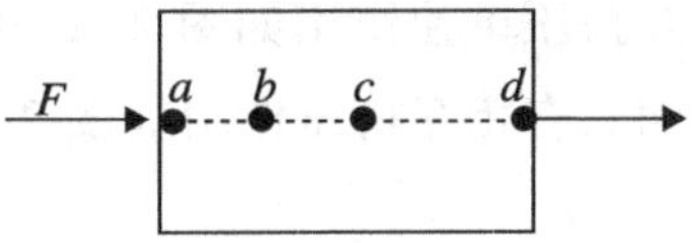

图 2-1-7 力的可传递性原理

三、约束与物体间的力的相互作用形式

（一）约束与约束反力

约束是指对物体自由移动的限制。物体在力的作用下常常与其他物体相互接触或联系，由于这种接触或联系使物体的移动受到限制，称该物体受到约束。例如，站在地面上的运动员，地面即为一种约束，它阻止运动员向地面下移动；对于悬挂于单杠上的运动员，单杠即为约束；对于人体上相互联系的各环节，关节、韧带、肌肉都是约束。

约束反力是指约束体作用于物体上的力，其大小等于物体施加于约束体上的力，方向与之相反。在分析具体问题时用约束反力来代替约束，约束反力的方向总是与阻碍物体运动的方向相反。

（二）在体育运动中常见的约束

1. 人受到绳索的牵拉作用

人受到绳索的牵拉作用。绳索是柔软的不能抵抗压力，只能抵抗拉力，拉力作用线在绳索的轴线上，如图 2–1–8 所示。

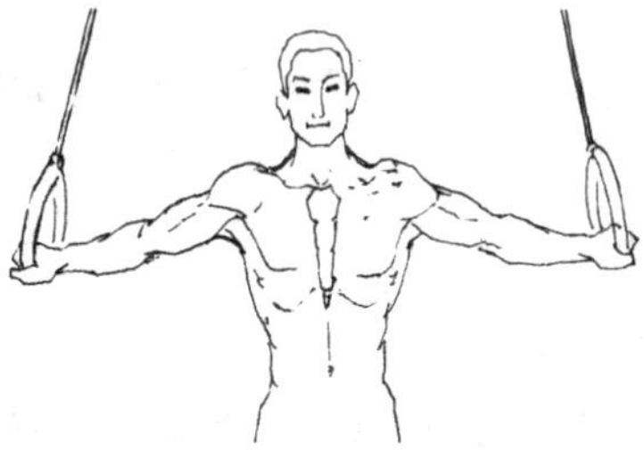

图 2–1–8　吊环上运动员摆动钢丝绳

2. 人体表面与器械表面接触的无摩擦的理想约束

人体表面与器械表面接触存在两个相互作用形式，其一是接触面间的相互挤压，其二是接触面间的相互摩擦。这样就把表面接触的作用分成两个独立的相互作用形式。

无摩擦的理想约束，这时约束物体只阻止物体沿切面的法向移动，所以约束反力沿接触面的法向方向，表面相互挤压单独作用如图 2–1–9 所示：垫球时忽略球与手之间的摩擦，则球与手之间的表面只有相互挤压作用（图 2–1–10）。

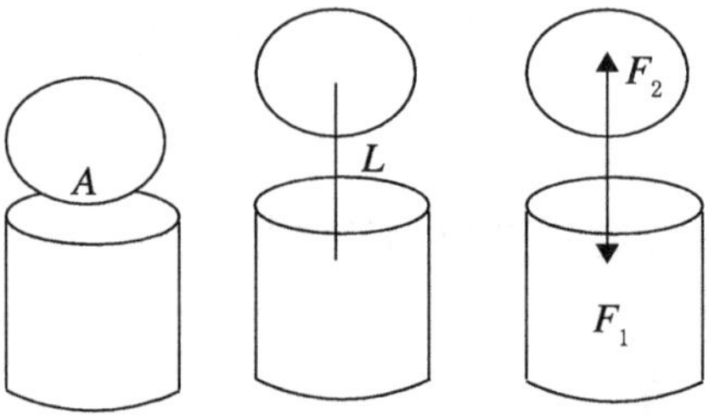

图 2–1–9　表面相互挤压单独作用

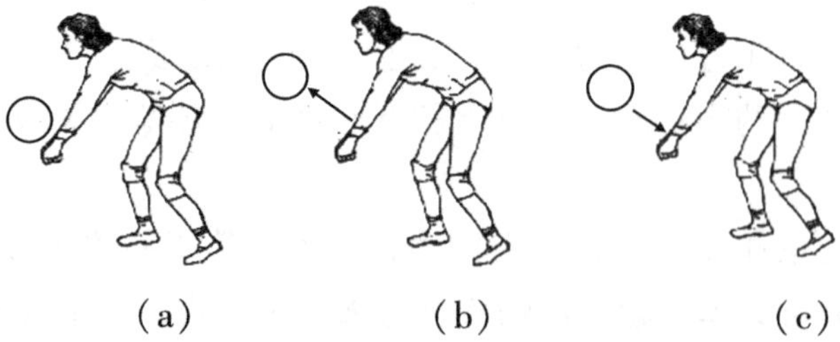

图 2–1–10　垫球时球与手之间的表面相互挤压作用

如图 2-1-9 所示，球与圆柱在 A 点接触，过球心和接触点 A 的直线 L 是它们的公法线，把球和圆柱都选为研究对象，假定把二者分开，它们的相互作用以作用力 F_1 和反作用力 F_2 来代替，这两个力都是压力，力作用线在 L 直线上，F_1 是球对圆柱的作用力，F_2 是圆柱对球的反作用力。

3. 相互挤压考虑摩擦约束

如图 2-1-11 所示，相互挤压单独考虑摩擦相互作用时，在相互接触面内要产生相互作用的摩擦力，摩擦力的方向总是与摩擦力所在面的运动方向相反或与所在面的运动趋势方向相反。这时约束不仅阻止物体沿切面的法向移动，而且阻止物体沿切面的切向移动。

图 2-1-11　垫球时脚与地面之间的表面相互摩擦作用

四、物体的受力简图及注意事项

（一）物体的受力简图

在对物体运动特点进行研究分析时，准确地对物体的受力情况进行分析并画出受力简图，是分析和解决力学问题的关键，它贯穿于静力学和动力学的整个过程，画受力分析简图的步骤如下：

①明确研究对象。根据题目要求，可以取单个物体为研究对象，也可以取几个物体构成的系统为研究对象。将研究对象从约束中分离出来，也称为分离体。

②对研究对象进行受力分析，画出全部的主动力。

③根据约束的类型，正确地画出约束反力。

垫球时运动员所受外力分析如图 2-1-12 所示，体操运动员吊环受力分析如图 2-1-13 所示。

图 2-1-12　垫球时运动员所受外力分析

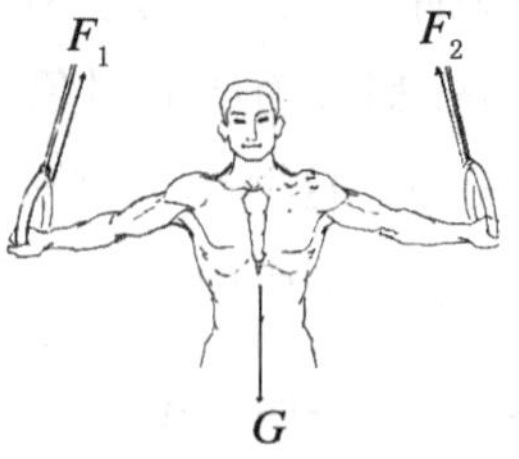

图 2-1-13　体操运动员吊环受力分析

人在地面行走时小腿和足的受力分析如图 2-1-14 所示（R 为地面反作用力，P 为髌韧带拉力，N 为股-胫关节反作用力）。

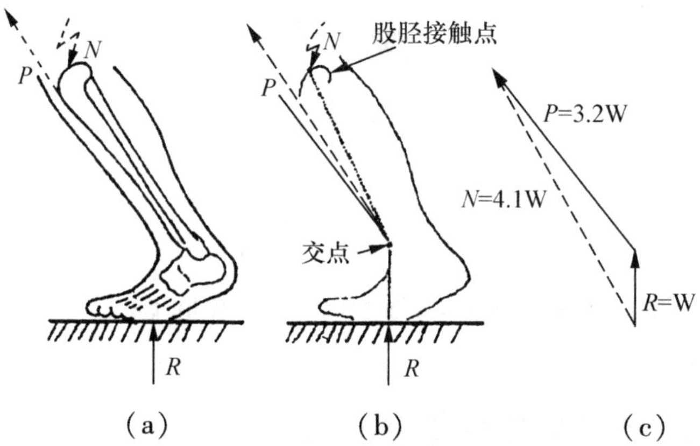

图 2-1-14　人在地面行走时小腿和足的受力分析

（二）注意事项

①不要多画力。由于力是物体间的相互作用，因此应明确研究对象上所受到的力是由周围哪个物体施加的。

②不要漏画力。必须明确物体与周围哪些物体接触，在接触处应有相应的约束反力。

③不要画错力的方向。在分析两物体之间的相互作用时，所画力的箭头应符合作用力和反作用力的关系。

④在研究物体平衡时，只画研究对象上所受的外力，不画成对的内力。

五、力的合成与分解

（一）合力与分力

力既可以合成，也可以分解，这只不过是力的运算的两个相反过程。已知合力求分力的过程叫力的分解；已知分力求合力的过程叫力的合成。在体育应用中人体通常会受到多个力的作用，通过受力分析，我们可以找到人体所受的全部外力，用受力简图准确地标识出所有的力。要对人体的运动进行准确的研究分析，就要对力的作用结果进行运算求出合力。多个力的合成可以应用平行四边形法则。在体育运动中，通常追求的目标为更大高度或远度，因此力的分解通常沿垂直和水平两个方向进行如图 2-1-15 所示。

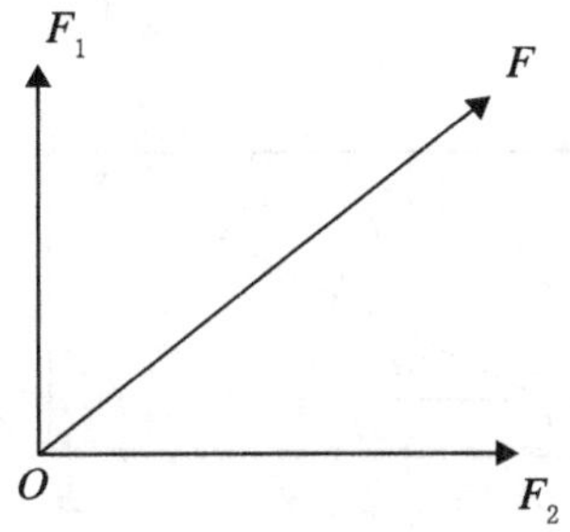

图 2-1-15　力的分解

（二）力在坐标轴上的投影和合力投影定理

1. 力的分解

前面我们讲解了力分解的几何作图法。几何作图法直观性强，操作方便，但精确度较低。将力投影在坐标轴上是一种普遍的方法，常用于力的分解。日常生活中我们会看到太阳光下的物体都会在地面上留下影子。影子存在的条件：①光直线传播；②物体遮光；③受光面。如果没有物体遮光，光线直接照到受光面上是没有影子的，影子是光被物体遮挡住达不到受地面而留下的阴影区。物体在坐标轴上的投影长度等于物体遮挡的光线在坐标轴上的阴影间隔长度，如图 2-1-16 所示。

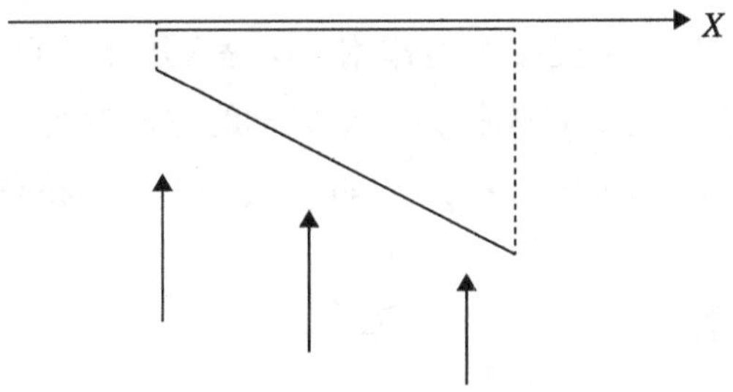

图 2-1-16　光线对坐标轴 X 垂直照射示意图

明确光对坐标轴照射方式后，也就明确了向量长度和向量对坐标轴投影长度。如图 2-1-17 所示，力 F 在坐标轴 X 上的投影为 AB，同理力 F 在 Y 轴上的投影为 CD。它们有如下关系：

$$F_X = AB = \pm F\cos\theta \tag{2-1-3}$$

$$F_Y = CD = \pm F\sin\theta \tag{2-1-4}$$

从图 2-1-17 可以看出，如果向量 F 反向，坐标轴上的投影长度不变，但是投影的头和尾要颠倒。为了区别这两个力在方向不同情况下对投影的影响，特做如下规定：向量箭尾在坐标轴上的投影到向量箭头在坐标轴上的投影的方向如果与坐标轴的正向相同，投影取正号，反之取负号。

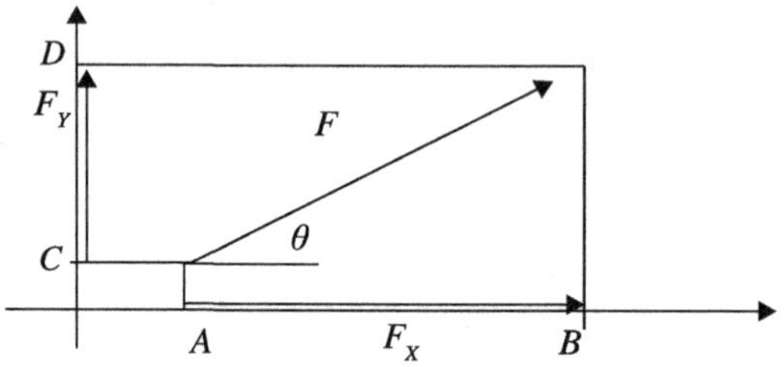

图 2-1-17　力在坐标轴上的投影

例 2-1-2　如图 2-1-17 所示，运动员在跳远起跳时所受蹬地反力 F 的大小为 500 N，力和水平 X 轴的夹角为 $\theta=30°$。求力在坐标轴 X 和坐标轴 Y 上的投影各为多少？

解：根据力在坐标轴上的投影规定及投影符号的规定，力的箭尾在坐标轴上的投影到力的箭头在坐标轴上的投影方向与坐标轴正向相同，该力在坐标轴上投影的符号为正号。力在 X 轴上的投影 F_X，在 Y 轴上的投影 F_Y 分别为：

$F_X = F\cos\theta = 500\cos30° = 500\times0.866 = 433$（N）

$F_Y = F\sin\theta = 500\sin30° = 500\times0.5 = 250$（N）

2. 合力的计算方法

①力的分解。

如图 2-1-18 所示，物体上受多个力作用，G 是人体受的重力，F_1、F_2是人体受到的拉力，求人体所受的合外力。首先把力沿坐标轴的方向进行分解，结果如下：

$F_{1X} = F_1\cos60°$，$F_{2X} = F_2\cos45°$，$F_{1Y} = F_1\sin60°$，$F_{2Y} = F_2\sin45°$。

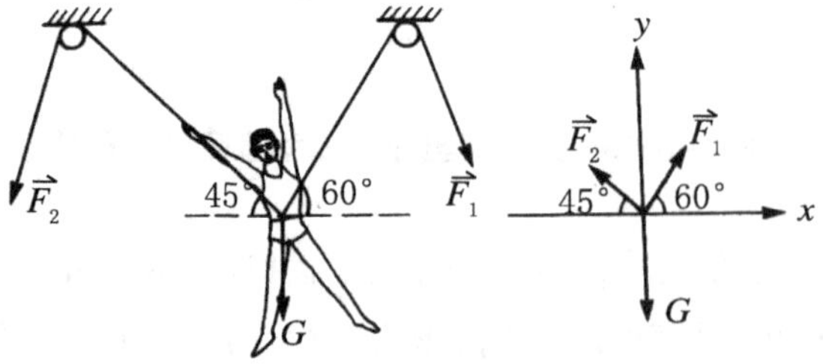

图 2-1-18　在坐标轴上的分解

②求力在各坐标轴上的代数和。

$F_X=F_{1X}+F_{2X}=F_1\cos60°+F_2\cos45°$，$F_Y=F_{1Y}+F_{2Y}+G=F_1\sin60°+F_2\sin45°+G$ 。

当有多个力作用在物体上时，如在三维坐标系中运算，其分量的投影表达式为：

$$F_X=F_{1X}+F_{2X}+\cdots+F_{iX},$$
$$F_Y=F_{1Y}+F_{2Y}+\cdots+F_{iY}, \qquad (2\text{-}1\text{-}5)$$
$$F_Z=F_{1Z}+F_{2Z}+\cdots+F_{NZ}。$$

③求合外力的大小和方向（如果以二维为标准）。

$$F=\sqrt{F_X^2+F_Y^2} \qquad (2\text{-}1\text{-}6)$$

$$\mathrm{tg}\theta=\frac{F_Y}{F_X} \qquad (2\text{-}1\text{-}7)$$

注意：力是有大小和方向的向量，它的结果包含大小和方向两部分，另外也可以用平行四边形法则计算。

通过图 2-1-18 合力的大小和方向可以得到：合力在坐标轴上的投影等于各分力在坐标轴上投影的代数和，这一定理也被称为合力投影定理。

例 2-1-3　如图 2-1-19 所示，有三束共面肌肉拉力作用于环节的 O 点上，求三束共面肌肉拉力的合力。

已知：$F_1=100$ N，$F_2=200$ N，$F_3=400$ N。F_1 与 Y 轴成 30°，F_2 与 X 轴成 60°，F_3 与 X 轴成 45°。

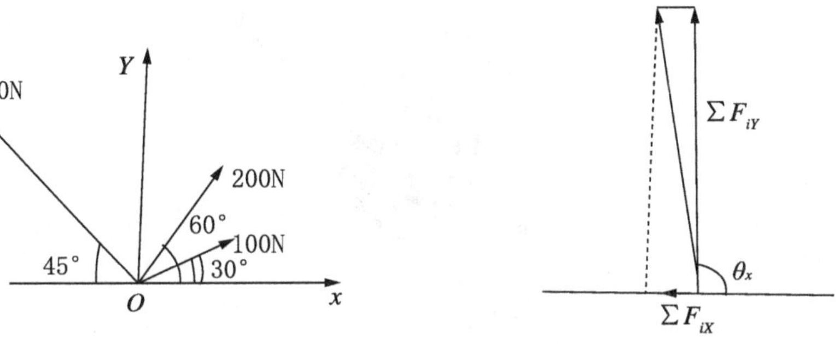

图 2-1-19　力在坐标轴上的分解

解：根据合力投影定理

$$F_X=F_1\cos30°+F_2\cos60°-F_3\cos45°=100\times\frac{\sqrt{3}}{2}+200\times0.5-400\times\frac{\sqrt{2}}{2}$$
$$=-96.2\ (\mathrm{N})$$

$$F_Y=F_1\sin30°+F_2\sin60°+F_3\sin45°=100\times0.5+200\times\frac{\sqrt{3}}{2}+400\times\frac{\sqrt{2}}{2}$$

$=506$（N）

则合力的大小和方向为：

$F=\sqrt{F_X^2+F_Y^2}=\sqrt{(-96.2)^2+506^2}=515$（N）

$\alpha=\mathrm{arctg}\,\dfrac{F_Y}{F_X}=\mathrm{arctg}\left(-\dfrac{506}{96.2}\right)\approx 101$（度）

第二节　力矩与力偶

力对物体作用产生的外效应，使物体加速平移。如用力推车，车加速；人跑时用力蹬地，人加速。这些都是我们能感觉到的现象。力作用在物体上除能使物体加速平移外，还可使物体加速转动，那么力是如何使物体产生转动的呢？

一、力矩

球的运动是球心做平移运动的同时，球绕过球心的轴转动，转动方向由初始球受力的位置和方向决定。“香蕉”球、乒乓球的旋转是力没有通过物体的中心时产生的力的外效应。如图2-2-1所示，当偏心力作用在球上一段时间，球获得了平移速度 V 和旋转角速度 ω，使球体一边飞行一边旋转。

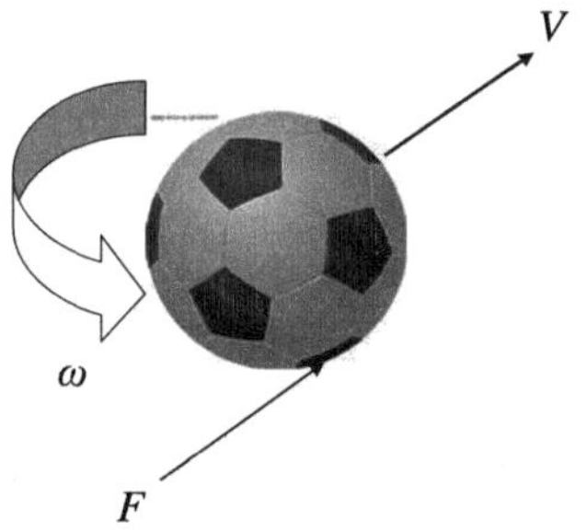

图 2-2-1　飞行中旋转的球体

力作用在物体上有可能使物体产生两种运动结果：一是使物体产生平移运动，二是使物体产生转动。那么使物体产生旋转的初始条件是什么？

（一）力矩的定义

力矩是使物体产生加速旋转的物理量，力矩是矢量，表达式为：

$$M_O(F)=r\times F \qquad (2\text{-}2\text{-}1)$$

1. 力矩大小的计算

力矩的大小是力和力臂的乘积。力臂是转动中心到力作用线的垂直距离。

如图 2-2-2 所示，在人体牵拉重物绕肘关节向身体移动时，肘关节 O 点是取力矩点，肱二头肌的肌肉力 F 与阻力 R 的作用线如图所示，则 OA 是肱二头肌的肌肉力 F 的力臂，OB 是阻力 R 的力臂。

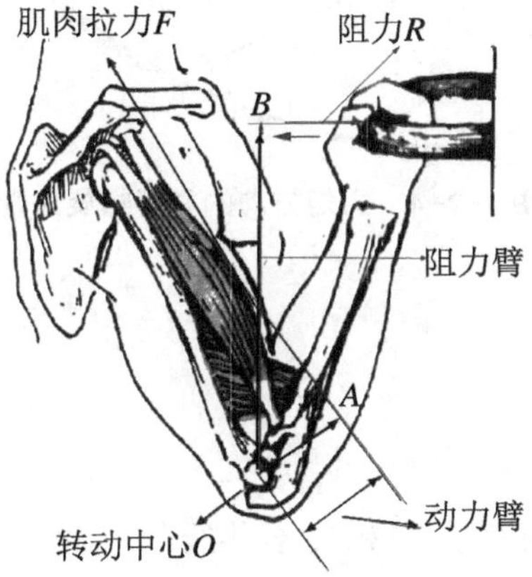

图 2-2-2　人体牵拉重物绕轴关节向身体移动

肱二头肌的肌肉力 F 对 O 点的力矩 M 可表示成：

$M_O(F) = OA \times F$

阻力 R 对 O 点的力矩 M 可表示成：

$M_O(R) = OB \times R$

2. 力矩方向的确定

（1）力矩方向的定义

力矩不仅有大小，还有方向，力矩的方向是指力矩作用下物体的转向，所以力矩是矢量。通俗定义为：使物体逆时针转动为正，使物体顺时针转动为负，如图 2-2-3 所示。

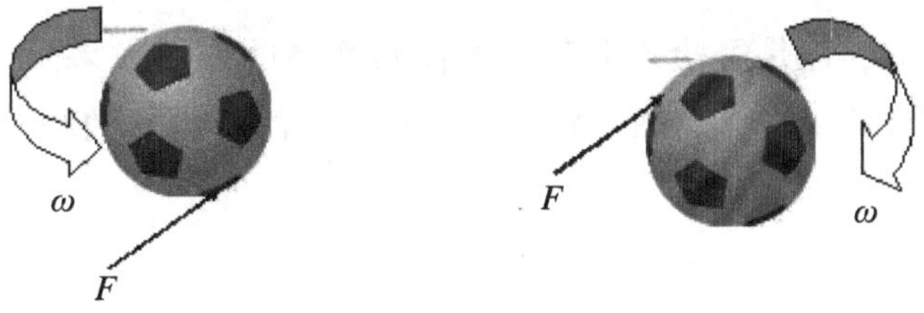

图 2-2-3　力矩方向的定义

（2）力矩方向的右手螺旋定则

为了描述多个力的作用效果，可用右手法则定义力矩的方向：伸开右手，使四指和拇指垂直，掌心对向取力矩点 O，四指沿矢径方向指向 F 作用点后再屈向力 F 的正向，则拇指的指向即力矩向量 M_O（F）的方向，如图 2-2-4 所示。

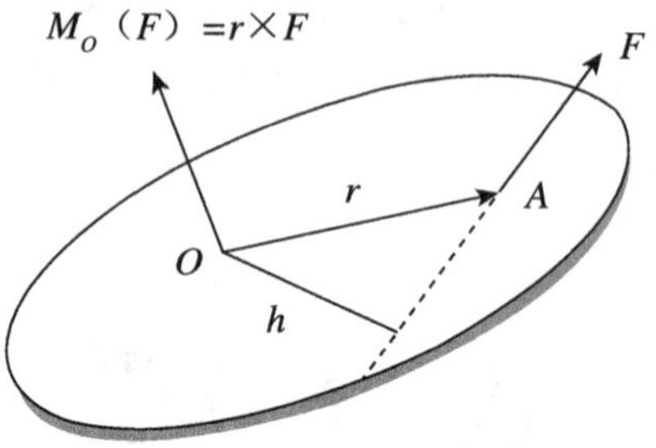

图 2-2-4　力矩方向的右手螺旋法则

二、力偶

（一）力偶定义

力偶是物体上受的大小相等方向相反不共线的一对力。如图 2-2-5（a）和（b）中水龙头转动的力、汽车司机开车时两手作用于方向盘的力即为一对力偶。力偶虽然是两个力，却不可以合成为一个力，即力偶无合力。因为合力是等效的概念，我们找不到一个力来代替力偶的作用效果。

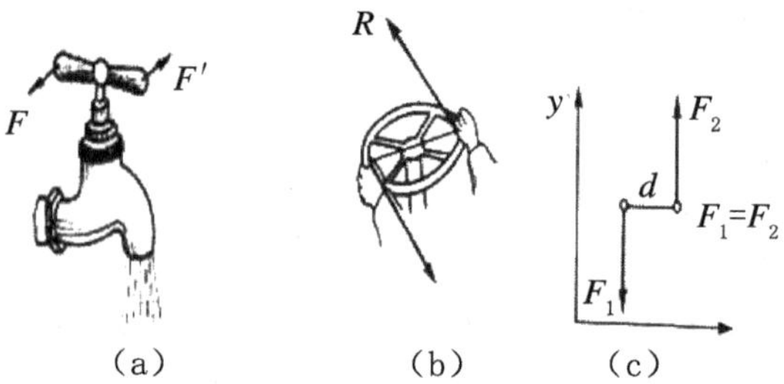

图 2-2-5　力偶示意图

虽然力偶无合力，但是经验告诉我们力偶对物体的作用效果是使物体做纯加速转动而无平移运动。如两手夹住足球分别向两边错开，两手给球的摩擦力构成一个力偶，使球做纯加速转动。

（二）力偶矩计算

如图 2-2-5（c）所示，一对力偶作用在物体上，作用效果是使物体做纯加速转动而无平移运动，这是由于力偶产生了力偶矩，大小为：

$$M(F)=r\times F=\pm Fd \tag{2-2-2}$$

（三）力偶矩的性质

①M 的大小与力矩点的选取无关；
②力偶矩不变，力偶的力的大小和力偶臂改变，力偶对物体作用的外效应不变；
③力偶可以在刚性物体上任意平移，对物体运动状态无影响。

三、力矩的矢量运算

为了能简捷描述力矩，现在给出表述旋转量的向量叉乘法（向量矢乘）。力矩向量 $M_O(F)$ 可表示为两个向量的叉乘。公式为：

$$M_O(F)=r\times F$$

其中，r 是从力矩中心 O 到力作用点 A 所取的有向向量，代表力作用点位置向量，F 是力。两向量 $r\times F$ 的结果是一新的向量 $M_O(F)$，$M_O(F)$ 垂直 r 和 F 两向量所确定的平面，因而同时垂直 r、F 两向量，$M_O(F)$ 方向可用右手螺旋定则来确定。$r\times F$ 前后顺序不能交换，否则会改变力矩向量 $M_O(F)$ 方向。$M_O(F)$ 向量的大小，$|M_O(F)|$ 称为向量的模，它等于两向量的模和两向量正向夹角 θ 的正弦的积，公式为：

$$|M_O(F)|=|r|\,|F|\sin\theta \tag{2-2-3}$$

所以力矩是使物体加速转动的动力学量，是矢量，表达式为 $M_O(F)=r\times F$ 。

（一）矢量乘法简介

已知 A、B、C 为矢量，其表达式分别为：

$A=A_X e_x+A_Y e_y+A_Z e_z$，

$B=B_X e_x+B_Y e_y+B_Z e_z$，

则：$A\cdot B=|A|\,|B|\cos\theta$

$A\times B=|A|\,|B|\sin\theta e_n$（$e_n$方向是 A，B 构成的平面法线，再使用右手定则）

如果用分量表示：

$$A\cdot B=(A_X e_x+A_Y e_y+A_Z e_z)\cdot(B_X e_x+B_Y e_y+B_Z e_z)$$
$$=A_X B_X+A_YB_Y+A_ZB_Z$$

$$A\times B=(A_X e_x+A_Y e_y+A_Z e_z)\times(B_X e_x+B_Y e_y+B_Z e_z)$$
$$=(A_YB_Z-A_ZB_Y)e_x+(A_ZB_X-A_XB_Z)e_y+(A_XB_Y-A_YB_X)e_z$$

如果：$A=3e_x+8e_y+1e_z$

$B=2e_x+1e_y+5e_z$

$C=20e_x+4e_y+2e_z$

求：1. $A+B-C$；

2. $A \cdot B$；

3. $A \cdot (B+C)$；

4. $(A-B+C) \times (A-B)$；

5. $A \cdot (B \times C)$；

6. 如果 A 代表力，B 代表 A 的位置矢径，求 A 对于三个坐标轴的力矩。

（二）合力矩的定理

力矩是向量，遵守向量合成的平行四边形法则。但需要指出的是，只有对同一点取的力矩才可以进行向量合成。合力矩定理指如果力系中有合力，合力对任一点的力矩等于力系中各分力对该点力矩的力矩矢量和。

例 2-2-1 如图 2-2-6 所示，长方体的上下底为正方形，边长为$\sqrt{3}a$，高为 H，求图中作用于 A 点的力对 O 点的力矩。

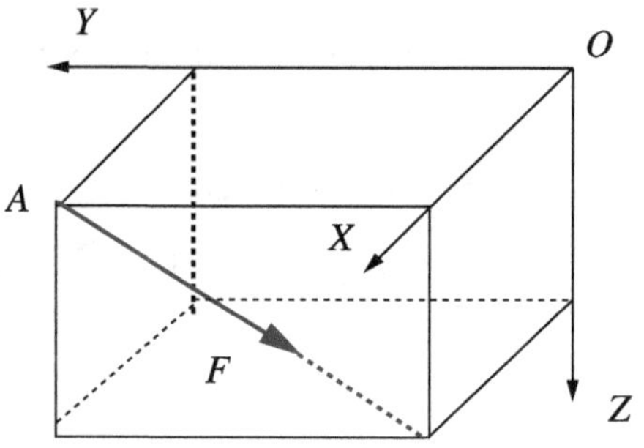

图 2-2-6

解： 设沿坐标轴 X，Y，Z 的基矢量分别为 e_x，e_y，e_z（分别是坐标轴 X，Y，Z 轴正向的单位向量）。

$r=\sqrt{3}a\ (e_x+e_y)$

$F_X=0$，　$F_Y=-\dfrac{\sqrt{3}}{2}F$　，$F_Z=\dfrac{1}{2}F$

$F=F_X e_x+F_Y e_y+F_Z e_z=-\dfrac{\sqrt{3}}{2}F\, e_y+\dfrac{1}{2}F\, e_z$

所以

$$M_O\ (F)\ =r\times F=\begin{vmatrix} e_x & e_y & e_z \\ \sqrt{3}a & \sqrt{3}a & 0 \\ 0 & \sqrt{3}F/2 & F/2 \end{vmatrix}$$

$$=\frac{\sqrt{3}}{2}aF\ (e_x-e_y-\sqrt{3}\ e_z)\ 。$$

第三节　力系的定理及其应用

当作用于物体上有多个力且非共点时，在进行力的运算时，我们应该遵循什么样的法则？又应该如何处理？本节将阐述这一问题。

一、力系的平移与简化定理

（一）力的平移

如果有多个力且非共点时，在进行力的运算时，要进行平移处理。

力 F 作用在物体上的 A 点，它将引起物体运动状态变化，如果把力 F 作用点平移到 B 点，并且使力 F 在 B 点的作用效果和在 A 点的作用效果一样，怎样处理是我们要研究的新问题。力的其中一个性质是二力平衡原理，即在物体上加大小相等方向相反在一条直线上的一对力，物体平衡或保持原来运动状态。下面我们来证明力的平移定理。

如图 2-3-1 所示，刚体上 A 点作用一力 F，现在要把力 F 从 A 点平移到 B 点，其结果为在 B 点作用一个与 F 力等大小，同方向的力及一个附加力偶，附加力偶的力偶矩等于 A 点的力 F 对 B 点的力矩。

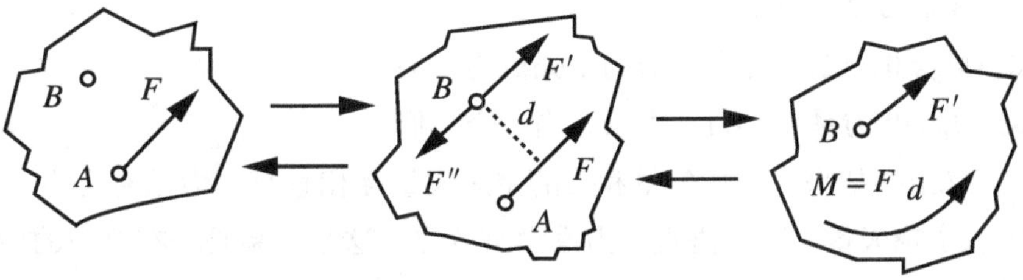

图 2-3-1　力的平移定理

在 B 点加一对平衡力 $F''=-F'=-F$，则物体由受一个力变成受三个力，其中 F 和 F'' 构成力偶，所以 B 点相当于受一个力和一个附加力偶，这个力偶的力偶矩等于 A 点的力 F 对 B 点的力矩。此法从等效的观点证明了力的平移定理。

力的平移定理是指力 F 从一点 A 平移到另一点 B 的结果为一个和被平移力 F 相等的力及一个附加力偶。附加力偶的力偶矩等于被平移的力 F 对 B 点的力矩。

力的平移定理虽然简单，但它是处理力的一个重要方法。不过这个定理只能用来处理刚性物体上的力。所谓刚性物体是指能等量传递力的物体。人体是多环节可动机构，各环节在关节处由韧带连接，跨该关节的肌肉收缩时，虽能把作用在该关节两端的运动环节上的力作用传递到关节对侧的运动环节，但在传递力时会产生变形，因此要对其进行刚化处理。可变形的物体变成可传递力的物体称为物体的刚化，刚化后可应用力的平移定理。但是，如果跨关节的运动环节上的肌肉放松，则不能跨运动环节应用力的平移定理，因为肌肉放松关节不能传递力矩。

（二）力系的简化

在刚体上应用力的平移定理可得到力系平移简化定理。刚体上选一点 O 为简化平移点，称为平移简化中心。

1. 力系平移简化定理

刚体上的力系向刚体上平移简化中心平移简化的结果为一个力的主矢量 R 和一个力的主矩 M_O。力的主矢量等于力系各力的矢量和；力的主矩等于力系各力对平移简化中心取力矩的力矩矢量和。

$$R=\sum F_i,\ M_O=\sum M_i(F_i) \tag{2-3-1}$$

力系平移简化中心的选取一般是这样，人体处于腾空和非腾空状态都可以选人体重心为平移简化中心。平移简化的结果表现在两方面：力的主矢量对人体运动状态起的作用是引起人体平移加速；力的主矩对人体运动状态起的作用是引起人体转动加速。

2. 力系向平移简化中心简化的结果

这种情况有四种：

$R_O=0$，$M_O=0$ 力系平衡；

$R_O\neq0$，$M_O=0$ 力系有合力，力的主矢量为合力；

$R_O=0$，$M_O\neq0$ 力系无合力，力系相当一个力偶；

$R_O\neq0$，$M_O\neq0$ 如果力的主矢量和力的主矩矢量互相垂直，力系有合力；如果力的主矢量和力的主矩矢量不互相垂直，力系没有合力。这是力系是否有合力的检验方法。

二、力的主矢量和力的主矩的性质

性质 1　力的主矢量的大小和方向不随平移简化中心不同而不同。

性质 2　力的主矩的大小和方向与平移简化中心位置的选取有关。

例 2-3-1　如图 2-3-2 所示，物体在 A 点受力 F 时，若要使力向物体上 B 点平移，A、B 两点距离为 L。求 A 点的力 F 向 B 点平移的等效力系。

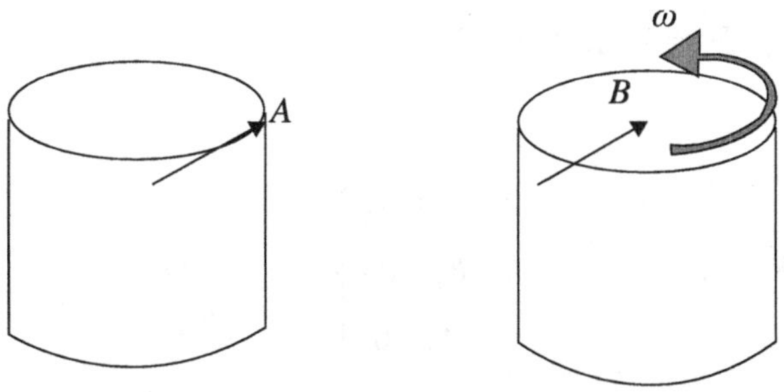

图 2-3-2　等效力系示意图

解： 如图 2-3-2 所示，可应用力的平移定理，等效平移后在 B 点作用一个力和力偶的作用对（F，M_B），即 B 点作用一个与原力相等的力 F 及一个附加力偶 M_B。

力偶矩 $M_B = M_B(F, R) = RF$（R 为 B 点到 A 点的距离）。

三、力系平衡方程

（一）物体基本平衡方程

物体受力系作用的平衡条件是力系对任一点平移简化的力的主矢量和力的主矩为零，即

$$R_O = 0,\ M_O = 0。\tag{2-3-2}$$

在三维直角坐标系，力主矢量和力的主矩分别对 X、Y、Z 轴投影分别各得三个方程，总计六个平衡方程，如式（2-3-3）所示。

$$\left.\begin{array}{l}\left.\begin{array}{l}F_X=0\\F_Y=0\\F_Z=0\end{array}\right\}\text{力的主矢投影方程}\\\left.\begin{array}{l}M_X=0\\M_Y=0\\M_Z=0\end{array}\right\}\text{力的主矩投影方程}\end{array}\right\}\tag{2-3-3}$$

一般选三维直角坐标系是任意的，但物体上受力分布一般不是任意的，其有一定的特殊性。选择坐标系要结合力系分布的特殊性，这样可使平衡方程数减少。如力系是空间平行力系，应把坐标轴的 Z 轴选成和力系平行，那么平衡方程只剩三个有效方程。

（二）平面力系平衡的基本形式

①基本形式：

$$\left.\begin{aligned}F_X&=0,\\F_Y&=0,\\M_Z&=0。\end{aligned}\right\}\qquad(2-3-4)$$

②二力矩形式：

$$\left.\begin{aligned}M_X&=0,\\M_Y&=0,\\F_Z&=0。\end{aligned}\right\}\qquad(2-3-5)$$

③三力矩形式：

$$\left.\begin{aligned}M_X&=0,\\M_Y&=0,\\M_Z&=0。\end{aligned}\right\}\qquad(2-3-6)$$

（三）空间力系平衡的基本形式

$$\left.\begin{aligned}F_X=0,\ M_X&=0,\\F_Y=0,\ M_Y&=0\\F_Z=0,\ M_Z&=0。\end{aligned}\right\}\qquad(2-3-7)$$

例 2-3-2 如图 2-3-3A 所示，质量为 60 kg 的运动员，静止不动地悬挂于保护带上，求两个保护带的拉力。

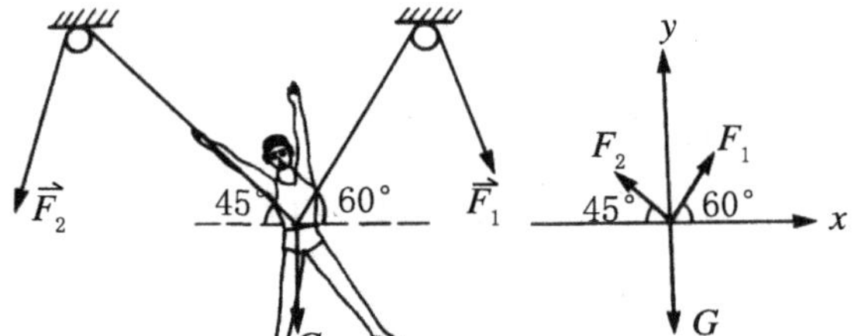

图 2-3-3

解：由于运动员静止不动，因此运动员系统为一平衡系统，其受力简图如 2-3-3B 所示，平衡方程如下：

$F_X=0$，$F_Y=0$。

所以有：

$F_X=F_1\cos60°-F_2\cos45°=0$,

$\frac{1}{2}F_1-\frac{\sqrt{2}}{2}F_2=0$,

$F_1=\sqrt{2}F_2$,　　(1)

$F_Y=F_1\sin60°+F_2\sin45°-G=0$,

$\frac{\sqrt{3}}{2}F_1\times\frac{\sqrt{2}}{2}F_2-60\times9.8=0$,

$\sqrt{3}F_1+\sqrt{2}F_2=1176$,　　(2)

把式（2）代入式（1）得：

$F_1=1176/(\sqrt{3}+1)=430.5$ (N)

$F_2=430.5/\sqrt{2}=304.4$ (N)

四、肌肉发力与外接触力的关系

（一）外力与外力偶

外力作用在人体不同位置能引起不同的效应。如图 2-3-4 手托铅球，直臂水平位站立托住铅球，会感到肩部肌肉受力很大，如果屈肘、手向肩靠近，肩部肌肉受力会感到明显变小。原因可从两个方面加以解释，第一和外力作用点到关节的距离及外力的大小和方向有关；第二和关节结构及肌肉纤维走向及附着点有关。我们把外力用 W_0 表示，人体臂的重力用 W 表示，在直臂水平位二者具有较大的力矩。由力的平移定理可知，物体上 A 点受力 F，如果把力 F 平移到 B 点，相当于在 B 点加一和 F 力等大小同方向的力及一个附加力偶 M，附加力偶的力偶矩等于 A 点的 F 力对 B 点的力矩。由此可知，如果力作用在 A 点，对其他点作用，除力外还要增加一个附加力偶，附加力偶矩等于 A 点力对该点的力矩。如果该点选为关节处，则附加力偶矩即为 A 点力对该关节作用的外力偶，它的力偶矩称为外力对关节的关节外力偶矩。关节周围肌肉群的肌肉力对关节产生的肌肉力矩称为关节内力矩。如果关节外力矩大于关节内力矩，则关节转向为关节外力矩方向；如果关节外力矩小于关节内力矩，则关节转向为关节内力矩方向；如果关节外力矩等于关节内力矩，则关节不发生转动，称为关节转动平衡。关节转动平衡的一个条件是关节外力矩等于关节内力矩，另一个条件是关节外力和肌肉力的合力为零。

在外力大小和方向确定时，外力臂越大外力矩越大，一般表现为力作用点离关节点远。在完成体育运动技术中，当外力大小和方向一定时，一般要避免形成大的关节力臂使关节转动的相关肌肉力负荷过大。例如，在举重中要遵循近、快、低的原则，在提铃发力过程中要使杠铃靠近人体，避免对肩和腰椎形成大的关节力臂，造成大的肩关节外力矩和大的腰关节外力矩。在带铃过程中伸膝、伸髋、足跟的起降都可以增加关节的稳定性和安全性，起到协调配合的作用（图 2-3-5）。伸膝、伸髋的重要目的之一是减小重力对髋的力矩，由于骨承受扭转力矩的能力较弱，减小对运动环节轴线的力矩能防止运动环节骨扭伤。上面讨论了在完成运动技术中减少关节力矩和运动环节力矩的原则方法。

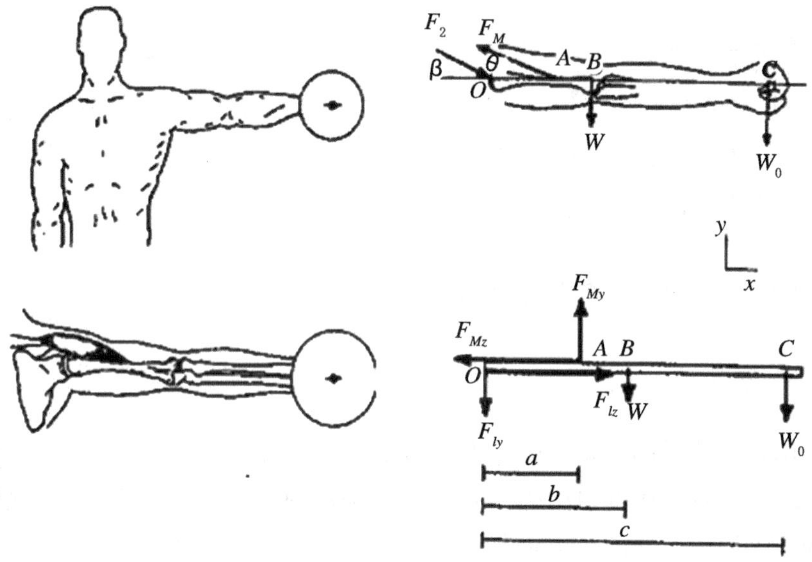

图 2-3-4　手托铅球力的作用示意图

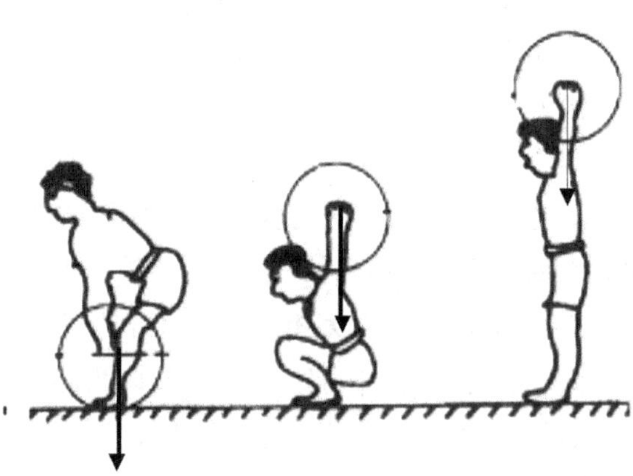

图 2-3-5　举重技术示意图

（二）利用关节力矩训练肌肉力

利用关节角度的改变，可实现肌肉力矩的改变。增加关节力矩能增加关节肌肉力负荷，在肩关节处于水平状态时，阻力臂增大，阻力会对肩关节产生更大的力矩，为了克服阻力矩，肌肉力训练时肩关节和肘关节处肌群也需要产生较大的肌肉力矩。膝关节的肌力力矩与膝关节角度密切相关，膝关节的每一角度的变化都会导致作用力发生较大的变化。研究资料表明：人体在平地正常行走时，作用力平均峰值为体重的2.8倍，快速行走时为体重的4.3倍，上下楼梯分别为4.4倍和4.9倍，上下坡分别为3.7倍和4.4倍。

肌肉力训练分静力性训练和动力性训练。静力性训练增加关节力矩可从两个方面考虑，一方面增加外力负荷不增加关节力臂，如穿沙袋背心蹲马步；另一方面不增加力而增加力臂，如通过分腿站立方法练两腿内收肌的肌肉力，即加大分腿角度可增加力臂以增加髋关节外展力矩，从而增加大腿内收肌肌肉力负荷。而动力性训练增加关节力矩的方法主要有跳深法、急停法、负重快速运动法等。不同运动项目对训练肌肉力量特性有不同要求。有的运动项目要求肌肉力量大、收缩速度快并且有强的爆发力，如短跑、跳高、跳远等。这种要求肌肉收缩快、力量大的特性是肌肉的动力特性，需要用相应的运动训练方法训练才能获得。

运动和训练中突然增大关节力矩有时会超过肌肉可承担的能力，造成相关肌肉拉伤。原因一般有如下几种：运动和训练前准备活动不充分、所加关节力矩过大、运动和训练中突然出现意想不到的因素导致协调肌失控、运动疲劳过度、内分泌失调等。

CHAPTER 03 第三章

人体运动的力学原理

【内容提要】

本章阐述牛顿动力学三个基本定律及应用条件，动量定理及体育运动中缓冲动作、鞭打动作的力学原理，转体动作实现的力学条件，应用动量矩定理、动量矩守恒定律解释体育运动中人体转动形成的机制及转动速度控制的方法。

【教学重点】

1. 牛顿第二定律在体育运动中的应用；
2. 动量定理及其在体育运动中的应用；
3. 动量守恒定律在体育运动中的应用；
4. 转动惯量与转动定理；
5. 动量矩定理及在体育运动中的应用；
6. 动量矩守恒定律及在体育运动中的应用。

【教学难点】

1. 动量守恒定律在体育运动中的应用；
2. 转动惯量；
3. 动量矩定理及动量矩守恒定律在体育运动中的应用。

【教学要求】

1. 掌握牛顿动力学三个基本定律在体育运动中的应用条件及使用范围；
2. 掌握体育运动中缓冲动作的力学原理；
3. 掌握动量守恒定律在人体运动中的应用条件；
4. 应用动量矩定理、动量矩守恒定律解释体育运动中人体转动形成的机制及转动速度控制的方法。

第一节　人体平动的力学原理

动力学是研究物体运动状态改变原因的科学。经过几代人的努力探索和研究到牛顿时代达到了鼎盛时期。牛顿概括出动力学三大公理，即牛顿三个力学定律，奠定了经典力学的理论基础。

一、牛顿动力学三个基本定律

（一）牛顿第一定律及在体育运动中的应用

1. 牛顿第一定律

物体不受力或受合力为零时，将保持原来的运动状态。

物体的运动状态分线运动状态和转动运动状态，牛顿第一定律是物体的线运动状态不变的力学条件。物体的线运动状态是指物体保持相对静止或做匀速直线运动。

当物体不受力或受合力为零时，物体就保持原来运动状态，这种特性称为物体的惯性。惯性也分物体运动的线运动惯性和转动惯性。物体线运动的惯性用质量来度量。

物体的线运动是指物体的质心（在地球表面附近即物体的重心）运动。在地球表面附近质心和重心位置重合，但质心和重心是两个不同的概念。重心是物体受重力的合力作用点，质心是物体质量的集中点，相当于把物体质量都集中于这点，物体质心的运动状态代表了物体的线运动状态。

质量是指物体含物质的多少，物体的线运动惯性大小，用物体的质量来量度。质量是标量，有大小无方向，且不随物体所在空间位置变化而变化。

物体重量是矢量，它是物体受地球的引力。这个引力的大小和物体在地球上的海拔高度有关，和物体在地球的纬度位置也有关。物体在地球上的海拔越高，地球对物体的引力就越小；物体在地球上的纬度越高，地球对物体的引力就越大。所以重大体育比赛所创造的纪录要注明地点和海拔高度。

2. 牛顿第一定律及在体育运动中的应用

人体运动时如何利用惯性，对于提高人体运动效率、减小体能消耗、发展运动能力、提高运动成绩有着重要意义。惯性大小是由质量决定的，在运动中人体的质量既不能增加也不能减少，惯性大小当然也不能增加或减少，克服惯性本质是改变物体的运动状态。如举重运动员在提铃时应注意爆发式用力，以克服杠铃速度为零时的惯性，一旦杠铃启动后，还要注意动作的连续性，充分利用杠铃的惯性运动，如若中途有停顿现象，有可能导致动作失败，甚至发生运动损伤；又如在长距离跑时，一些运动员采用匀速的方式，也是一种节约体能的技术。

（二）牛顿第二定律及在体育运动中的应用

1. 牛顿第二定律

牛顿第二定律是研究物体线运动状态变化的动力学定律。物体的线加速度是描述物体运动状态变化的力学量。牛顿第二定律叙述如下：

物体的线加速度 a 和物体的合外力 F 成正比，和物体的质量 m 成反比，加速度的方向与合外力的方向一致。

$$a=F/m \tag{3-1-1}$$

或：

$$F=ma$$

该定律表明同样大小的力，作用在不同的物体上，质量越大的物体产生的加速度就越小。

在应用牛顿第二定律时要注意如下问题：

①牛顿第二定律中的力指的是合力，遵守矢量运算法则。所以加速度是物体所受各力单独产生的线加速度的矢量和。

$$a=F/m=(F_1+F_2+F_3+\cdots+F_n)/m=a_1+a_2+\cdots+a_n \tag{3-1-2}$$

在直角坐标系中可以写成如下的分量表达方式：

$$F=F_X+F_Y+F_Z \tag{3-1-3}$$

$$\begin{cases} F_X=ma_x \\ F_Y=ma_y \\ F_Z=ma_z \end{cases} \tag{3-1-4}$$

在式（3-1-4）中，力的三个分量是完全独立的，如人体在腾空时，只受到重力作用，其加速度只能在垂直方向产生，为重力加速度，水平方向上受力为零，因此人体在水平方向上保持静止或匀速直线运动。

②牛顿第二定律中力和加速度为瞬时对应关系，两者同时出现，是同一物体上的两个瞬时量。有力就有加速度，加速度的方向永远和合外力的方向相同。

人体所受外力的矢量和是合力还是力的主矢量要认真区别开来。力的主矢量 F 和合力 F 是有区别的，它们大小相等、方向相同，但是作用线不一定相同。如果作用线也相同且力的主矩为零，力的主矢量即为合力，那么，物体只有线运动而无转动发生。因为力的主矢量在物体上平移，其大小和方向不变，作用线可变，力的主矩一般是变化的。力的主矢量大小和方向相同，作用线不同，引起物体质心的线加速度相同，但引起物体的转动状态是不同的。

③牛顿第二定律是研究物体平动的质点力学模型，合力作用在物体上并且物体无转动发生。

质点是一个力学模型，不是因其体积小而称为质点，而是物体无转动或转动可以忽略。物体抽象成质点，其位置和物体的全部质量都集中在质心。

2. 牛顿第二定律在体育运动中的应用

在体育运动中，研究人体或器械的受力情况和它们的运动状态的变化，对指导体育教学和运动训练具有重要意义。

例 3-1-1　一体重为 W 的运动员，由器械上下落，在落地过程中以 $2g$ 米·秒$^{-2}$的加速度达到静止，求着地期间地面给他的平均作用力。

解： 运动员着地期间受到地面的反力 N 和重力 G 的作用

根据牛顿第二定律有：$N-W=ma$

$$N=W+ma=W+2Wg/g=3W$$

例 3-1-2　如图 3-1-1 自行车运动员在弯道时，为了保持足够的水平速度，常常要倾斜车身，试讨论骑车速度 v、倾斜角度 θ 和弯道半径 r 之间的关系。

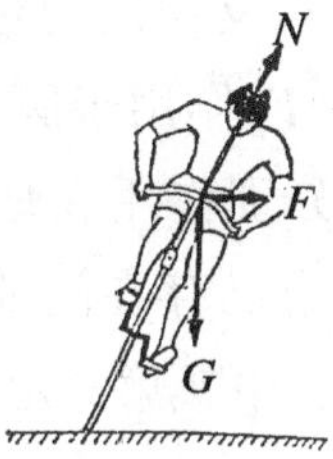

图 3-1-1

解： 自行车运动员的受力情况如图 3-1-1 所示，运动员和车身的重量 $W=Mg$，支撑反作用力 N 和垂直方向成 θ 角度，N 的水平分量提供向心加速度 v^2/r。

所以：$N\sin\theta=mv^2/r$

因为垂直方向没有加速度，所以垂直方向的合外力为零

$N\cos\theta=W$

联立解上面两式：$v^2=gr\mathrm{tg}\theta$

这个方程给出了自行车不需任何摩擦力的帮助下仅依靠车身倾斜角就可以在弯道上以一定的速度行驶，而在速度提高时，要么加大倾斜角度，要么提高车轮与地面的摩擦力以补充力的水平分量。

例 3-1-3　如图 3-1-2 人体纵跳时，测得一名体重为 70 千克的运动员的支撑反作用力 R 的曲线，最大值为 1862N，计算纵跳时人体向上产生的最大加速度值？

$a=(1862-70\times9.8)/70=16.8$（米·秒$^{-2}$）

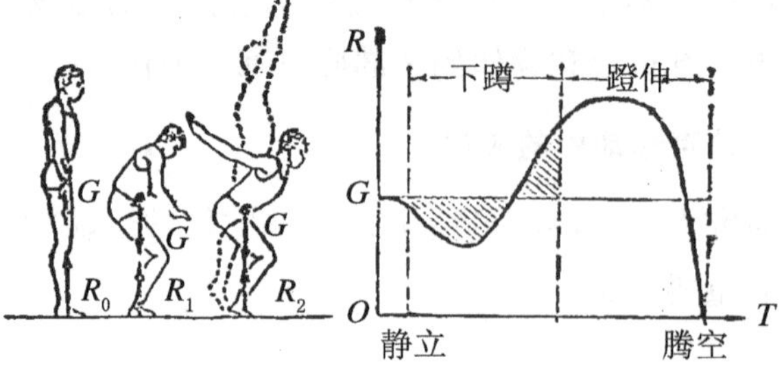

图 3-1-2　人体纵跳示意图

（三）牛顿第三定律及其在体育运动中的应用

1. 牛顿第三定律

两物体相互作用时，作用力 F_1和反作用力 F_2总是大小相等方向相反，作用在一条直线上，且作用在不同的物体上。

$$F_1 = -F_2 \tag{3-1-5}$$

这是牛顿第三定律，也叫作用力和反作用力定律。例如，跑步时着地脚以作用力 F_1作用于地面上，地面则以反作用力 F_2作用于脚上，实践证明：F_1与 F_2总是大小相等，方向相反，作用在一条直线上，分别作用在地面和人体上。作用力和反作用力同时产生，同时存在，并以对方存在为自己存在的前提，是力学中普遍存在的一对基本矛盾。无论是静力学还是动力学问题，牛顿第三定律都完全适用。

2. 牛顿第三定律的应用

作用力和反作用力普遍存在，在分析人体运动时，要正确分析作用力和反作用力的关系。

①作用力和反作用力总是作用在不同的物体上，这与一个物体受两个平衡力有本质的区别。人静止站在地面上，在垂直方向人体受到两个力的作用：重力 G 垂直向下，地面给人体的支撑反力 N 垂直向上。因为人体静止，重力 G 与支撑反力 N 等大、反向、共线，且均作用于人体上，因此重力 G 与支撑反力 N 是一对平衡力。而地面受力 N'，与人体受到的支撑反力 N 是一对作用力和反作用力，无论人体怎样运动 N 与 N'在数值上永远等大。

②作用力和反作用力虽然等大，但总是作用在不同的物体上，因此会产生不同的运动效果，如图 3-1-3 所示。

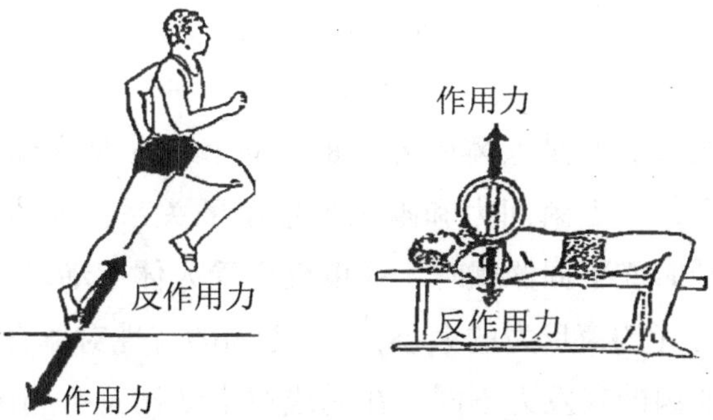

图 3-1-3　作用力与反作用力

以运动员推铅球为例，最后用力阶段，运动员与铅球之间的作用力 F 与 F' 是一对作用力与反作用力，但它们产生的运动效果却大不相同，因为铅球的质量远小于运动员的质量，所以铅球产生的加速度远远大于运动员产生的加速度。可见，运动员的体重越大，这种效果越明显，所以培养投掷运动员一定要挑选体重较大者，如图 3-1-4 所示。

图 3-1-4　运动员与铅球、地面之间的作用力

③作用力与反作用力是性质相同的力。如果作用力是地球的引力，那么反作用力是物体对地球的引力。如果作用力是摩擦力，反作用力同样也是摩擦力。

④作用力和反作用力同时产生，同时存在，同时消失。人静止站在地面上，地面受力 N' 与人体受到的支撑反力 N 是一对作用力和反作用力，当人体腾空时 N 与 N' 同时消失。

（四）质心运动定理

当人体受多个力作用时，多个力可向人体质心平移简化，确定力的主矢量，人体的总质量向人体质心集中。人体质心运动定理是把人体多环节运动简化成质点模型处理的重要定理。人体质心的加速度和力的主矢量成正比和人体的总质量成反比。其公式是：

$$a_c = R/m \tag{3-1-6}$$

$$R = \sum F \tag{3-1-7}$$

这里 a_c是质心加速度，R 是人体受外力的矢量和，m 是人体的总质量。人体质心运动定理反映了人体受外力、瞬间力和瞬间加速度的关系；人体运动受约束时，如人体完成技术动作脚蹬地时或手握器械时，约束反力受人体运动环节肌肉发力状态影响，即肌肉力特性影响外力（约束反力的大小），这方面的特性对体育运动有特别的重要意义。同样体重的人，肌肉的爆发力不同，在完成技术动作时引起的约束反力是不同的。这种特性可以通过测力平台实际测试得以证明。用两个体重相等的人，在测力平台上以相同的姿态起跑或起跳，我们会发现爆发力好的人测力平台测得的力大，爆发力差的人测力平台测得的力小。所以在体育运动中受约束的发力阶段，约束反力和人体的肌肉力特点与运动结果关系都比较大。

人体运动的质心加速度在受约束的发力阶段，是多运动环节加速度的矢量和。其关系是：

$$a_c = \sum m_i a_i / \sum m_i \tag{3-1-8}$$

这里 m_i是第 i 个运动环节的质量，a_i是第 i 个运动环节的加速度。公式表明，人体质心加速度受各运动环节的质量及加速度的影响。由于加速度是矢量，所以人体质心加速度不仅和各运动环节的加速度大小、方向有关，还和各运动环节的质量有关，运动环节质量大对质心加速度贡献率也大。

在体育运动中常使用质心运动定理的分量形式，即把加速度和力分解到三个互相垂直的方向上去，这样应用较方便。其形式如下：

$$\begin{aligned} R_X/m &= a_{cX} = \sum m_i a_{iX} / \sum m_i \\ R_Y/m &= a_{cY} = \sum m_i a_{iY} / \sum m_i \\ R_Z/m &= a_{cZ} = \sum m_i a_{iZ} / \sum m_i \end{aligned} \tag{3-1-9}$$

R_X、R_Y、R_Z分别是 X，Y，Z 方向的力主矢量的分量，a_{cX}，a_{cY}，a_{cZ}分别是质心加速度的 X，Y，Z 方向的分量，a_{iX}，a_{iY}，a_{iZ}分别是第 i 个运动环节的 X，Y，Z 方向的加速度。公式表明，大的运动环节有大的加速度分量能在约束处激发出大的约束反力。如跳远运动员助跑踏跳时，摆动腿积极加速向前摆动，就能在支撑脚处激发出更大的推力。摆动腿的小腿积极向大腿折叠，大腿积极向前摆动能有效地增加摆动腿的向前加速度分量，所以这一技术动作对支撑脚的自激约束力的贡献是不可忽视的。在体育运动中，多种技术动作可运用这一定理，认真思考和运用是得益的关键。

二、动量定理及动量守恒定律

（一）动量定理

1. 动量

人体有质量，运动时具有速度，描述人体运动的强烈程度需要一个力学量，这就是动量。人体运动的动量是人体运动速度和人体质量的积。

$$K=mV_C \tag{3-1-10}$$

K是动量，m是人体的质量，V_C是人体质心的速度。动量是矢量，方向与人体质心速度的方向相同，大小等于人体质量与速度大小的积。

人体在运动过程中，速度是有变化的，因而动量也有变化，动量的变化等于人体运动过程的末动量与初动量的矢量差。

$$\Delta K=mV_t-mV_0 \tag{3-1-11}$$

式中ΔK是动量变化，mV_t是末动量，mV_0是初动量。

图 3-1-5 表示曲线运动的动量变化。按末动量的大小和方向作出末动量OA，再从O点按初动量的大小和方向作出初动量OB，从初动量的末端B到末动量的末端A作一矢量BA，即为动量差ΔK。如果物体做直线运动则初动量和末动量、动量变化在一条直线上。如果做加速运动，初动量与末动量、动量变化三者同方向，动量变化图如图 3-1-6 所示。

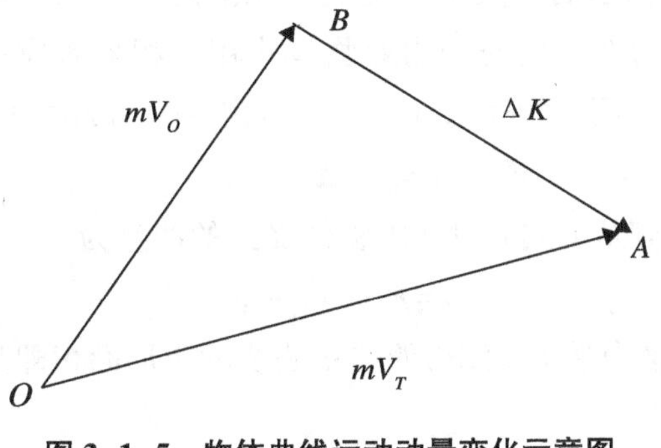

图 3-1-5　物体曲线运动动量变化示意图

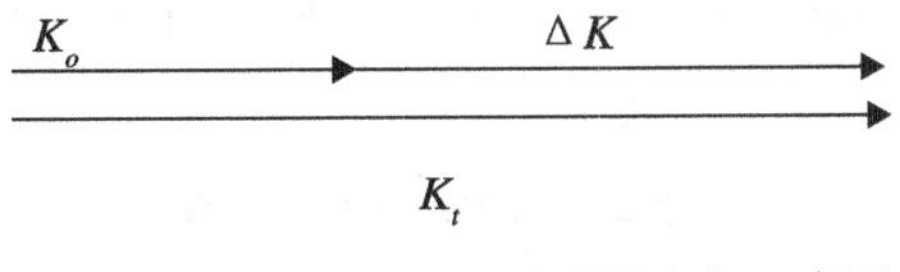

图 3-1-6　直线加速运动动量变化示意图

如果做减速直线运动，则初动量与末动量同方向且初动量大于末动量，动量变化与它们反方向，如图 3-1-7 所示。

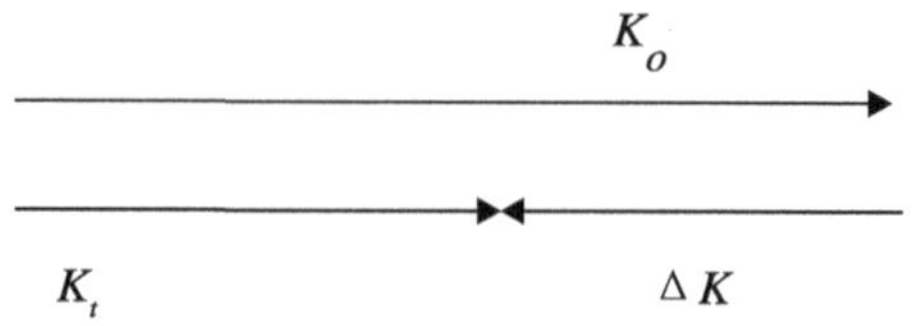

图 3-1-7　直线减速运动动量变化示意图

如果是冲击性反向弹回运动则初动量与末动量反方向，且动量变化方向与末动量方向相同，如图 3-1-8 所示。

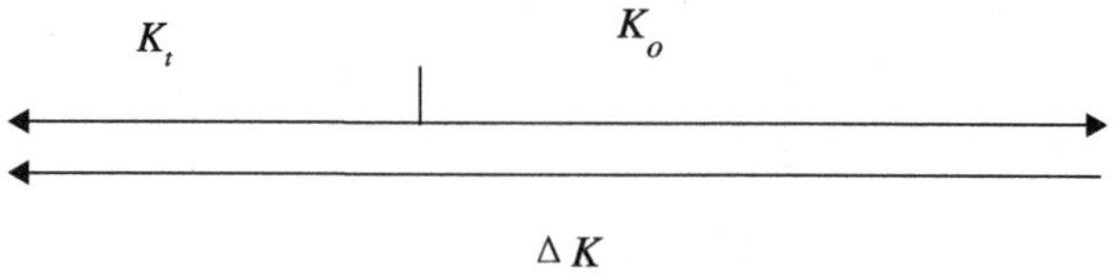

图 3-1-8　冲击性反向弹回运动动量变化示意图

此类动量变化比初动量、末动量都大。如下蹲后的立即起跳、球落地后的反向弹起等都属此类。

2. 冲量

牛顿第二定律只反映了物体受力和运动状态变化的瞬时对应关系，不能说明物体在力的连续作用下运动状态的改变。事实上，无论是物体的运动还是人的运动，都是外力连续作用的结果。力在一定时间内对物体作用的积累效应，是动力学研究的基本内容。我们在力学上把作用于物体的外力与外力作用时间的乘积定义为冲量，即：

$$I=F\cdot\Delta t \qquad (3\text{-}1\text{-}12)$$

若外力为一恒力，则从 t_1 到 t_2 时间内物体受到的冲量为

$$I=F\cdot(t_2-t_1)$$

在这种情况下根据动力学实验测得的 F-t 曲线的矩形面积即为恒力的冲量，如图 3-1-9（a）所示。

一般情况下，尤其是人体运动，外力常为变力，即 F 为时间 t 的函数。若把力的作用时间分成许多小的时间间隔，这样 $F(t)$ 在时间 Δt 内的冲量为

$$\Delta I=F(t)\cdot\Delta t$$

$$I=\sum\Delta I=\sum F(t)\cdot\Delta t$$

积分表达式为：$I=\int_{t_1}^{t_2}f(t)\,\mathrm{d}t$　　(3-1-13)

图 3-1-9（b）中曲线 $F(t)$ 与时间 t 轴围成的面积就是变力 F 的冲量。

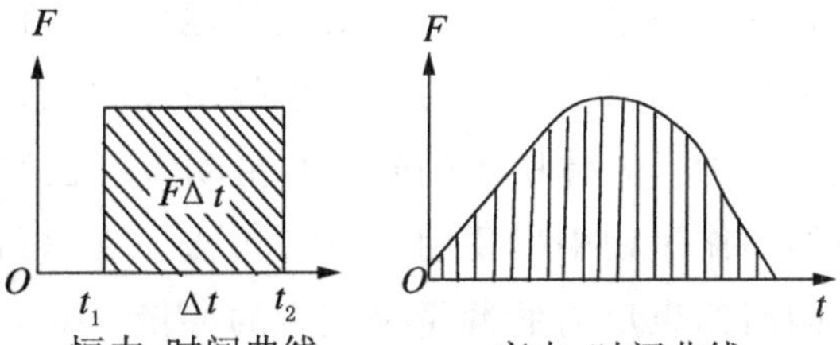

恒力-时间曲线
(a)
变力-时间曲线
(b)

图 3-1-9

3. 动量定理

动量定理由牛顿第二定律推导出来。根据牛顿第二定律的表达式

$$F=ma=m\ (v_2-v_1)\ /\ \Delta t$$

$$F\Delta t=m\ (v_2-v_1) \tag{3-1-14}$$

若 F 为时间 t 的函数

$$\int_{t_1}^{t_2} f(t)\,\mathrm{d}t = m\ (v_2-v_1) \tag{3-1-15}$$

上式左边为物体受到的冲量，右边为物体动量的变化量。因此动量定理表述为：物体的动量变化等于作用在物体上外力冲量的矢量和。当物体受多个力时也可以用下面的表达式：

$$\sum F\cdot\Delta t = mv_2-mv_1 \tag{3-1-16}$$

这是物体的空间动量变化和空间冲量的矢量方程式。在体育应用中往往使用它的分量方程的形式：

$$\begin{cases}\sum F_X\cdot\Delta t=mv_{X2}-mv_{X1} & (3\text{-}1\text{-}17)\\ \sum F_Y\cdot\Delta t=mv_{Y2}-mv_{Y1} & (3\text{-}1\text{-}18)\\ \sum F_Z\cdot\Delta t=mv_{Z2}-mv_{Z1} & (3\text{-}1\text{-}19)\end{cases}$$

式中下标 X、Y、Z 分别表示空间互相垂直的三个方向。动量定理是描述物体运动中受外力作用一段时间运动过程动量变化与冲量的关系。这里要注意，冲量的大小和方向与动量变化的大小和方向相同。在经典动力学范围内，凡是能用动量定理解决的问题，原则上都可以用牛顿第二定律解决。

（二）动量定理在体育运动中的应用

1. 动量定理在起跑加速分析中的应用

体育运动中人体运动是以肌肉力为原动力的多环节运动，有时人体处于有约束运动状态，有时处于无约束运动状态。如起跑是有约束运动状态，起跑后的腾空是无约束运动状态，落地又是有约束运动状态，其约束就是地面对支撑脚运动的限制。起跑时，人体处于双脚受约束状态，肌肉用力会在约束处激发出约束反力，约束反力是作用于人体有其自身特点的外力。人体所受的外力有主动力（已知大小和方向的力）和约束反力，在完成起跑的动作过程中需要用一段时间 Δt，在这段时间内，约束反力是随时间变化而变化的，因而约束反力的冲量是变力的冲量，变力的冲量是力和时间的积分。由于起跑过程中运动速度小空气阻力可以忽略不计，人体除受约束反力外还受重力作用，重力是已知大小和方向的主动力，是不变的力，重力的冲量是主动力的冲量。

约束反力在起跑过程中不但大小变化而且方向也随时间变化，它是空间力，因而可分解为三个方向互相垂直的分力。人体起跑过程中三个互相垂直的方向是前后、上下、左右，因而可产生三个方向互相垂直的冲量。前后、上下两个方向的冲量较大，因而我们要特别关注。起跑是初速度为零的运动过程，所以起跑过程的末动量三个互相垂直的分量可由求得的三个互相垂直的冲量直接给出。

2. 体育运动中相关变量的计算

例 3-1-4 体操运动员体重为 60 kg，落地时质心速度为 6 m·s^{-1}，方向向下，落地后用 0.2 s 站稳，求地面支撑反力。

解： 此问题可用动量定理来求解

$m=60$ kg，$v_{co}=6\text{m}\cdot\text{s}^{-1}$，$v_{ct}=0$，$t=0.2$ s，$g\approx10\ \text{m}\cdot\text{s}^{-2}$

竖直方向取向上方向为正，地面支撑反力设为 N，方向向上。

由动量定理有

$$mv_{cyt}-mv_{cy0}=\int F_{iy}\text{d}t=(N-mg)\ t$$

$$0-(-60\times6)=(N-600)\ t$$

$$N=60\times6/t+600=60\times6/0.2+600=1800+600=2400\ (\text{N})$$

答： 地面支撑反力为 2400 N。

例 3-1-5 人在加速跑，上测力台时水平速度为 6 m·s^{-1}，蹬离测力台时测得水平冲量为 120 N·s，运动员体重 60 kg。求运动员离台时的水平速度。

解： 已知 $m=60$ kg，$v_{co}=6\ \text{m}\cdot\text{s}^{-1}$，$I=120\ \text{N}\cdot\text{s}$

由动量定理

$$mv_{ct}-mv_{co}=\sum F_{iX}.\ \Delta t=120$$

$$V_{ct}=(120+60\times6)\ /60=8\ (\text{m}\cdot\text{s}^{-1})$$

答： 离台时运动员水平速度为 8 m·s^{-1}。

3. 动量定理在体育运动中应用的原则

动量定理在体育运动中有着广泛的应用，尤其打击、碰撞、跳越等动作，应用动量定理有助于我们认识和掌握体育动作技术的力学原理。

①为了减小外界冲击力的作用，可以延长冲击力的作用时间。例如，各种落地的缓冲动作，一般要求前脚掌先着地，并迅速过渡到全脚掌，同时伴有屈髋、屈膝、伸踝的动作以延长脚与地面相互作用的时间，从而减小地面对人体的冲击作用。

②为了使人体或器械获得较大的速度，可以增大作用力并延长力的作用时间。在动作过程中延长力的作用时间和增大作用力常常是互相矛盾的，其原因是肌肉收缩力量和速度呈非线性的反比关系，即力量的增大以减小速度为代价。因此在技术上通常采用的方法是在保证增大肌肉力的同时，延长力的工作距离来延长力的作用时间。如跳越项目中，起跳前身体先下蹲，投掷项目中最后用力前使身体尽可能地超越器械，其力学机制一方面使原动肌充分拉长，提高肌肉力爆发式收缩，另一方面延长最后用力的工作距离，从而延长力对人体或器械的作用时间，以达到增大冲量、提高人体起跳速度和器械速度的目的。类似的动作还有跑步的后蹬、游泳的“S”形划水路线等。

③运用动量定理可以测算人体运动中的一些重要力学参数，如跳越项目中可以应用测力装置测出踏跳力随时间的变化曲线，利用曲线可以算出踏跳阶段人体所受冲量的大小，根据动量定理可以算出此阶段人体所受的平均冲力。

（三）动量守恒定律

1. 动量守恒定律

在诸多体育运动项目中，有的运动过程运动系统受的力系主矢量为零或运动系统在某一运动方向受力的主矢量的分量为零。如果运动系统受力的冲量的矢量和为零，由动量定理可有：

$$mv_{ct}-mv_{co}=0 \qquad (3\text{-}1\text{-}20)$$

由上式可以得出末动量等于初动量，此关系称为动量守恒。

动量守恒定理：运动系统所受外力冲量的矢量和为零，则运动系统动量守恒。

运动系统动量守恒与系统内力的冲量无关，即系统内力冲量不改变系统的动量。如人在船上坐，船停在湖面上，人站起来在船上跑，尽管人与船间有摩擦力冲量，人体内有肌肉力冲量、关节间压力冲量等系统内力冲量发生着作用，但是人和船的系统质心位置不会改变。

2. 动量守恒定律在体育运动中的应用

运动系统动量守恒有两种状态，一种是运动系统质心初速度为零，则运动系统末动量质心速度也为零，即运动系统质心速度在运动全过程任意时刻运动系统质心速度为零，系统质心位置保持原位不变。另一种是系统质心初速度不为零，则运动系统末动量等于初动量，系统质心速度大小和方向始终不变，即运动系统的质心始终做匀速直线运动。

若运动系统在某一运动方向受力的主矢量的分量为零，如 X 方向力系主矢量冲量为零，其他方向力系冲量的矢量和不为零，则可写成互相垂直的分量形式的动量守恒式和动量定理的分量形式联合关系式：

$$\begin{cases} mv_{CTX} - mv_{COX} = 0 \\ mv_{CTY} - mv_{COY} = \sum F_{iY}\Delta t \\ mv_{CTZ} - mv_{COZ} = \sum F_{iZ}\Delta t \end{cases}$$

如急行跳远，运动员跳起后的腾空阶段，运动员的水平方向动量守恒，但是竖直方向动量不守恒，有重力冲量，所以人体质心作抛物线运动，在腾空阶段人体不管做走步动作还是屈伸动作都不能改变质心运动的抛物线轨迹，但能改变环节相对人体质心抛物线的位置。

第二节　人体转动力学原理

力学中描述物体运动有平动运动和转动运动两大类。牛顿第二定理和动量定理只能解决平动物体运动的运动问题，而人体在运动中的转动现象大量存在，因而力学量中也建立了描述转动动因的概念——力矩和力偶。力矩和力偶都是使物体加速转动的动力学原因。它们作用在物体上会使物体的转动状态发生变化，这种变化就需要新的力学规律及物理量来进行描述。

一、转动惯量

物体的转动形式是多种多样的，其中最简单的转动形式是刚体定轴转动。刚体定轴转动的特点是刚体上存在一条直线 L，在这条直线上各点速度为零，这条直线即为刚体的转动轴。物体转动也称为角运动。人体的转动形式比较复杂，常见的分类方式如下：

（一）人体的转动形式

1. 有支点有实体轴的转动

人体绕固定器械的转动为有支点有实体轴的转动，如图 3-2-1 所示单杠上人体绕单杠的摆动、转动动作。

2. 有支点无实体轴的转动

支撑状态人体局部或整体绕关节轴、基本轴、支点或人体重心的转动为有支点无实体轴的转动。如花样滑冰运动员的冰上旋转、掷铁饼或链球时的旋转等，如图 3-2-2 所示。

3. 无支点无实体轴的转动

人体腾空状态所发生的绕身体局部关节轴、基本轴或人体重心的转动。体操、跳水等各种空中翻腾动作均为无支点无实体轴的转动，如图 3-2-3 所示。

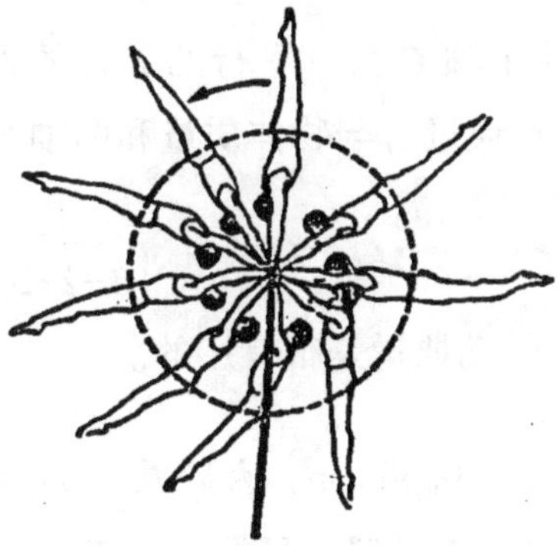

图 3-2-1　有支点有实体轴的转动

图 3-2-2　有支点无实体轴的转动

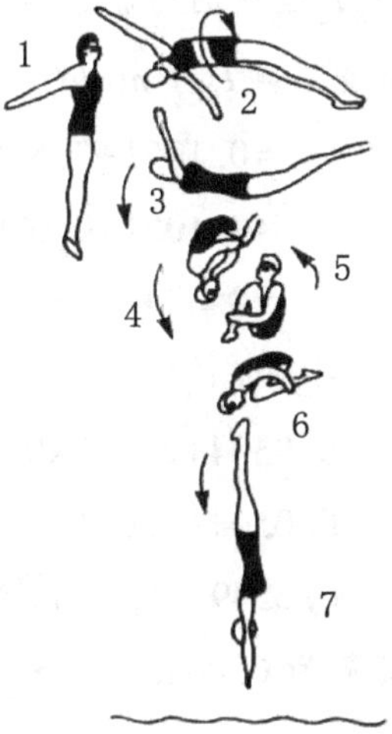

图 3-2-3　无支点无实体轴的转动

（二）转动惯量的性质和定理

1. 转动惯量的定义

转动惯量是描述物体转动惯性大小的物理量，用 I 表示。质点的转动惯量 $I=mr^2$。

m 代表物体的质量，r 为质点到轴线的距离。

对于质点系而言：$I=\sum m_i r_i^{\,2}$ （3-2-1）

对于连续质量分布的系统：$I=\int_{r_1}^{r_2} r^2 \mathrm{d}m$ （3-2-2）

转动惯量的单位为 kg · m²。它是刚体对转动轴的转动惯性。物体转动惯量的大小不仅和物体的质量有关，还和物体质量分布离转动轴的距离的平方有关，物体的质量分布离轴越远，转动惯量增长越快，且按平方率增长。

2. 物体转动惯量的平移轴定理

转动惯量的平移轴定理：物体质量 m，物体质心惯性主轴 C 与其平行的 L 轴的距离为 d，物体对 L 轴的转动惯量 I_L 等于物体对质心轴的转动惯量 I_C 与物体质量和两轴距离平方积的和。公式表示为：

$$I_L=I_C+md^2 \quad (3\text{-}2\text{-}3)$$

转动惯量的平移轴定理对估量运动环节对不同关节的转动惯量是很有用的。

例 3-2-1 摆动腿大腿重心对髋关节额状轴的距离 $d_1=0.305$ m，大腿质量 $m_1=7.516$ kg，对其质心额状轴的转动惯量 $I_{C1}=0.1051$ kg · m²，摆动腿小腿重心到髋关节额状轴的距离 $d_2=0.467$ m，对其质心额状轴的转动惯量 $I_{C2}=0.0504$ kg · m²，小腿质量 $m_2=2.772$ kg，求摆动腿大腿和小腿分别对髋额状轴的转动惯量各为多少。

解： 大腿对髋额状轴的转动惯量 $I_1=I_{C1}+m_1d_1^{\,2}$

$$=0.1051+7.516\times0.305^2$$
$$=0.1051+0.6992$$
$$=0.8043\ (\text{kg}\cdot\text{m}^2)$$

小腿对髋额状轴的转动惯量 $I_2=I_{C2}+m_2d_2^{\,2}$

$$=0.0504+2.772\times0.467^2$$
$$=0.0504+0.6045$$
$$=0.6549\ (\text{kg}\cdot\text{m}^2)$$

答： 大腿对髋额状轴的转动惯量为 0.8043kg · m²，小腿对髋额状轴的转动惯量为 0.6549kg · m²。

计算结果表明小腿质心到髋横轴的距离引起的附加转动惯量比小腿对其质心额状轴的转动惯量要大。小腿质心离髋横轴的距离是引起附加转动惯量的重要因素，它的影响是二次方量级，减小小腿质心到髋横轴的距离能迅速减小小腿对髋横轴的转动惯量。正因为如此，在田径运动中跑的正确技术动作是：摆动腿的小腿要积极收向大腿，迅速减少小腿质心到髋横轴的距离，使其附加转动惯量最小。这种技术动作既能使摆动腿转动惯量最小而摆动速度加快，又能使大腿屈肌的肌肉力矩得到最大效率发挥。如果跑动时摆动腿的小腿不是积极快速收向大腿或收得不够，都会引起小腿的附加转动惯量增大，使转动惯性变大同时大腿屈肌的肌肉力矩得不到有效发挥，出大力做小功。

3. 匀质规则几何形状的物体的转动惯量

表 3-2-1 是匀质规则几何形状物体的转动惯量，用数学积分方法可求得物体的转动惯量。

表 3-2-1　匀质规则几何形状物体的转动惯量

几何形状及尺寸	动轴位置	转动惯量
细长杆，长 L	轴过杆端且垂直于轴	$mL^2/3$
	轴过杆质心且垂直于杆	$mL^2/12$
薄矩形板，长 $2a$，宽 $2b$	通过质心与板宽边平行	$ma^2/3$
	通过质心与板长边平行	$mb^2/3$
	通过质心与板垂直	$m(a^2+b^2)/3$
实心球，半径 R	过球心	$2mR^2/5$
实心圆柱，半径 R	过质心平行母线	$mR^2/2$
空心圆柱，内半径 R_1，外半径 R_2	过质心平行母线	$m(R_1^2+R_2^2)/2$
薄圆板，半径 R	通过质心和直径　通过质心和板垂直	$mR^2/4$
椭球体各径长 $2a$，$2b$，$2c$	通过质心平行 $2a$	$m(c^2+b^2)/5$

如果知道了物体的转动惯量和质量，就可以通过表 3-2-1 求物体的回转半径。

4. 人体转动惯量的特点

（1）过人体质心轴的转动惯量

一些国家的研究机构对人体的质量、惯性性质做了测量统计分析，建立了人体质量、惯性性质模型。为了对人体过质心轴转动惯量的概念有定量认识，引入直立人体两臂贴身下垂的纵状轴、矢状轴、额状轴的转动惯量测量值统计结果。

由表 3-2-2 中结果可以看出，人体绕过质心轴的转动惯量的大小顺序是绕矢状轴、额状轴、纵状轴，也就是说，人体直体侧空翻的转动惯量大于直体前空翻的转动惯量，人体直体前空翻的转动惯量大于直体旋的转动惯量。可见，人体在标准姿势时，绕不同的基本轴有不同的转动惯量，这种模型的人体转动惯量称为绕质心惯性主轴的主转动惯量。这几个主转动惯量只适合处理人体腾空时绕单一质心惯性主轴的直体转动。

表 3-2-2　人体绕质心轴转动惯量表　（单位：kg · m²）

对质心轴的转动惯量	男（22 例）	女（11 例）
额状轴	9.71±1.27	9.51±1.03
矢状轴	9.98±2.53	9.81±1.27
纵状轴	2.65±0.29	1.58±0.20

（2）人体运动环节绕环节质心惯性主轴的主转动惯量测量统计值

人体运动是非常复杂的，直体运动只是复杂运动中的特殊情况，多数情况人体环节间有相对运动，这时做人体动力学分析就需要人体运动环节绕环节质心惯性主轴的主转动惯量。美国国家技术情报服务处于 1975 年 3 月发表了“人体惯性质心的研究”的资料，这项研究是由美国宇宙医学研究实验室、美国空军等许多单位协同完成的，在这份资料中，人体被分为 14 个运动环节，它们是：头、躯干、左上臂、左前臂、左手、右上臂、右前臂、右手、左大腿、左小腿、左足、右大腿、右小腿、右足。在各运动环节的质心 C 建立质心坐标系。X 轴是矢状轴，Y 轴是额状轴，Z 轴是纵状轴。资料给出了运动环节分别绕运动环节质心 X 轴、Y 轴、Z 轴的转动惯量 I_{xx}、I_{yy}、I_{zz}的回归方程。

（3）人体转动惯量的特点

人体的转动惯量的计算方法与刚体相同，质量分布受人体姿态、循环、呼吸等多种因素的影响，因此人体的转动惯量会发生变化。在描述人体转动惯量的时候，一定是某一瞬间或某一姿态下的转动惯量。正因为有这样的特点，人体可根据不同的动作目的调整姿势，从而改变转动惯量以达到自我控制动作的目的。

二、转动定律与动量矩定理

在力学中描述物体运动可分为平动运动和转动运动两大类。牛顿第二定理和动量定理只能解决平动运动的物体，而运动中的人体存在大量的转动现象，因而力学量中也建立了描述转动动因的概念——力矩和力偶。力矩和力偶都是使物体转动加速的动力学原因。力矩和力偶作用在物体上会使物体的转动状态发生变化，这种变化需要新的物理量描述，因此引入描述物体转动的力学规律的物理量动量矩定理及动量矩守恒定律。

（一）刚体定轴转动定律（动量矩定理的微分形式）

物体绕定轴转动时，物体上受轴力矩 M 的作用，物体的转动角速度会变化，角速度变化的快慢程度用物体转动的角加速度 ε 描述。刚体定轴转动定律：定轴转动物体的角加速度和物体受的轴向力矩成正比和物体的转动惯量成反比。用公式表示为

$$\varepsilon = M/I \tag{3-2-4}$$

物体的转动惯量（I）和角加速度（ε）的积称为动量矩的变化率，它等于外力矩 M，即

$$\mathrm{d}(I\omega)/\mathrm{d}t = I\mathrm{d}\omega/\mathrm{d}t = I\varepsilon = M \tag{3-2-5}$$

用于人体运动时，转动惯量 I 是可变的。当 M 一定时，若 I 变大，则 ε 变小。在武术的棍术表演中，当手施加于棍的力矩一定时，手向棍中央握转动惯量变小，棍的角加速度变大。

（二）动量矩定理

在力学中描述物体运动整体可分为平动运动和转动运动两大类。因而力学量中也建立相应的概念和描述方法。在静力学中已经建立了描述转动动因的概念——力矩和力偶。力矩和力偶都是使物体转动加速的动力学原因。现在建立描述物体转动强烈程度的力学概念——动量矩。

1. 动量矩

动量矩是质点对转动轴的转动惯量与刚体的转动角速度的积。整个动量矩 H_L 为所有质点对轴的动量矩的和。公式为：

$$H_L = \sum h_I = \sum \mathrm{m}_I r_I^{\ 2}\omega = \omega \sum m_I r_I^{\ 2}$$

2. 冲量矩

外力矩作用于人体一段时间，外力矩 M 与作用时间 Δt 的积称为力矩的冲量或称冲量矩，冲量矩是矢量。人体受外力矩作用一段时间后会引起人体转动角速度的变化而导致动量矩发生变化。

3. 动量矩定理

力矩作用人体一段时间人体具有的动量矩称为末动量矩 H_t，力矩作用于人体开始时人体具有的动量矩称为初始动量矩 H_0，它们都是矢量，动量矩的方向与人体的角速度矢量方向相同。人体动量矩的变化 ΔH 等于人体的末动量矩与初始动量矩的矢量差，即 $\Delta H = H_t - H_0$。

根据刚体定轴转动定律可得：

$$M = I\varepsilon = \mathrm{d}(I\omega)/\mathrm{d}t$$

$$\int M\,\mathrm{d}t = \int \mathrm{d}(I\omega) \quad 或\ I(t)\,\omega_t - I(t_0)\,\omega_0 = \sum M\Delta t \tag{3-2-6}$$

动量矩定理：物体动量矩的变化等于物体所受外力矩的冲量矩的矢量和。

公式（3-2-6）是矢量方程，外力矩冲量的矢量和的方向与动量矩变化的方向相同。$I(t)$ 是末时刻的转动惯量，ω_t是末时刻的角速度，$I(t)\ \omega_t$是末时刻的动量矩，$I(t_0)$ 是初时刻的转动惯量，ω_0是初时刻的角速度，$I(t_0)\ \omega_0$是初时刻的动量矩。要注意，物体动量矩变化只与物体所受的外力冲量矩的矢量和有关，与物体的内力冲量矩无关。

4. 动量矩定理在人体转体运动中的应用

把动量矩定理用于人体运动时要注意，优秀运动员动量矩的增加并不是靠增加力矩的作用时间来获得，反而是靠肌肉爆发力的增加来激发出大的外力，产生大的外力矩，在较短的作用时间内完成动作。如链球投掷过程中的带球快速转体预摆加速，就是靠蹬地脚受地面支撑反力对支撑脚产生的力矩冲量使人体和链球的动量矩增大，蹬转完成得越快测力表明蹬力越大，因此选择肌肉力大、爆发力好的运动员是很重要的。良好的自身肌肉爆发力素质和灵活借助外界条件利用外力是产生大的人体动量矩的重要条件。如跳板跳水运动员的走板起跳时恰好是利用上板的弹力来增加起跳高度和人体动量矩。

在体育运动中使用动量矩定理时，既要考虑完成运动所需大的动量矩变化的力矩冲量的有关条件，又要考虑避免运动损伤的合理动作方式。

5. 利用转动定律和动量矩定理，对人体局部肢体的转动和人体的整体转动作简单的分析

（1）*局部肢体的转动*

人体的各种运动都是以骨杠杆的转动为基础，形成这些转动是肌肉力矩牵拉骨骼绕关节转动的结果，为了增大肢体的转动效果，通常采用以下办法：

①增加肌肉对骨杠杆的拉力矩。由转动定律和动量矩定理可知，肢体转动惯量不变时，增加肌肉力矩可加大肢体的转动角速度。欲增大肌肉力矩，一方面是增加肌肉力的大小，这是主要手段；另一方面是增大肌肉力臂。在肢体的转动过程中，肌肉拉力角的变化，会引起肌肉力臂发生变化。

②减小肢体的转动惯量。人体的肌肉力是有限的，因此肌肉力对某一轴的力矩也是有限的。当肌肉力矩一定时，减小肢体的转动惯量，可以增大转动的角速度。因而在肢体的转动中使各环节的质量分布更靠近转动轴，减小肢体对轴的转动惯量，可以加大肢体的转动速度。例如跑步中的摆臂摆腿动作，要求屈肘摆臂、小腿后摆时，尽量折叠小腿，使整个下肢绕髋关节的转动惯量减小，以提高摆动的角速度。

（2）*人体的整体的转动动作*

①利用助跑平动时身体某点的制动。当助跑平动的人体在支撑点突然制动时，人体就会绕通过制动点的轴转动。制动时，制动点的速度为零，而人体非制动点部分由

于惯性仍然保持原来的运动状态，这就形成了整个人绕制动点的转动，如图 3-2-4 所示。

图 3-2-4　助跑平动时身体某点的制动

转动时各点的角速度相同，但各点的线速度不同，根据 $V=Rw$ 可知，离制动点越远，线速度越大。如跳高、跳远、撑竿跳高、投掷铅球等都有助跑-制动-绕制动点转动这一过程。

②加大偏心力的作用。一个物体如果受到偏心力的作用，腾空状态下可产生既平动又转动的复合运动。根据这一原理，在完成某些技术动作时，尽量加大偏心力的作用，可使转动动作更好地完成。因此人体要在腾空后获得一定的转体动作，必须在起跳过程中获得一个偏心力的作用，即支撑反作用力的作用线不能通过人体重心，这样才能产生偏心力作用。如图 3-2-5 所示，跳水前的空翻动作支撑反作用力 F_2 的作用线从人体重心后面通过，产生偏心力矩，可以使人体在空翻时完成一定的转动动作。

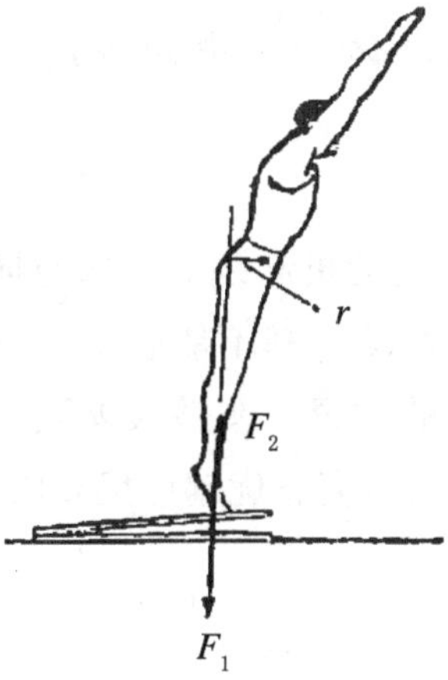

图 3-2-5　偏心力作用示意图

③利用动量矩的转移加大转动效果。运动中，身体各环节对同一轴的动量矩是不同的，各环节除了绕基本轴转动以外，同时还可以绕关节轴转动。在支撑状态下人体局部和整体都可以获得外力矩的作用，这种情况下人体动量矩随冲量矩的增减而增减。

人体可以通过身体环节的运动将一部分环节的动量矩传递给其他环节，根据动作要求，再把动量矩传递到需要的环节，从而增大转动效果。

动量矩的传递往往通过某些环节的突然制动来实现。如图 3-2-6 所示，吊环的屈体动作是身体经屈曲悬垂后，两腿向前上方摆出，然后急剧制动，使两腿的动量矩传递到上身，与此同时两臂直臂向前侧方压环，上体急振，肩向前上方移成直角支撑姿态。

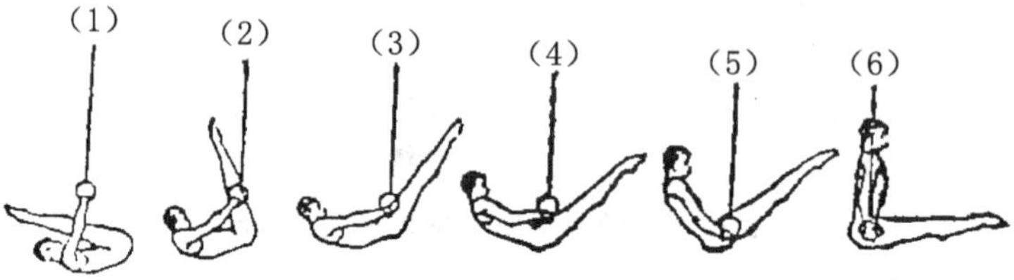

图 3-2-6　吊环屈体动作的动力矩传递示意图

三、动量矩守恒定律

（一）空间动量矩守恒的条件

物体获得动量矩后，如果物体所受外力矩为零，物体的动量矩变化也为零，即：

$I(t)\ \omega_t = I(t_0)\ \omega_0$

在人体运动中转动惯量会发生变化，表达式常常写成如下形式：$I_t(t)\ \omega_t = I_0(t_0)\ \omega_0$。

（二）动量矩守恒定理在转体动作中的应用

1. 肢体的相向运动

如图 3-2-7 所示挺身式跳远运动员起跳后的腾空阶段，其动量矩守恒，人体在腾空阶段不管做走步动作还是做屈伸动作都不能改变人体质心运动的抛物线的轨迹，但可改变人体相对人体质心抛物线的位置，调整人体质心位置向下移，人体相对质心抛物线会向上浮起，这样会使落地人体姿态优越而提高成绩。

图 3-2-7　挺身式跳远示意图

2. 空中角速度的改变

动量矩守恒是指转动惯量与角速度的乘积为一常量，转动惯量与物体转动的角速度成反比。所以在人体腾空状态时可通过转动惯量的改变达到控制角速度的目的。如图 3-2-8 所示，腾空状态下的人体为了实现快速的转动，进行屈体团身，落地瞬间为了减小转动，将身体适度打开。

图 3-2-8　单杠团身后空翻三周下

（三）人体动量矩守恒的特点

动量矩的大小和方向不随时间的变化而变化。人体运动出现动量矩守恒的情况大致有下面几种：

①人体获得绕纵轴旋转的动量矩后，纵轴方向的外力矩变得很小可以忽略，人体绕纵轴的动量矩守恒。如图 3-2-9 所示，花样滑冰运动员做一个展臂、屈腿的曲线滑后，人体获得了绕纵轴的动量矩，再做直立动作，两臂向纵轴靠拢、腿向支撑腿靠拢，冰面摩擦力力矩较小可忽略，根据动量矩守恒定理，由于人体肢体质量向纵轴靠近，转动惯量迅速减小角速度迅速加快。

②人体获得绕横轴旋转的动量矩后人体腾空，腾空后人体绕重心轴转，重力通过人体重心，所以重力矩为零，动量矩守恒。如果人体出现质量分布不对称，人体会出现同时绕横轴和纵轴旋转的动量矩守恒现象。如自由式滑雪空中技巧运动员，助滑起跳后身体获得了绕额状轴的转动动量矩，摆臂也使其人体质量出现对纵轴不对称分布，形成绕横轴和纵轴同时旋转的动量矩守恒现象。

③由于人体的主转动惯量绕矢状轴的最大，绕额状轴的居中，绕纵轴的转动惯量

最小。由动力学理论可以证明非刚体初始转动是绕最小主转动惯量轴转动，是不稳定的单轴转动。不稳定的单轴转动受干扰或转动动能损失到一定程度时，会变成绕三轴转动。如图 3-2-10 所示，冰上陀螺，外形较细较高，竖直轴是转动惯量最小的惯性主轴。用鞭子抽陀螺，陀螺转动加快，转动动能变大，陀螺绕竖直轴转动。停止用鞭子抽陀螺，由于摩擦动能损失，转动变慢，陀螺开始摇头转动，失去绕单轴转动的稳定性。

图 3-2-9　花样滑冰

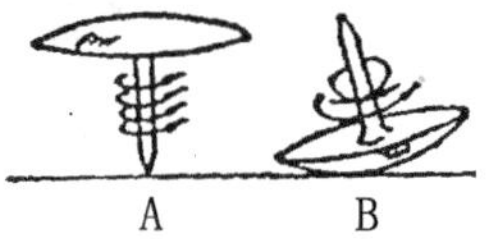

图 3-2-10　冰上陀螺

CHAPTER 04 第四章

流体力学对体育器械的影响

【内容提要】

本章主要阐述流体的基本性质。在理解理想流体、定常流动的基础上能够利用伯努利方程、连续性方程解决理想流体流动的相关问题。掌握流体对人体及体育器械的作用，包括：空气对人体的作用、游泳运动中水对人体的作用、标枪飞行中气流对投掷远度的影响、球体飞行的空气动力学特征。

【教学重点】

1. 理想流体定常流动的特点；
2. 连续性原理、伯努利方程、马格努斯效应的应用；
3. 影响投掷项目的投掷远度的因素、球体飞行的空气动力学特征。

【教学难点】

1. 气流影响投掷项目的因素；
2. 从空气动力学视角分析球体在空中飞行的特征。

【教学要求】

1. 掌握流体的基本性质；
2. 掌握流体对人体及体育器械的作用。

第一节　流体力学的基本知识

人体在空气中或水中运动，就必然会与水、空气这样的流体产生力的作用。流体对人体运动的作用会因为姿势的不同而有所区别。如游泳项目，水对游泳运动员产生的力的作用，既是阻力又是动力。那么怎样利用水的作用，是运动员必须掌握的一项内容。调整姿势是克服阻力，增强动力作用最常见的一种做法。不论是克服还是增强，我们都应该认识在流体中运动物体的气动特性或水动特性，而风洞实验、拖曳水池实验、流动水槽实验，以及目前的计算机模拟技术是主要的认识手段。

由于液体和气体的共同性，许多现象的发生都有着相同的规律。因此，研究流体的性质和运动规律时，一般以液体为代表进行探讨。

一、流体的压强

压强是单位面积上受到的压力。以 F 表示压力，S 表示受力面积，P 表示压强，则有 $P=F/S$。在国际单位制中压强的单位是：帕斯卡。

（一）气体压强

在气体内部某一方向单位面积受到的气体压力，称为气体的压强。我们发现离地球海平面的海拔高度越高，空气压强越小，地球海平面空气压强最大。此外，空气压强和温度也有关，摄氏零度海平面的空气压强称为标准大气压（1.013×10^5Pa），即真空水银气压计 76 厘米水银柱的压强。大气压强是很大的，相当于一平方米的面积受到 10.13 吨的压力。

（二）液体内部压强

在某一深度的液体内各方向的压强都相等。

$$p=d\cdot h+p_0 \qquad (4-1-1)$$

其中，d 为液体的比重，h 为液体的深度，p_0为大气压，p 为液体压强。

运动员潜入水中，每下潜 13.6 米，压强就增加一个大气压。要强调指出，压力和压强不是一个概念，压强是力在单位面积上分布的集中度，压力是压强与作用面积的积。

二、流体的浮力

浮力定律（阿基米德定律）：物体在液体中所受到的浮力，等于物体排开液体的重量。

$$F=d\cdot V \qquad (4-1-2)$$

F 是物体受的浮力，d 为液体的比重，V 为物体排开液体的体积。这里要强调指出，浮力的实质是物体表面上下液体的压强差，只有物体的下表面受到液体的压强才能产生浮力，这时浮力等于物体排开液体的重量。如果物体的下表面陷入泥中则不受到液体压强作用，物体虽然排开了液体，但是没有浮力。

人在水中既受重力又受浮力，当重力和浮力的主矢量等于零，力的主矩也等于零时，人在水中达到平衡，即

$$\begin{cases} R=0 \\ M=0 \end{cases}$$

满足上面条件的前提是人体重心和浮力中心在一条直线上且在重力线上。

此外，我们也可以通过比重的大小来判定物体的沉浮。物体的比重大于液体的比重时，就会下沉；反之，则上浮。

身体的比重随呼吸的变化而变化。深呼吸时，胸腔体积扩大，比重减小（比重为0.96~0.99），浮力增大。呼气时，胸腔体积缩小，比重增大（比重为1.07~1.05），浮力减小。因此，在水中游泳时，呼吸动作与在陆地不同，会有明显的闭气阶段。

游泳中有一种测定浮力的方法：运动员吸足气后，身体伸直，两臂慢慢上举，身体保持不晃动自由下沉（图4-1-1）。根据身体下沉多少来评定运动员的浮力大小，评定的标准是：肘关节在水面上为优秀；前臂一半在水面上为良好；手腕在水面上为及格；指尖在水面上为不及格；沉下去为很差。

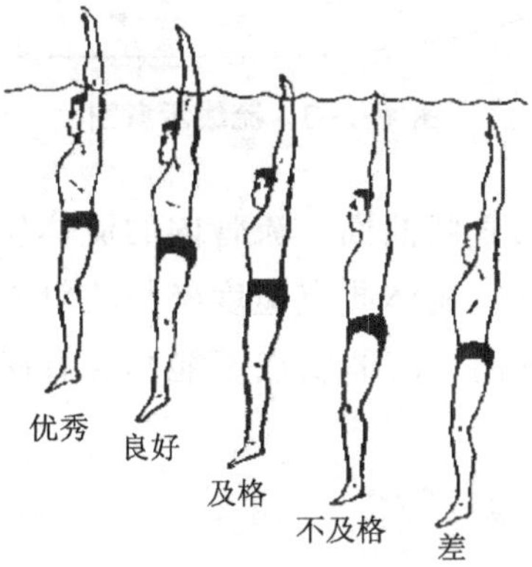

图4-1-1　浮力测定标准示意图

人无论以什么姿势入水，最终都是上体浮在水面，特别是头部。这是由于身体入水后，浮心与重心不在一条竖直线上，形成了力偶矩，使下体下沉，上体上浮（图4-1-2）。当头有一小部分浮出水面时，浮力减少到同重力相等，这时浮心与重心在同一竖直线上，人体在水中受力平衡。

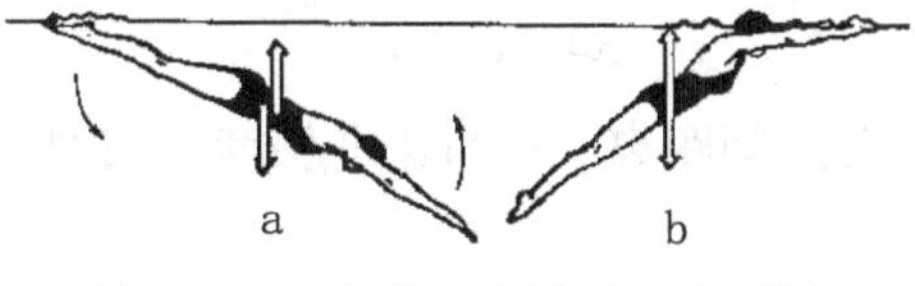

图4-1-2　人体入水后受力示意图

三、伯努利方程

（一）相关概念

在研究流体运动的规律时，流动性是主要因素，而黏滞性和可压缩性都是次要因素。流体力学中，一般物体在流体中做低速运动时可以忽略流体本身的黏性，此时建立的流体模型为理想流体。下面介绍一些概念：

①理想流体：不可压缩无黏滞性的流体。

②稳恒流动（稳流）：在流体内空间任意点流过的流体质点速度矢量是不随时间变化的常量。

③流线：在流体内某一时刻，画一曲线，曲线上的流体质点的速度方向都是曲线在该点的切线方向，该曲线称为流线，如图 4-1-3 所示。流线是为了形象表达并非实际存在。流线稀处流速小，流线密处流速大。

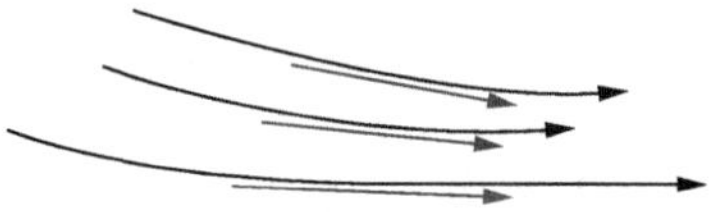

图 4-1-3　流线示意图

④流管：由流线束组成的管状曲面。流管内的流体质点，不能流到流管外面。因为流体质点若能流到流管外面，流体质点速度必与流管面不相切，不相切必相交，相交有交角，说明有两个速度方向，流体质点不能同时有两个速度方向，所以流线不相交。如图 4-1-4 所示。

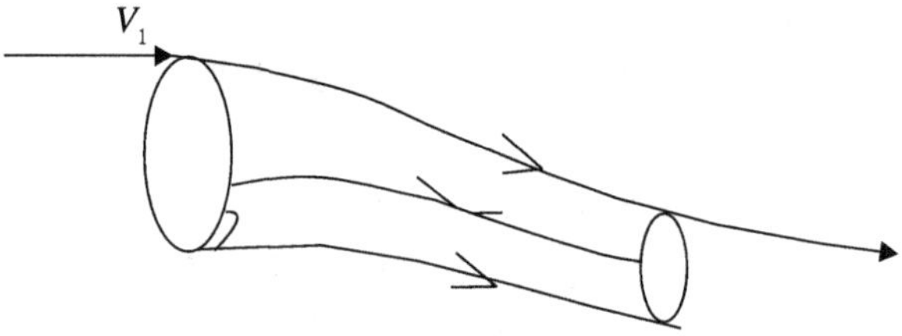

图 4-1-4　流管示意图

⑤片流：流体流动时，与流速垂直方向形成速度梯度。即

$$\Delta V/\Delta Z=G \tag{4-1-3}$$

V 为层间速度差，ΔZ 为层间距离，G 为速度梯度。如图 4-1-5 所示。

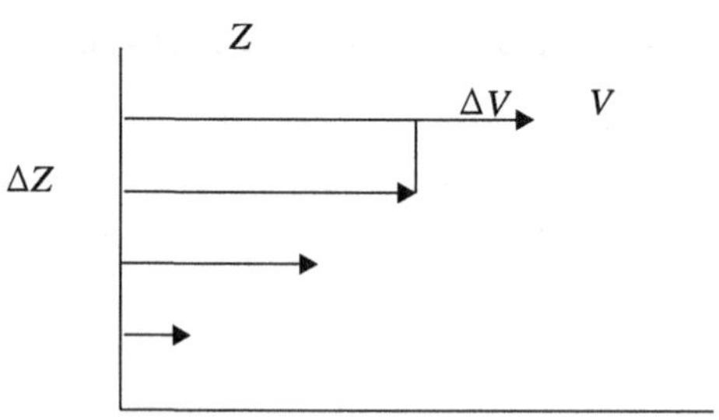

图 4-1-5　片流

这种互不干扰的有序流动为片流（层流）。当流速大到一定时，这种互不干扰将起变化，层间流体质点速度矢量将出现交叉和旋转，流体局部出现湍流，整体的层流被破坏，流体内阻力增加。

⑥湍流：当流体流速增大（水流速度大于 30 厘米/秒，气流速度大于 400 厘米/秒）时，流体质点的轨迹失去层状性质而变为不规则的运动，这种流动成为湍流。

⑦涡流：当黏滞性流体加速地流过置于其中的一个物体时，即使速度不是很大，层流也可能被破坏，变为涡流，如图 4-1-6 所示。

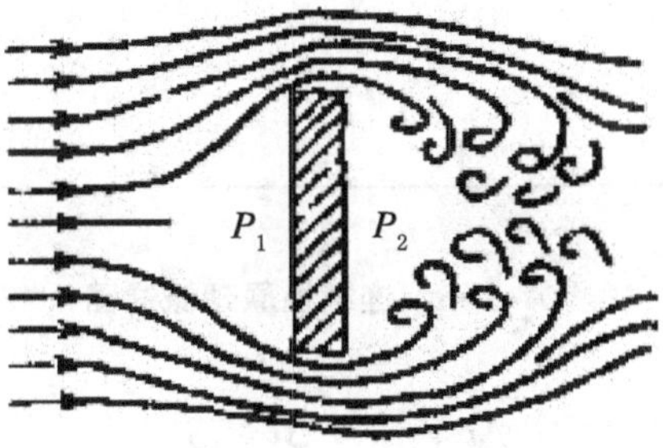

图 4-1-6　涡流

涡流的形成使物体在流体中运动时受到一个附加的阻力。由于涡旋具有转动能，由运动物体所做的功来供给，这个功可以理解成物体抵抗附加阻力所做的功。为了减小这个附加阻力，可以尽量使物体的形状成为所谓的流线型，力求避免涡旋的形成，如图 4-1-7 所示。

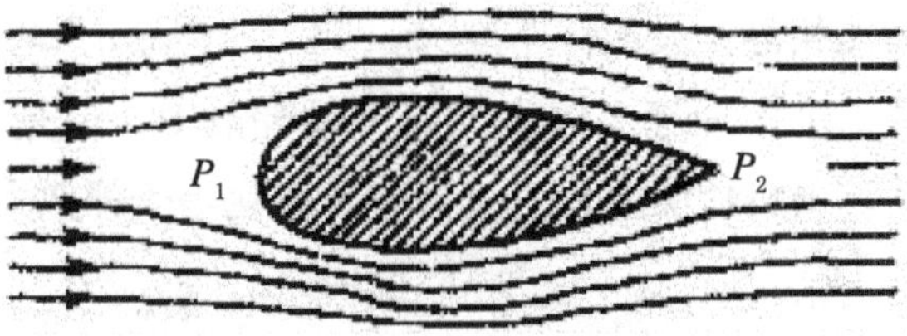

图 4-1-7　流线型阻力

⑧雷诺数：流体力学实验表明，可以用一个无量纲的纯数 $Re=\frac{ud}{r}$ 来判定流体边界层内的流动型态及边界层分离点的位置，Re 称为雷诺数，u 是流体流速或者球的速度，d 是管径或球的直径，r 是流体运动黏滞系数。一般认为层流、湍流的判别标准就是下临界雷诺数 $Re=2320$，即当 $Re<2320$ 时，管中是层流；当 $Re>2320$ 时，管中是湍流。

（二）连续性原理（质量守恒定律）

在流体不可压缩性假设下，流体质点间是无空隙的，连续的。如图 4-1-8 所示，取任一段流管，根据连续性原理，流入流管内的液体体积要等于流出流管液体的体积。设流管入端横截面积为 S_1，流速为 V_1，流管出端横截面积为 S_2 流速为 V_2，经 Δt 时间应有式（4-1-4）是流体连续原理的表达式。

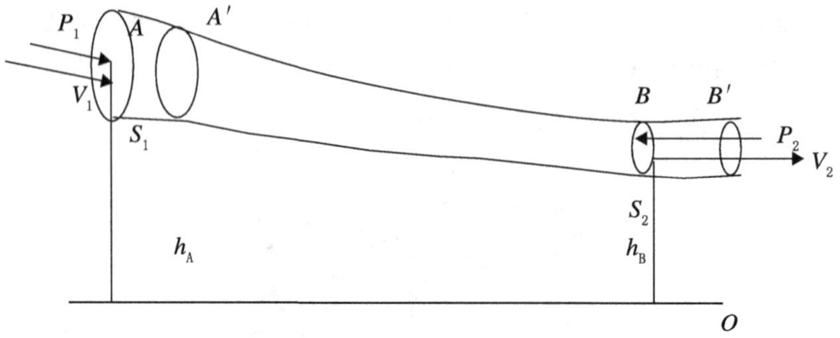

图 4-1-8　连续性原理概述图

$$\Delta t\ V_1S_1 = \Delta t\ V_2S_2$$

$$V_1S_1 = V_2S_2 \qquad (4\text{-}1\text{-}4)$$

（三）流动流体中的压强

理想流体流动时，流体内有压强，如图 4-1-8 所示，AB 段是初始时刻选的一段流管，$A'B'$是经 Δt 时间流管内流体达到的新位置。$A'B$ 段流体是公共段流体。由于是稳恒流动，段内各空间点流体流速不随时间变化，所以初始时 $A'B$ 段的流体动能与经 Δt 时间的 $A'B$ 段的流体动能相等。设流体密度为 ρ，h_A为 A 截面形心到零势面高度，h_B为 B 截面形心到零势面的高度。理想流体内摩擦力是耗散力，但是不做功；流管两端流体压力是耗散力且做功。由机械能原理，机械能的变化等于耗散力所做的功。

$$E_t-E_0=E_{KtA'B}+E_{KtBB'}+E_{PtA'B}+E_{PtBB'}-E_{K_0AA'}-E_{K_0A'B}-E_{P_0A'B}-E_{P_0BB'}$$

$$=(E_{KtBB'}+E_{PtBB'})-(E_{K_0AA'}+E_{P_0BB'})$$

$$=(0.5\rho\Delta tV_2S_2V_2^{\ 2}+\rho\Delta tV_2S_2g\ h_{AB})-(0.5\rho\Delta tV_1S_1V_1^{\ 2}+\rho\Delta tV_1S_1g\ h_A)$$

$$=W_{耗}=\Delta tV_1S_1p_1-\Delta tV_2S_2p_2$$

因 $\Delta tV_1S_1=\Delta tV_2S_2$，经整理得

$$0.5\rho V_2^{\ 2}+\rho g\ h_{AB}+p_2=0.5\rho V_1^{\ 2}+\rho g\ h_A+p_1=常数 \qquad (4\text{-}1\text{-}5)$$

式（4-1-5）即为伯努利方程，该方程反映流体内不同两点的压强和流速有关。若流体内两点高度相等，则有

$$0.5\rho V_2^{\ 2}+p_2=0.5\rho V_1^{\ 2}+p_1=常数 \qquad (4\text{-}1\text{-}6)$$

由式（4-1-6）可知，流速大处压强小，流速小处压强大。

（四）流体阻力

物体在流体中运动时流体对运动物体会产生阻力，这种阻力和物体运动速度有关，和物体向速度方向投影的面积大小有关，和物体形状有关。流体阻力公式为：

$$F=\rho C_D SV^2 \tag{4-1-7}$$

式中 ρ 为流体密度，C_D 为流体阻力系数，S 为物体沿速度方向投影的面积，V 为物体的运动速度。

在相同投影面积 S 和速度 V 的条件下，物体迎流面为凸面所受的流体阻力比物体迎流面为凹面所受的流体阻力小。物体为流线型阻力系数最小。有些体育运动需要流体阻力小，如速度滑冰、赛车等运动项目，为了减小流体对物体的阻力，运动员通常采取穿特制的滑行服、体态向流线型靠近等办法。

有些体育运动需要增大流体阻力，如跳伞项目，运动员要缩短空降时间加快落地可空投后稍晚张伞，利用大的空气阻力使人体匀速下落。他们采用的办法是使伞迎风面为凹面、增大投影面积。

还有些运动项目是整体需要减小流体对运动员的阻力而局部确要加大流体的阻力，如游泳项目，运动员游进中要求减少阻力，手划水、脚蹬水要求获得大的流体阻力。他们采用的办法是划水手五指并拢且微屈，使手的迎水面为凹面，足蹬水外展背屈形成大的蹬水向投影面积和迎水向凹面面积。

（五）伯努利方程的应用

1. 马格努斯效应

研究在流体中转动的物体，紧靠物体表面的一层流体将随着物体转动。由于流体内的摩擦作用，较圆的流体层也被带着运动，形成物体周围的环流（图 4-1-9），以球体为例，当球体在流体中既有平动又有转动时，它周围的流线则呈现图 4-1-10 的分布，这就是把转动所引起的环流叠加在平动所引起的片流上的结果。当球体沿顺时针方向旋转同时向右移动时，在球体上方环流和层流具有相同的方向，因而流体的合成速度较大；在球体下方环流和层流具有相反的方向，因而流体的合成速度较小。根据伯努利定律，流速大的地方压强小，流速小的地方压强大。因此球体受到一个横向上的力，这种现象就叫作马格努斯效应。体育运动中，旋转球在空中运行时，这种压强差会改变球体的运行轨迹。

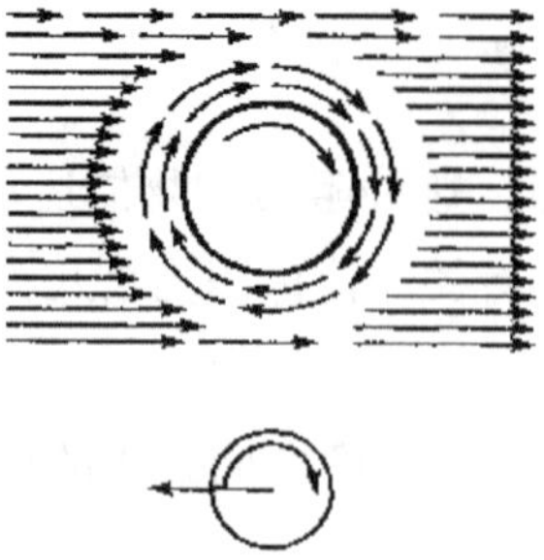

图 4-1-9　转动物体的流线变化示意图

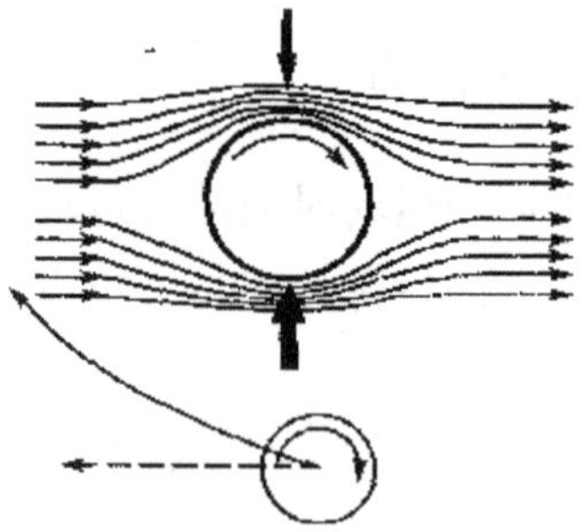

图 4-1-10　平动与转动并存的物体流线变化示意图

2. 升力原理

在日常生活中从风筝放飞到运载数百吨货物高科技的大型飞机起飞，从足球的香蕉球到乒乓球的旋转飞行都是在利用伯努利方程揭示流体中“流速大处压强小，流速小处压强大”的真理。我们分析下机翼的升力产生条件：飞机起飞都要在跑道上滑跑才能飞起，这是因为飞机滑跑使空气对机翼产生相对运动。飞机向前滑跑速度 V，相当空气相对机翼以速度 V 向后运动，如图 4-1-11 所示。

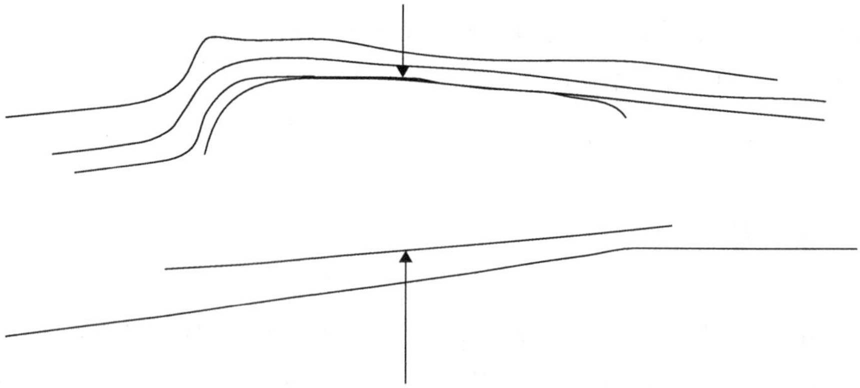

图 4-1-11　机翼升力产生示意图

因为机翼的上缘是隆起的流线型，空气从其上经过时被机翼上缘挤压，密度变大，流速加快，空气对机翼压强变小；流经机翼下缘的空气，流速比机翼上部的流速小得多，速度小，空气对机翼下缘的压强大，这样，机翼上下缘压强差与机翼面积的乘积即为向上的升力。

第二节　流体对人体的作用

人体在运动中，不可避免会受到周围介质的阻力，要克服各种不同形式的阻力都必须消耗一定的能量。虽然运动中不能完全消除阻力的作用，但采用合理的运动技术可以最大限度地减小消极阻力的作用，增大积极阻力的利用效率，如游泳中划臂时水的阻力就是积极的推动力。这里将讨论位移运动中空气和水对人体的作用。

一、空气对人体的作用

人体在陆地上运动时的阻力，一般可分为空气阻力和外部接触物的阻力。运动技术分析中经常把空气阻力忽略不计，但是以百分之一秒为单位来计算运动成绩时，空气阻力就是不可忽视的因素，如跑步、自行车、滑冰、滑雪、铁饼、标枪等项目中空气阻力可能是决定胜败的因素。

根据空气动力学原理，计算空气迎面阻力的公式为：

$$F=\frac{1}{2}\rho \cdot S \cdot Cd \cdot V^2 \qquad (4\text{-}2\text{-}1)$$

式中 F 为空气迎面阻力（牛顿）；ρ 为空气的密度（一般情况下约 1.2 千克/秒^3）；S 为与气流相对的正面投影面积（米^2）；Cd 为迎面阻力系数；V 为运动员相对于气流速度（米/秒）。

近年来有人对创百米世界纪录的客观条件进行研究，他们通过理论推算资料表明，百米跑成绩在接近 2 米/秒的顺风条件下，可赢得 0.16 秒的时间。1968 年第 19 届墨西哥奥运会在海拔 2250 米的高原地区举行，由于高原地区重力加速度的影响，百米跑的成绩比接近海平面的地区跑时快 0. 1 秒，所以在墨西哥奥运会上创造了不少田径新纪录。百米跑中空气阻力可使成绩相差 0.16 秒，这对于 0.01 秒为决定胜负的计时单位来说，研究运动技术时空气阻力就不可忽略不计了。据外国资料报道，跑速为 5.1 米/秒时（马拉松运动员的跑速），空气阻力约为 8.82 牛顿（0.9 公斤），跑速为 10~12 米/秒时（优秀短跑运动员的跑速），空气阻力约为 24.7~41.5 牛顿（2.3~4.2 公斤）。显然，空气阻力在很大程度上取决于运动物体的速度和正面阻力面积的大小。根据运动员的身高和跑速，应用下列希尔（Hill）的经验公式可以求出空气阻力的近似估计值：

$$F=0.55\ (0.15h^2)\ V^2 \qquad (4\text{-}2\text{-}2)$$

式中 0.55 是式（4-2-1）中 $\frac{1}{2}\rho \cdot Cd$ 乘积的近似值；$0.15h^2$ 是身高为 h 的正面投影面积的估计值（米^2）；V 是运动员的跑速（米/秒）。

自行车运动中，空气阻力的近似值可按下列公式计算：

$$F=0.043 \cdot S \cdot V^2 \qquad (4\text{-}2\text{-}3)$$

式中 0.043 是 $\frac{1}{2}\rho \cdot Cd$ 乘积的近似值；S 是正面投影面积（米^2）；V 是运动速度（公里/小时）。

计算自行车运动的空气阻力时，正面投影面积的测定比较困难，因为运动员不同的体型和不同的姿势都会直接影响 S 值的改变。据有关资料说人体站立时，正面投影面积约占身体表面积的 30%~36%；走步时占 31%左右；跑步时约占 26%~28%；骑自行车低姿约占 21%；骑自行车高姿约占 24%。在人体测量学和医学资料中，身体表面积的计算方法有多种。大多数人认为用身高、体重两个参量来计算比较方便，其精确度也能满足要求，其估算公式为：

$$S=71.84 \cdot G^{0.425} \cdot h^{0.725} \qquad (4-2-4)$$

式中 S 为身体的表面积（厘米^2），G 为体重（千克）；h 为身高（厘米）。

例 4-2-1 一名身高 170.3 厘米的男子自行车运动员，重 58.5 千克，车速 20 公里/小时。求该名运动员所受的空气阻力大小。

解：根据式（4-2-4）有，

体表面积：$S=71.84\times58.5^{0.425}\times170.3^{0.725}=71.84\times5.64\times41.64$

$=1\ 6798$ 厘米$^2=1.68$ 米^2

根据公式 $F=0.043 \cdot S \cdot V^2$ 有

$F=0.043\times1.68\times20^2=0.043\times1.68\times400=28.9$（千克）

在运动技术结构中研究空气对人体的阻力，主要是为了改进运动过程中身体的姿势，自行车项目中采用最合理的姿势及技术对减小空气阻力具有特别重要的意义。

利用风洞试验，对不同骑姿作空气动力学测试，结果表明，随着风速增大，阻力明显增加，而且骑行姿势对阻力有较大的影响。当躯干与竖直方向夹角 α 由 110°变到 90°时，阻力增加 14%；α 角由 90°变到 70°，阻力增加 20%；α 角由 70°变到 50°，阻力增加 14%。因此，在比赛中合理选择骑行姿势可以减少阻力，这对提高骑速是有效的。

另外，在自行车比赛中，合理发挥跟骑技术对比赛成绩也是至关重要的。因为当两个物体放置在自由流中，由于后一物体的存在，改变了前一物体尾流区域的流态，同时也改变了后一物体的阻力，阻力的变化情况视两物体的距离不同而不同。实验结果表明，两人正向跟骑，骑距在 10~40cm 时，后者阻力约减少为单独在自由流时的 50%；骑距在 160cm 时，后者阻力约减少 40%；骑距在 360cm 时，后者阻力约减少 28%。当然，前者的阻力也相应减少，但减少率要低些。这些结果为自行车运动员提供了比赛时的跟骑依据。当三人、四人跟骑时，最后一人的阻力小于前面所有人，与单人在自由流中骑车比较阻力减小 50%以上，当跟骑人数增加，后者阻力减少的幅度不大，约为 5%。

二、游泳运动中水对人体的作用

游泳运动中的水阻力可以分成动态阻力和静态阻力。整个游泳运动过程中人体的姿势不断地变化，阻力也随之变化，属动态阻力，这类阻力测定十分困难，还处在研究阶段。人体在某一固定姿势下的水阻力，称为静态阻力，这类阻力的测定工作已经进行很多，从弹簧秤牵引到水池拖曳，再到流动水槽测阻力，都属于静态阻力的测定。

1. 同一姿势下的水阻力

1975 年，日本曾用流动水槽测定同一固定姿势、不同流动速度下一些男女游泳运动员水的阻力。运动员处俯卧姿势、双手水平前伸、双腿并拢伸直、头没于水中或头在水面上、水面保持在运动员下颚处。分析表明，水阻力与身体表面积的相关程度不高，且在游泳速度范围内一般用下列公式计算水阻力。

男子：$R=2.49v^{1.91}$，（头没于水下，身体呈俯卧姿势）

$R=5.39v^{1.18}$（头在水面上，身体呈俯卧姿势）

女子：$R=1.81v^{2.37}$（头没于水下，身体呈俯卧姿势）

$R=4.29v^{1.63}$（头在水面上，身体呈俯卧姿势）

不同速度下阻力成分比例的变化如表 4-2-1 所示。结果表明，头在水上时身体遇到的阻力比头浸没在水中时身体遇到的阻力大得多；在同一姿势下女子遇到的阻力比男子遇到的要小。

表 4-2-1　不同速度下阻力成分比例的变化

速度（米/秒）	0.601	0.790	1.006	1.203	1.425	1.603
总阻力（公斤）	1.010	1.780	3.000	4.400	6.300	7.400
摩擦力（公斤）	0.173	0.281	0.433	0.597	0.810	1.001
形状阻力（公斤）	0.813	1.321	2.035	2.806	3.807	4.705
兴波、碎波阻力（公斤）	0.024	0.178	0.532	0.997	1.683	1.694
形阻/总阻	0.805	0.742	0.678	0.638	0.604	0.635
摩擦/总阻	0.171	0.158	0.144	0.136	0.129	0.135
波阻/总阻	0.024	1.100	0.178	0.226	0.267	0.230
速度（米/秒）	1.603	1.701	1.181	1.905	2.027	2.117
总阻力（公斤）	7.400	8.000	10.000	11.200	13.400	14.600
摩擦力（公斤）	1.001	1.114	1.249	1.367	1.530	1.655
形状阻力（公斤）	4.705	5.236	5.870	6.425	7.191	7.778
兴波、碎波阻力（公斤）	1.694	1.650	2.881	3.408	4.579	5.167
形阻/总阻	0.635	0.655	0.587	0.574	0.537	0.533
摩擦/总阻	0.135	0.139	0.125	0.122	0.114	0.113
波阻/总阻	0.230	0.206	0.288	0.304	0.349	0.354

流线形姿势的阻力最小，这是大家周知的。保持身体成平直的俯卧姿势对减少阻力有很重要的影响，可以作为游泳运动员选材的一个重要指标，也可以作为游泳运动员打腿技术水平好坏的一个衡量指标。

2. 水阻力的成分

人体在水中运动时总阻力的计算与空气阻力的计算相同，不过水的密度在标准情况下为1000千克/米^3，迎面阻力系数也与空气不同。人体在水中发生位移时，其总阻力一般是由摩擦阻力、形状阻力、兴波和碎波阻力组合而成。

（1）摩擦阻力

由于水具有黏滞性，运动员游进时，紧贴皮肤有一薄层水随运动员的皮肤前进，因而形成边界层，产生切应力，即摩擦力。这种力在运动方向的投影称为摩擦阻力，或称为表面阻力。摩擦阻力主要取决于运动物体的速度、浸水面积和表面的粗糙程度等，此外运动员所穿游泳衣裤的质料也会直接影响摩擦阻力。

人体皮肤是光滑带油质而且有弹性的物质，有关这类物质摩擦阻力系数的资料至今未见，而且在游泳过程中由于身体浮沉不定，使浸水面积不稳定。根据流体力学中的光滑平板摩阻系数的方法进行计算，证明摩擦阻力在游泳的总阻力中只占小部分，而且随着游进速度的提高，它所占的比例相对减小（表4-2-1）。对运动员的实测数据说明，游进速度大于1米/秒时，摩擦阻力不超过总阻力的15%。

（2）形状阻力（压差阻力）

由于水的黏滞性原因，运动员游进时背部和身后都会产生涡旋和伴流，使人体消耗一定的能量而形成阻力。它与运动员的体型、姿势及游进速度有关，故称形状阻力。由于它是运动物体前后的压强差所致，也称之为压差阻力。形状阻力是游泳时阻力的主要成分。表4-2-1的资料表明，当游速达到一定程度时，形状阻力所占的比例相当大，随着游速增加，形状阻力的绝对值与速度的平方成正比例增加，但在总阻力成分中所占比例则随游速增加而有所下降。当游速达到2米/秒左右时，形状阻力仍占总阻力的50%以上。

（3）兴波和碎波阻力（波浪阻力）

游泳时，运动员是在两种流体（水和空气）的共界面运动。运动员游进时破坏了流体平衡而使液面振荡，使液面产生波浪所消耗的能量形成的阻力，称为兴波阻力。当运动速度较快，划臂和打腿的动作会使波浪破碎形成飞沫，造成水花这部分能量损耗而形成的阻力称为碎波阻力，游泳运动中常把它归入兴波阻力成分之中。研究资料表明，航船碎波阻力最大时可达到总阻力的25%，所以在游泳技术中造成水花飞溅的现象也可以作为评价技术优劣的因素。

三种阻力的试验测定方法：将人体浸没在水中拖曳测定出的水阻力只含摩擦阻力

和压差阻力。利用等价平板的摩擦阻力的经验公式可以计算出水阻力中人体所受的摩擦阻力。将人体在水面上做相同的拖曳，此时测定的阻力含有三种成分，利用如上两次测定结果，假设浸没水中和水面拖曳时摩擦阻力和压差阻力不变，可以测定波浪阻力成分、压差阻力成分。中山大学做了这方面的成分分析实验，结果表明，随着游速的增快，波浪阻力的成分在增大。当游速在 1 米/秒时，波浪阻力占水阻力的 19%，压差阻力占 67%，摩擦阻力占 14%；当游速为 1. 8 米/秒时，波浪阻力占 29%，压差阻力占 59%，摩擦阻力占 12%。在一般比赛速度范围内，压差阻力占 60%左右，摩擦阻力占 10%左右，波浪阻力占 30%左右。

（4）动态阻力

动态阻力是游泳运动中真实的阻力，研究动态阻力有助于能量、体力损耗与营养补充等问题的研究，美国的康西尔曼教授为此花费了不少精力。

在一个游泳动作周期内，不同时刻身体有不同的姿势，从不同姿势的阻力研究结果可知，其阻力是有很大差别的。因此，不能用某一固定姿势的静态阻力作为整个动作周期的动态阻力，但可以通过连续静态阻力求动态阻力。

把一个动作周期分成几个时间间隔，对应几个身体姿势，第 i 个的时间隔为 Δt_i；，相应身体姿势的阻力为 f_i，则动态阻力可用下式表示：

$$f=\frac{\sum_{i=1}^{n} f_i \Delta t_i}{T} \tag{4-2-5}$$

式中 T 是动作周期。根据这个式子，通过高速摄影和静态阻力的测定，可以测定动态阻力。

第三节　空气对体育器械的作用

在体育运动项目中，有许多器械都要在空气中运动，它们的运动轨迹和空气的作用力有着十分密切的关系。这一节中将对标枪、铁饼和排球的飞行做简单分析。

一、标枪在飞行中的受力分析

无论何种规格的标枪，在空气中飞行时，都要受到重力和空气的作用力。如图 4-3-1 所示，重力 G，作用在重心 O 点；空气的作用力 F，作用在空气压力中心 P 点，F 可以分解为升力 L 和阻力 D。一般的情况下 O、P 两点不重合，因此，标枪在空气中飞行的受力可简化为受过重心的一个合力和绕重心的一个力矩的作用。力矩有时可能是逆时针方向，使标枪抬头；力矩有时可能是顺时针方向，使标枪低头，故称此力矩为俯仰力矩，也就是说，标枪以正仰角飞行，除了受到黏性摩擦阻力外，还受到压差阻力、升力和俯仰力矩的作用。标枪出手飞行时，由于标枪是流线型器械，空气和标枪做相对运动流过，流线平滑，枪尾部基本没有涡流，因此标枪只受到黏性摩擦阻力而没有受到压差阻力。这时标枪所受阻力相对最小，但不能获得升力，标枪以负迎角飞行，空气对标枪的影响基本原理和正迎角飞行一样，只是升力和俯仰力矩值的符号相反。

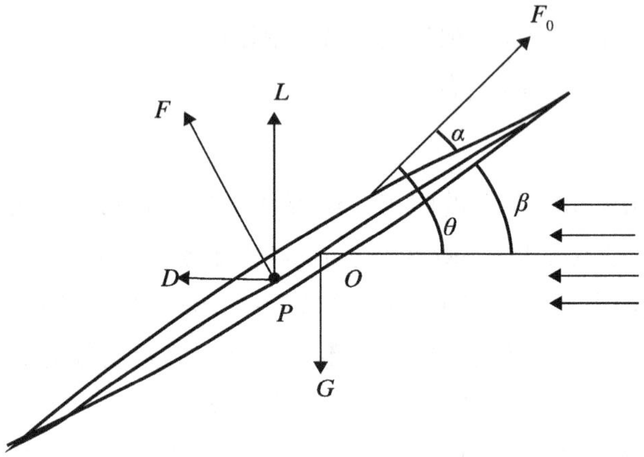

图 4-3-1　标枪角度示意图

标枪在空中飞行的轨迹与标枪的气动特性有关，而气动特性又与标枪飞行过程中的攻角 α 有关。标枪的气动特性可以通过风洞实验测定。

二、标枪飞行远度的力学特征

投掷运动中，如果器械简化为质点，它的飞行轨迹是一条抛物线，根据抛物线公式：$S=\frac{V_0^2\sin2\alpha}{g}$。

射程距离 S 取决于出手初速度和出于角度。这是在不考虑空气阻力的情况下理想的斜抛运动公式，它能帮助我们理解投掷技术的一般力学原理。但运动实践中碰到的问题要复杂得多，对于飞行时间较长的运动物体，空气动力学的影响是不可忽略的因素，特别是铁饼和标枪，由于它们的形状是圆盘状或细长体，与铅球、链球等不同，在飞行过程中受空气动力学因素的影响比较复杂，投掷器械时，运动员在最后用力阶段给予器械一定的初速度，器械在空中靠惯性飞行，由于受空气阻力和重力的作用，在飞行一定距离后落地。

标枪的投掷远度决定于标枪的气动特性和标枪投掷的初始条件，两者结合可以模拟计算标枪的投掷远度。对于同一位运动员，初始条件是标枪的出手速度 v，出手角度 β，出手姿态角 θ 及标枪的出手攻角 α，如图 4-3-1 所示。

一般来说，压力中心在标枪重心后面，标枪具有良好的静稳定性，但力臂绝对值不能过大；在正迎角飞行中，力臂绝对值过大，低头力矩便会增大，致使标枪在飞行中过早低头插地，降低成绩；在负迎角飞行中，力臂绝对值过大，使抬头力矩增大，就有可能形成枪尾着地，没有成绩。

标枪在空气中飞行，一直绕纵轴旋转，产生马格努斯效应。由于标枪的直径很小（男子标枪最大直径 3 厘米，女子标枪最大直径 2.5 厘米），马格努斯效应也很小，标枪基本没有向侧滑行现象。因此，标枪绕纵轴旋转主要起回转效应，使俯仰力矩作用不甚明显，即俯仰力矩不至于使标枪很快抬头或低头，以达到飞行稳定、延长滑翔距离的目的。

不少人对标枪的投掷远度进行过模拟计算，通过模拟寻找最大投掷距离时的最佳出手条件，但是由于标枪的类型不同得出的结论亦不尽一致。首先，利用标枪的气动特性，结合具体的初始条件，实际投掷距离及标枪在空中飞行的实际姿态进行论证性计算，验证理论的正确性与计算误差。其次，让运动员改变初始条件，对运动员的投掷能力进行研究。最后，在运动员有能力的条件下，使运动员完成模拟计算的最佳组合条件等。这些都是今后运动生物力学研究的内容，只有进行了上述的艰巨任务之后，我们才能判断投掷标枪是采用“沿标枪纵轴用力”的方式、“负攻角投掷”技术，还是“鞭打”动作等。

三、影响投掷项目的投掷远度的因素

从空气动力学特性来看，影响器械飞行距离的主要有下列因素：

（一）改变压力中心的位置

对任何飞行物体来说，压力中心就是飞行中空气动力的合力作用点。压力中心与物体的形状有关，一般不受飞行速度的影响，但是它随飞行角度的改变而改变，特别在零攻角附近的变化更为明显，一般是在攻角大于 15°后，变化才趋向平缓。因此，不能把压力中心看作在运动中固定不变的位置。

压力中心与器械飞行的稳定性有关。如果压力在重心的后面（相对于飞行方向）便产生负力臂，这时无论是抬头或低头力矩的干扰，都会产生恢复原来平衡的力矩，增加滑翔距离。若压心在重心之前，则产生正力臂，使器械飞行不稳定。铁饼的形状决定其飞行时的压心在重心之前，如果没有旋转效应的作用，铁饼就会在空中翻转而不能滑翔飞行。标枪的压心在重心后面，这样才能保证枪尖着地后成绩有效。压心离重心的远近与出手速度和投掷距离有关，一般是压心紧靠重心之后能增大投掷距离 S，但压心越靠近重心越要求有较大的出手速度 V_0，而且投掷距离对其他初始条件（如出手角、倾角等）的扰动也特别敏感，稍有偏离，投掷距离就会减小。所以不同训练水平的运动员使用的标枪气动力学特性也要有所区别，这样才能获得最佳的运动成绩。

（二）增大升阻比

所谓升阻比就是升力与阻力之比，也称滑翔数。任何非动力飞行的物体，其滑翔性能主要取决于升阻比的大小。实际上升阻比的大小在整个飞行过程中都起作用，它对飞行轨迹的最大高度和飞行时间有重要的影响，而对飞行速度的关系不大。升阻比的大小，一般随飞行攻角而变化，利用风洞试验对标枪气动力的特性进行研究，在攻角为 13°~25°时，升阻比达到适宜的最大值，即升力/阻力≈1. 3~2. 0，攻角接近并超过 30°时，升力突然减小，而攻角为零或接近 90°时，所受升力也接近于零。空气阻力小有利于增加投掷距离，但阻力小不一定能投得最远。因为器械在爬升和滑翔过程中，有出手后的惯性作用，也有升力的升举作用，二者增加了飞行的高度和时间。小的阻力和大的升力不一定能统一起来，如零攻角时阻力最小，而此时的升力也很小，阻力小对减缓下降速度有利，但不能延长飞行的时间，对增加投掷距离有一定的影响。

（三）利用器械的旋转效应

铁饼和标枪在空中飞行时会绕器械的纵轴以一定的角速度旋转，旋转力矩是运动员在最后用力出手瞬间所获得的。器械的旋转可以增加其飞行的稳定性，为取得良好的成绩创造有利的条件。

铁饼飞行时，压力中心一般在重心的前上方，它会产生一种使铁饼翻转的力矩，由于旋转力矩具有陀螺效应，能增加抗偏摆能力，使铁饼保持动平衡。铁饼飞行的稳定性与旋转速度有关，一般来说，转速越大，稳定性越大，当转速达到 8~12 转/秒后，再增加转速对增加投掷距离不会有太大的影响。所以掷铁饼有一个适宜的旋转速度就行，不需要把铁饼转得很快。瞬间过分追求旋转速度，反而会使向前出手的初速度下降而减少投掷距离。

（四）创造最佳的投掷条件组合

根据抛物线公式可知，出手初速度是影响投掷距离的最重要因素，计算表明，出手初速度 V_0 每增加 2. 5 米/秒，抛射距离 S 可增加 10 米左右。在 V_0 恒定的情况下，影响投掷距离的还有投掷角和器械的初始倾角。所谓投掷角（出手角）是器械出手瞬间通过重心的速度矢量与水平线所构成的夹角；初始倾角是指出手时刻器械轴与水平线所构成的夹角，亦称仰角，而攻角（或称迎角）是指器械纵轴与气流阻力方向形成的角度（图 4-3-1）。

（五）风速和风向的影响

投掷时的风速和风向对器械的飞行有一定的影响，理论上的最佳出手角、倾角和攻角总是在一定的范围波动，我们要综合考虑各种因素才能求出其最佳值。投掷铁饼时，逆风条件有利于增加升力的作用，延长铁饼滑翔的时间，增加投掷的水平距离。投掷标枪时，风速对水平距离的影响较小，顺风使水平距离增大，逆风使水平距离减小。

四、球体飞行的空气动力学特征

在乒乓球、网球、排球、足球等运动项目中，有时要用到弧旋球来改变球在空中的飞行路线，增加自己的进攻能力，达到削弱对方反击能力的目的。

了解球体在空中飞行的特点，首先要知道球在空中运行时所受的空气阻力，在空气中运行和在液体中所受的流体阻力性质是相同的。这里将讨论球体在空中平动和转动时的空气动力学特点。

（一）马格努斯效应及其模型分析

1852 年，德国科学家 G. 马格努斯（Gustav Magnus）发现当球旋转时会产生升力作用，这个效应叫马格努斯效应。

一个旋转球从左向右运动，所有相对于球的中心的空气分子都有一个向后的速度。当空气分子碰到球的下面时，空气分子的运动与球表面的运动方向是一致的（图 4-3-2），所以，它们的速度加快，而在球上面的空气分子的运动与球表面的运动方向是相反的，因此，它们的速度变慢。根据伯努利定律，球下面的压强比上面的小，这个压强差导致向下作用的升力。

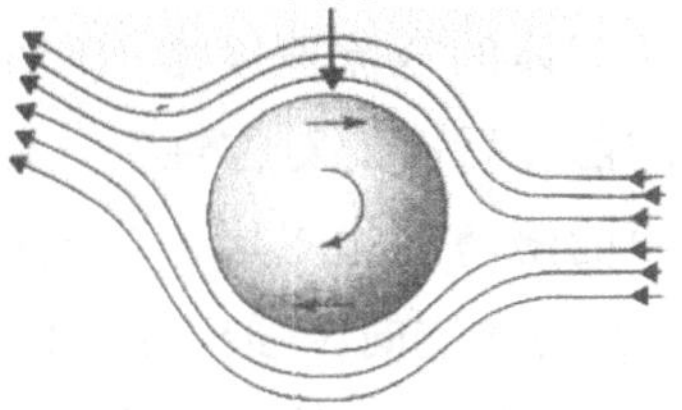

图 4-3-2　旋转球的马格努斯效应

马格努斯效应用来解释许多球类运动中的曲线球，后旋球可以使一个球在空中停留的时间更长，前旋球（上旋球）可以使球更快地落到地上，右旋球可以使球右转弯，左旋球则产生左曲线球，这种效应在乒乓球、网球、足球、棒球和高尔夫球运动中被广泛地应用。

过去一直用伯努利定理来解释曲线球，但是单纯用伯努利定理解释是不完全的，因为还有边界层气流的作用。因此，当气流在球的表面分离并在球的后端变成涡流时，情况非常复杂，在这种情况下，伯努利定理并不适用。

空气通过一个旋转球体的气流是非常复杂的，为了理解旋转的各种作用，掌握流体动力学中的一些基本概念是必要的。当然，这里只提供一些基本的轮廓，想要更深入了解的读者，可去阅读一些标准的流体动力学教材。

为了调查通过一个运动球体气流的作用，设想让一个观察者位于这个球上，考察不同球速的气流形式，当空气慢慢地流过一个不旋转的球体时，气流形式是近似对称的（图 4-3-3）。

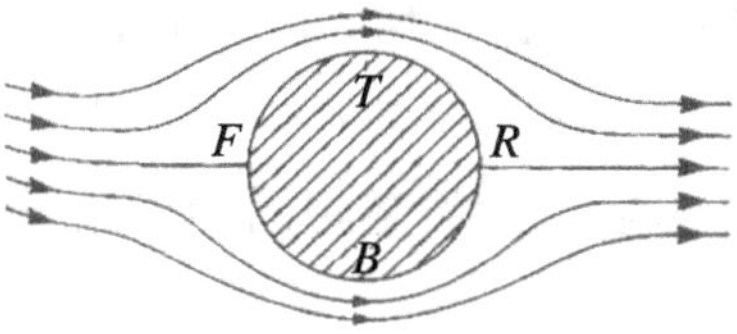

图 4-3-3　球体周围流线分布

如图 4-3-3 所示，*F* 表示前面，*R* 表示后面，*T* 表示上面，*B* 表示下面。图中所示线条表示流线，可以看到球体前面和后面的流线比上面和下面（或者左面和右面）分开的更宽。由于图 4-3-3 是一个垂直的横截面，所以显示不出左面和右面。这样，当空气流过球体的面向气流的最宽部分（横截面最大部分）时会受到更多的约束，空气在这个区域流速加快。当空气继续流向球体后面时，它再次慢下来，慢到它在上游的值。许多流体实验证明，在这种流速慢的情况下，流速与压强的关系遵循伯努利定律。在球体前面（*F*）和后面（*R*）流速慢，压强大，上面（*T*）和下面（*B*）流速快，压强小。注意，当气流从 *T*、*B* 流向 *R* 时，压强梯度与从 *F* 流向 *T*、*B* 的压强梯度相反：由小到大。

现在我们来考察流过不旋转球体的气流速度增加时的情况。当流速增加时，实验中可以看到气流形状失去了它的前、后面的对称性，这是因为摩擦力（黏滞性）的作用，它首先约束围绕在球体表面的薄薄的边界层，当气流速度进一步增加时，摩擦力的减速作用和气流从 *T*、*B* 流向 *R* 时的逆向压强梯度一起使气流速度在球体后部的区域迅速地慢下来，相对于球体来说，流速甚至达到了零。然后，气流发展成反向流动的小气穴。作为这些过程的结果，在球体后面的尾流区域中形成一系列的涡流运动（图 4-3-4）。

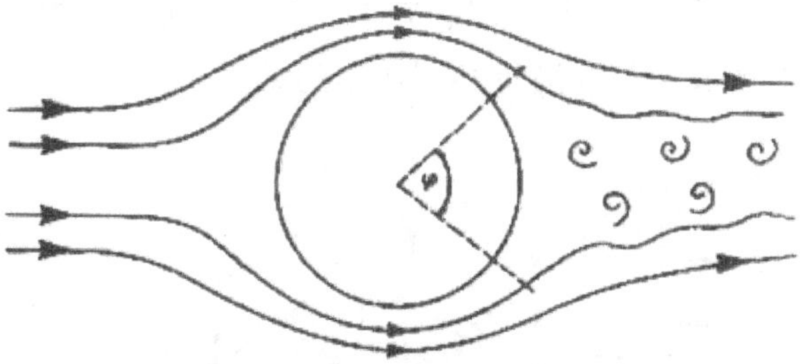

图 4-3-4　球体尾流区示意图

把尾流与边界层分离开来，两侧的分离点与球心连线的夹角为 φ。φ 的值随气流速度而变化，当气流速度非常慢时，φ 几乎是零。当气流速度逐渐增加，这些分离点沿着球体表面向着上游方向移动。极端的情况下，φ 可以大于 $\frac{\pi}{2}$。因此，当气流速度增加时，尾流变得更宽，涡流变得更大，这个过程要消耗更多的能量，而能量一定是从球的动能中来，因而球慢下来。

当气流速度达到某个临界值，边界层中的片流运动变成涡流运动并从外面的自由气流中吸引流体，这种自由气流与边界层气流的混合使得空气更容易克服在球体后部的逆向压强梯度。结果是在达到临界速度时，这些分离点突然沿着球体向后移动，使尾流宽度变小，阻力下降。实验启示，达到这种使阻力下降的临界气流速度与球的直径成反比，流体动力学用雷诺数来表示：

$$R_e = \frac{Vr}{\mu} \tag{4-3-1}$$

其中，μ 是流体的黏滞性，V 是流速，r 是球体半径。由式（4-3-1）可知，若两个球体的雷诺数相同，尽管它们大小和运动速度不同，一个半径为 r 和用速度 V 运动的球与一个半径为 $4r$ 和用 $\frac{1}{4}V$ 速度运动的球，但气流形式是一样的。

临界雷诺数不仅与气流速度有关，而且与球体表面粗糙度有关。Neville de Mestre 实验表明，球体表面粗糙度增加一点，可以减少临界雷诺数 3 倍。在运动实践中，球速一般都在临界雷诺数之下，高尔夫球若球体表面是光滑的，其速率也达不到临界雷诺数之上。但是，由于球体表面做了许多微凹，其临界雷诺数值减小，使高尔夫球能利用减小空气阻力的好处，让球飞得更远。

现在我们来考察旋转球的情况，一个球绕其与纸面垂直的固定轴旋转（图 4-3-5）。接近这个球上部的流线被球的旋转带过去，使分离点靠得很后，而在球下部的流线与球的旋转运动是相反的，导致分离点很早出现。因此，尾流对称地向下弯曲，而上升力是向上的。当尾流反方向旋转而向上弯曲时，这个上升力是向下的。如果旋转是绕着某个其他的轴，例如垂直轴，那么，旋转球就横向地向左或向右运动，这取决于旋转方向，即球的轨迹弯曲与球的旋转方向一致。这就是马格努斯效应、伯努利定律、边界层分离角以及球表面粗糙度等共同作用的结果。

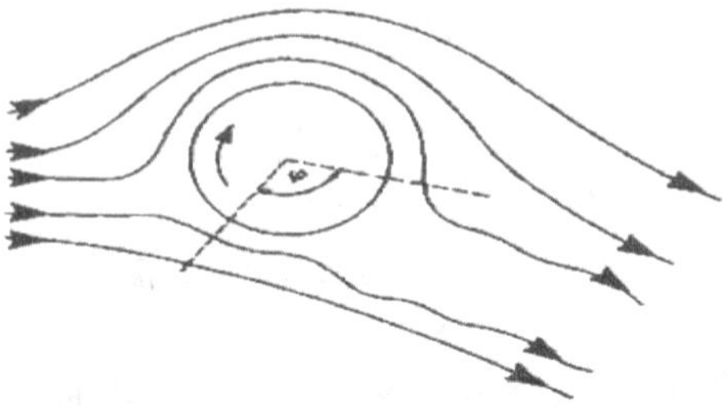

图 4-3-5　微高尔夫球旋转示意图

马格努斯力（F_m）既与球的旋转又与球的速度方向垂直，通常写成：

$$F_m=\frac{1}{2}C_L\rho AV^2$$

在旋转情况下，C_L 同时取决于速度和旋转，可以简单地写成：

$$C_L=\frac{\omega r}{V}C_S \tag{4-3-2}$$

其中 ω 是旋转的角速度，r 是球的半径，C_S 是侧向力参数，一般由实验测量确定。这样，马格努斯力可以写成：

$$F_m=\frac{1}{2}C_S\rho Ar\omega V \tag{4-3-3}$$

因此，对于一定的旋转速率 ω 和相对运动速度 V，作用在球上的马格努斯力是：

$$F_m=2.6\times10^{-3}C_S\omega V$$

F_m 单位是牛顿，Wesson 给出飞行的曲率表达式是：

$$R=165\times\frac{V}{C_S\omega} \tag{4-3-4}$$

其中 V 是速度，单位是米/秒，R 是飞行曲率，单位是米。

他同时给出球在一个纵向飞行距离 L 后的横向偏离 D 是：

$$\frac{D}{L}=C_S=\frac{N_{转}}{52} \tag{4-3-5}$$

其中 $N_{转}$是球在它飞行过程中旋转的次数。

把马格努斯效应并入一个抛物体运动方程中是通过 C_L 值和 C_S 值来完成的，是随着旋转速率增加而增加的。运动方程式是：

$$m\frac{dV}{dt}=mg-\frac{1}{2}\rho AC_DV^2\hat{\tau}+\frac{1}{2}\rho AC_LV^2\hat{n}+\frac{1}{2}\rho AC_SV^2\ (\hat{\tau}+\hat{n}) \tag{4-3-6}$$

角坐标系中垂直地面的单位矢量。对于一个被击出的高尔夫球，旋转可以超过 300

弧度/秒，所以，升力系数或侧向力系数通常是 0.2。棒球投手和板球投手只能使球达到 100 弧度/秒的旋转。因此，C_L 和 C_S 大约是 0.05。

（二）球体不同旋转类型的空气动力学特征

1. 上旋球

上旋球由于球向前飞，空气相对球向后流，由于球与空气流摩擦，摩擦力将影响与球接触的空气层中的气体流的速度，这层空气称为边界层。由于球上旋，球上方的边界层气体受的摩擦力的方向与气体流动方向相反，气体流速将减小，相反球下方边界层的气体流速将增大。由伯努力方程可知，流速大处气体压强小，流速小处气体的压强大。这样球的上方受气体的压力大，球的下方受气体的压力小，对球形成指向下方的压力差，所以球向压力差方向移动，球的飞行路线较无旋球的路线低。上旋球落地反弹后仍是上旋球，其飞行路线仍比较低，这会给接球者带来困难。

2. 下旋球

与上旋球相反，边界层的气体受球的摩擦力方向与上旋球的摩擦力方向相反，因而球的上方边界层气体被摩擦力加速，下方边界层气体被摩擦力减速。由伯努力方程可知，形成对球向上的压力差，球的飞行路线较无旋球的飞行路线高。下旋球落地反弹后不一定是下旋球，这主要受落地摩擦力的施加条件影响。摩擦力的施加条件受多种因素影响，如球落地速度的大小、球速方向与地面的夹角的大小、球旋转的强烈程度等。球落地速度大、球速方向与地面的夹角大、球旋转得强烈，球反弹后仍是下旋球。球落地速度大、球速方向与地面的夹角小、球旋转得强烈，球落地反弹后转速会减弱甚至停止。

3. 侧旋球

侧旋球是左旋球和右旋球的统称，它们的飞行路线是左旋球向右偏移，右旋球向左偏移，其道理与上旋球及下旋球所用的道理相同。

有了上述知识我们可以从球路变化判断球的转向；知道球的转向可以判断球路的变化趋势。在足球运动中罚角球和在禁区附近罚直接任意球时，为绕过防守队员的人墙或使守门员判断错误，罚球队员常采用侧旋高球或上旋高球直接射门。这两种旋转球都会出现靠近球门时球突然拐弯的现象。这是由于开始时平动速度较大，它对球体运动起主要支配作用，旋转造成的速差压力虽然不断改变着平动速度的方向，但相对于平动速度来说，它引起运动轨迹弯曲度较小。球在飞行过程中，平动速度减小较快，而旋转的角速度减小较慢，所以最后，旋转造成的速差压力就起主要的支配作用，这便出现球体运动轨迹突然拐弯的现象。球的旋转角速度越大，速差压力就越大，球体运动轨迹的弯曲程度也越大。所以不论在足球、排球还是乒乓球运动中，旋转球在技术上和战术上都具有重要的意义。

CHAPTER 05 第五章

人体基本模型与自建模型

【内容提要】

本章阐述运动生物力学技术分析中常用的人体模型、人体重心指标公式及人体重心对人体平衡的影响；人体非标准模型建立的数学方法；常用人体重心位置的实验测量。

【教学重点】

1. 非标准模型建立的数学方法；
2. 人体重心的测量公式；
3. 人体重心对人体平衡的影响。

【教学难点】

1. 非标准模型建立的数学方法；
2. 常用人体重心位置的实验测量。

【教学要求】

1. 掌握人体重心的测量方法；
2. 掌握非标准模型建立的数学方法；
3. 人体重心对人体平衡的影响。

第一节　人体基本模型

在体育运动技术分析中，由于测量的需要，我们要选择一定的人体模型，不同的需要，选取模型的种类也会不同。

一、运动技术分析常用人体模型

（一）人体环节的划分

不同的研究人员对人体运动环节的划分有不同的规定，有的研究人员把头和颈合在一起当作一个运动环节；有的研究人员不但把头、颈单独划分为运动环节，而且把躯干又划分为三个单独的运动环节：上躯干、中躯干、下躯干。通常情况下，在运动中划分人体的总的原则是将相对不变的整体部分划分为一个运动环节，如头、颈、躯干、上臂、前臂、手、大腿、小腿、足。

在人体模型的划分中，为了测量方便，定义了如下一些基本概念：

①运动环节：人在运动中相对不变的部分称为运动环节。

②环节的相对重量：人体单运动环节的重量与人体体重的比值。

③运动环节长度：人体运动环节近端和远端标识点的距离。

④运动环节纵轴：人体运动环节近端和远端标识点的关节中心所连直线。

⑤环节质心半径系数：环节质心到环节近端的距离与环节纵长的比值。用 R 表示，$R=X/L$，如图 5-1-1 所示。

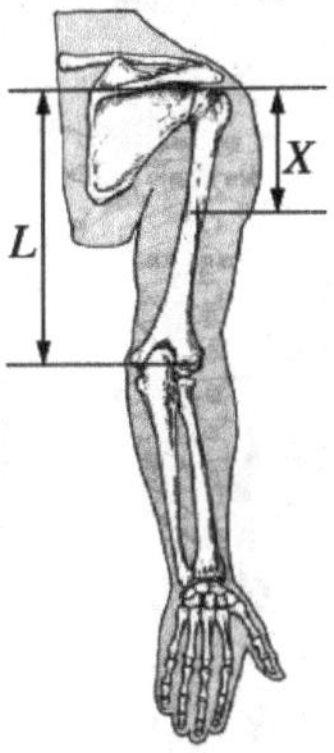

图 5-1-1 环节质心半径系数示意图

在人体影片解析中，人体运动环节的质心位置在运动环节纵轴上，确定运动环节质心位置要借助运动环节质心半径系数 R。人体运动环节质心半径系数是通过人体解剖后，经过力学实验测试结果处理后的统计平均值，是十分重要的人体参数。质心到运动环节上端的距离 X 与环节长 L 的比值称为环节质心半径系数 R。环节上端是指人体在标准解剖姿位时的关节上下位的关系。如肩、肘、腕三个关节，肩是上臂运动环节的上端，肘是上臂环节的下端；肘是前臂运动环节的上端，腕是前臂环节的下端。

（二）常用的人体模型

1. 松井秀治模型

松井秀治模型把人体分为 15 个环节：头 、颈、躯干、上臂（两侧）、前臂（两侧）、手（两侧）、大腿（两侧）、小腿（两侧）、足（两侧）。如图 5-1-2（a）所示。

2. 汉纳范模型

汉纳范人体数学模型由 15 个简单刚性几何体组成环节，这些环节及其序号是：头、上躯干、下躯干、手（两侧）、上臂（两侧）、前臂（两侧）、大腿（两侧）、小腿（两侧）、足（两侧）。如图 5-1-2（b）所示。

3. 扎齐奥尔斯基模型

扎齐奥尔斯基模型把人体分为 16 个环节：头、上躯干、中躯干、下躯干、上臂（两侧）、前臂（两侧）、手（两侧）、大腿（两侧）、小腿（两侧）、足（两侧）。如图 5-1-2（c）所示。

4. 中国人体模型

中国人体模型也称郑秀釜人体模型，把人体分为 16 个环节：头、颈、上躯干、下躯干、上臂（两侧）、前臂（两侧）、手（两侧）、大腿（两侧）、小腿（两侧）、足（两侧）。如图 5-1-2（d）所示。

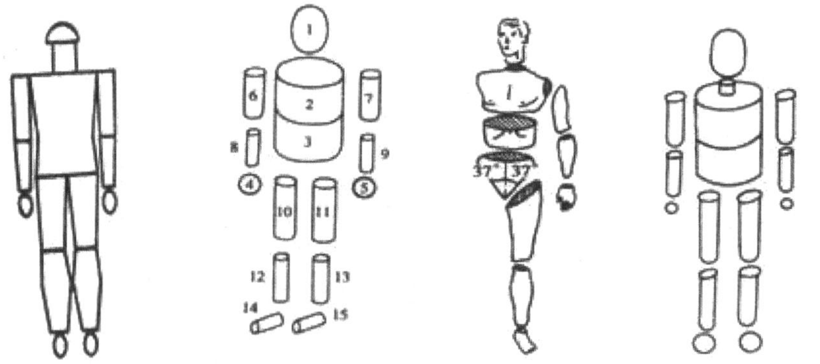

（松井秀治，15）（a）　（汉纳范，15）（b）　（扎齐奥尔斯基，16）（c）　（郑秀釜，16）（d）

图 5-1-2　常用的人体模型

（三）模型常用的参数

模型常用的参数如表 5-1-1～表 5-1-5 所示：

表 5-1-1　松井秀治人体模型环节相对重量参数（十五运动环节模型）

环节名	环节相对重量（男）	环节相对重量（女）
头	0.044	0.037
颈	0.033	0.026

续表

环节名	环节相对重量（男）	环节相对重量（女）
躯干	0. 479	0. 487
上臂（两侧）	0. 053	0. 051
前臂（两侧）	0. 030	0. 026
手（两侧）	0. 018	0. 012
大腿（两侧）	0. 200	0. 223
小腿（两侧）	0. 107	0. 107
足（两侧）	0. 038	0. 030

表 5-1-2　松井秀治人体模型环节相对重量参数（十五运动环节模型）

环节名	环节重心半径系数（男）	环节重心半径系数（女）
头	0. 63	0. 63
颈	0. 50	0. 50
躯干	0. 52	0. 52
上臂	0. 46	0. 46
前臂	0. 41	0. 42
手	0. 50	0. 50
小腿	0. 41	0. 42
大腿	0. 42	0. 42
足	0. 50	0. 50

表 5-1-3　松井秀治人体模型环节合成重心半径系数

合成环节	合成环节半径系数（男）	合成环节半径系数（女）
头+颈	0. 46	0. 45
头+颈+躯干	0. 63	0. 64
头+颈+躯干+上臂	0. 65	0. 64
上臂+前臂+手	0. 46	0. 44
前臂+手	0. 48	0. 46
大腿+小腿+足	0. 42	0. 49
小腿+足	0. 51	0. 50
全身	0. 46	0. 47

表 5-1-4　中国人体模型环节相对总量表

环节名	环节相对总量（男）	环节相对重量（女）
头颈	0. 0930	0. 0860
上躯干	0. 1633	0. 1642
下躯干	0. 2627	0. 2598
上臂	0. 0261	0. 0262
前臂	0. 0130	0. 0118
手	0. 0064	0. 0049
大腿	0. 1400	0. 1428
小腿	0. 0400	0. 0455
足	0. 0150	0. 0138

表 5-1-5　中国人体模型环节合成重心半径系数

合成环节	合成环节半径系数（男）	合成环节半径系数（女）
头颈	0. 469	0. 473
上躯干	0. 536	0. 493
下躯干	0. 403	0. 446
上臂	0. 478	0. 467
前臂	0. 424	0. 455
手	0. 366	0. 349
大腿	0. 453	0. 442
小腿	0. 393	0. 425
足	0. 486	0. 451

（四）关节中心位置及运动环节长的确定方法

下面就影片解析运动生物力学的基本要求来说明运动环节长的确定方法。参照运动环节骨性标志和体表标志，关节中心应在两运动环节纵轴的交点上。各环节的测量标识如下：

手的环节长：腕关节中心至手的中指根联结的线段长。此为手的环节纵轴。

腕关节中心：尺骨茎突高度水平线中点或腕横纹中点。

肘关节中心：肘横纹中点（正面观）；尺骨鹰嘴隆起高度中点（背面观）。

肩关节中心：在肩峰外下缘，三角肌中点处。

髋关节中心：位于大转子顶的高度（侧面观）。位于腹股沟中点附近（正面观）。

躯干：两肩关节中心连线的中点到两髋关节中心连线的中点的连线代表躯干的纵轴（松井秀治模型）。上躯干：胸骨上点至胸骨下点；中躯干：胸骨下点至脐点；下躯干：脐点至耻骨（扎齐奥尔斯基模型）。

膝关节：股骨外上髁（或内上髁）或髌骨中点高度。

踝关节：腓骨外踝隆起处（外侧观）；胫骨内踝下缘（内侧观）。

足纵轴：踝关节中心到足尖的连线或踝关节中心到第一跖趾关节的连线。

头：头顶至环枕关节（松井秀治模型）。头顶至第七颈椎（扎齐奥尔斯基模型）。

二、人体模型选取原则

在人体运动中可根据不同的运动类别选取不同的人体研究模型。比较常用的模型为标准的松井秀治模型和标准的扎齐奥尔斯基模型和有附加点模型。

测量中如果不包含运动器械，通常的选取原则是根据人体的躯干是否有团身动作来判断。当有团身动作且人体的左右动作不对称时，通常选取标准的扎齐奥尔斯基模型；当有团身动作且人体的左右动作对称时，通常选取对称的扎齐奥尔斯基模型；当无团身动作且人体的左右动作不对称时，通常选取标准的松井秀治模型；当无团身动作且人体的左右动作对称时，通常选取对称的松井秀治模型。这样的选取原则可以提高测量的精度并减少实际测量的工作量。

测量中如果包含运动器械，就要重新建立模型，把运动器械添加到预先选定的模型中，生成新的模型。如铅球、滑雪等运动项目，我们就要把铅球、雪鞋、雪帽添加到预先选定的模型中，生成含有铅球或雪鞋、雪帽的人体模型，以便在运动中能测定铅球、雪鞋和雪帽的运动学参量以及对运动总质心的影响。

第二节　人体重心位置的实验测量

一、人体重心的概念

人体在地球附近受地球的引力称为重力 G，它是矢量，重力的方向一般可认为指向地心与水平面垂直，重力的大小等于物体的质量与重力加速度的积。

$$G=mg \tag{5-2-1}$$

重力加速度 g 是矢量，方向与重力同向，其大小与物体在地球的纬度及海拔高度有关。如北纬45°，海平面重力加速度大小为9.8米·秒$^{-2}$，低纬度地区如赤道重力加速度小于9.8米·秒$^{-2}$，高纬度地区如两极重力加速度大于9.8米·秒$^{-2}$，高海拔地区如青藏高原重力加速度小于9.8米·秒$^{-2}$。正因如此，一些重大比赛创造的纪录会注明比赛的地区。

由于人体的每一个环节都受重力，因此人体的总的重力是各个环节的重力的合成，人体重心则是各个环节的重力的合力的作用点。

二、人体重心的测量

（一）称量法测人体重心（一维测量）

称量法是利用平行力系有合力及合力矩定理，求人体重心位置。人体重力是同向平行力，它们有合力且有随姿态而定的合力作用点，即重心位置。测量人体重心时，可用一个体重计、一块长方形板及米尺。首先称量出人的体重 G；然后在长方形板的两端下部，分别平行放两个角铁，使两角铁的棱分别放在板的两端，其中一个角铁放在体重计上，测量出两角铁棱的距离 L，把体重计指针调到零点；最后人体躺在长方板上，如图 5-2-1 所示，待到平衡时，记下体重计的指示数 F_b。

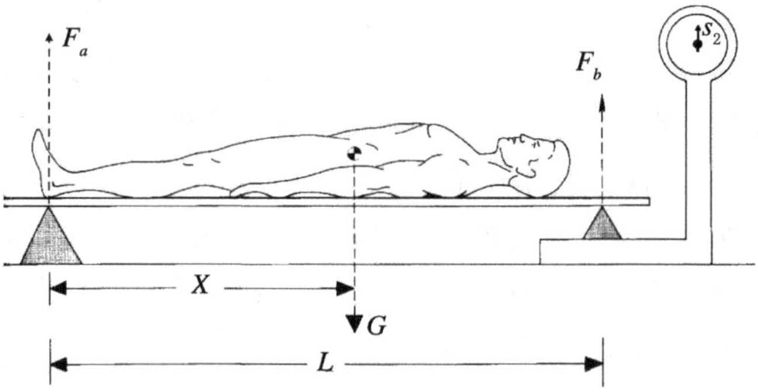

图 5-2-1　称量法则人体重心示意图

由平衡方程：　　$G \cdot X = F_b \cdot L$

得　　$X = \frac{1}{G} F_b \cdot L$（$X$ 为人体重心位置）

称量法是实验的方法，测出的人体重心位置是有误差的，误差的大小和实验仪器的精度有关，也和操作员的操作技术有关。所以进行人体重心测量实验，要在力学原理的基础上精心设计实验。

（二）力矩合成法测量人体重心

1. 人体重心坐标公式

由于人体重力是同向平行力，利用二力平衡原理可以证明，同向平行力是有合力的力系。

假设有三个同向平行力 G_1，G_2，G_3，它们分别代表足、小腿、大腿，力作用点位置坐标分别是（X_1，Y_1）、（X_2，Y_2）、（X_3，Y_3），假定这三个力的合力作用点的位置坐标（X，Y），合力是 G，如图 5-2-2 所示，根据合力矩定理得：

图 5-2-2 用合力矩定理求重心位置

$$X_c \times G = X_1 \times G_1 + X_2 \times G_2 + X_3 \times G_3$$

$$G = G_1 + G_2 + G_3$$

$$X_c = \frac{1}{G}(X_1 \times G_1 + X_2 \times G_2 + X_3 \times G_3)$$

同理：$$Y_c = \frac{1}{G}(Y_1 \times G_1 + Y_2 \times G_2 + Y_3 \times G_3)$$

$$Z_c = \frac{1}{G}(Z_1 \times G_1 + Z_2 \times G_2 + Z_3 \times G_3)$$

以上三式为求三个同向平行力合力作用点在坐标系中坐标的公式，同样道理可以推广应用到求多个同向平行力的合力作用点在坐标系中坐标的公式。

当有 N 个同向平行力时，N 个环节的合力坐标表达式为：

$$X_C = \frac{1}{G}\sum(G_i X_i) = \frac{1}{mg}\sum(m_i g X_i) = \frac{1}{m}\sum(m_i X_i) = \sum(p_i X_i) \quad (i=1, \cdots, n)$$

同理：$Y_C = \sum(p_i Y_i)$（$i=1$，$\cdots$，n）

$$Z_C = \sum(p_i Z_i) \quad (i=1, \cdots, n) \tag{5-2-2}$$

式中 p_i 为环节的相对重量。由于物体的重心位置是由质量分布决定的，质量分布不变，重心位置不变；质量分布变化，重心位置也发生变化。

2. 实验测量程序

用合力矩定理不但能求整个人体合重心位置坐标，而且能求任意几个运动环节的合重心的位置坐标。用 X_C 表示几个运动环节合重心的 X 向坐标，Y_C 表示几个运动环节合重心的 Y 向坐标，P_i 示第 i 运动环节的相对重量，X_i，Y_i 分别表示第 i 个运动环节重心的 X、Y 坐标。

根据重心坐标公式

$X_C = \sum P_i \cdot X_i$

$Y_C = \sum P_i \cdot Y_i$

$\sum$是代表求和的符号。$i=1, 2, \cdots, n$，n 表示所选运动环节数。

用合力矩定理可求出人体合重心的位置坐标，步骤如下：

绘制多运动环节合重心计算表（表 5-2-1）把人体模型的环节名称及对应的人体环节相对重量填入表格中；把动作图片的背面和坐标纸的背面粘贴在一起；建立一平面坐标系，使图片中的人体位于坐标系中（最好让图片中的人体位于坐标系中的第一象限）；在坐标系的坐标轴上确定相应的刻度（刻度的大小应该体现测量的精度和读数、计算的方便）；点人体的各关节中心（以解剖学的测量标识点为标准）；应用人体的环节重心半径系数，确定各环节的重心位置（环节重心半径系数应与选取的模型一致）；读取各环节的重心坐标值 X，Y 填入表格；计算各环节对坐标原点的力矩 $P_i \cdot X_i$，$P_i \cdot Y_i$，填入表格；求$\sum P_i \cdot X_i$，$\sum P_i \cdot Y_i$；取全身各运动环节相对重量和为 1，所以$\sum P_i \cdot X_i = 45.28$，$\sum P_i \cdot Y_i = 69.49$ 分别是人体总重心的 X 向和 Y 向的坐标，在动作图片上标记出即可。

表 5-2-1　多运动环节合重心计算表

序号	环节名称	环节相对重量 P	环节重心坐标		$P \cdot X$	$P \cdot Y$
			X	Y		
1	头	0.044	25	103.3	1.1	4.55
2	颈	0.033	26	100.1	0.86	3.3
3	躯干	0.479	37.5	80	18	30
4	左上臂	0.053/2	36	96	0.95	2.54
5	左前臂	0.030/2	54	97	0.81	1.46
6	左手	0.018/2	56	98	0.49	0.88
7	右上臂	0.053/2	36	96	0.95	2.54
8	右前臂	0.030/2	54	97	0.81	1.46
9	右手	0.018/2	56	98	0.49	0.88
10	左大腿	0.200/2	54	55.5	5.4	5.5
11	左小腿	0.107/2	54	34	2.9	1.82
12	左足	0.038/2	53	16	1.01	0.3
13	右大腿	0.200/2	57	79.5	5.7	7.95
14	右小腿	0.107/2	78	84	4.17	4.49
15	足	0.038/2	82.5	96	1.57	1.82
					$\sum P \cdot X=$ 45.28	$\sum P \cdot Y=$ 69.49

（三）用测力平台测人体重心

还有一种方法是用测力平台测人体重心。测力平台能测压力中心，当被测物体平衡时，根据二力平衡原理物体重心和压力中心共线，所以物体平衡时压力中心位置是人体重心在测力平台上的投影位置。

三、重心对人体平衡的影响

（一）人体平衡的力学条件

体育运动中，有不少运动项目属静力平衡性项目。如体操中的造型动作、技巧中的单人和多人的造型动作都是人体平衡动作。人体平衡的力学条件是要满足人体所受外力的向量和为零、人体所受外力对任一点的力矩向量和为零。

$R=\sum F_i=0$，

$M_o=\sum M_i(F)=0$。

人体力学平衡条件满足的几何条件是人体重心的重力线落在支持面内。因为支持力只能在支持面内移动，如果重力线移到支持面外时，支持力和人体重力就不可能在一条直线上，不能满足二力平衡原理，所以人体平衡重力线必在支持面内。

（二）人体平衡的稳定性

1. 概念

人体平衡的稳定性是人体处于有限稳定平衡状态时，抵抗各种破坏平衡的作用而保持平衡的能力。当满足平衡的力学条件时，人体可维持平衡，但维持平衡的能力受各种因素影响，我们要考虑平衡的稳定性。在体操、技巧、举重等项目中，人体平衡稳定性的好坏会直接影响运动成绩。因此我们必须了解影响平衡稳定性的力学因素。

2. 影响平衡稳定性的力学因素

（1）支撑面

支撑面是由各支撑部位的边缘所包围的面积。支撑面越大，稳定性越好。例如，在颠簸的公共汽车中，分脚站立可以增加其稳定性。

（2）重心高度

从不倒翁玩具中大家可以得到启示：重心越低，稳定性越好。例如，体操落地动作中，落地缓冲主要依靠髋、膝、踝各环节的屈伸来调整人体重心相对于支撑面的高度，达到维持平衡的目的，总的原则是髋、膝、踝的变化角度要利于人体重心回到支撑面的稳定边界范围内。

(3) 稳定角

从物体重心向支持面某方向边缘引一射线，该射线与物体重力线的夹角称为该方向的稳定角（图 5-2-3）。哪个方向的稳定角大，那个方向的稳度就大。稳定角越小，稳定性越差，稳定角为零，人体平衡处于临界状态。我们可以用稳定角的概念来表示支撑面的重心高度对人体稳定性的影响。

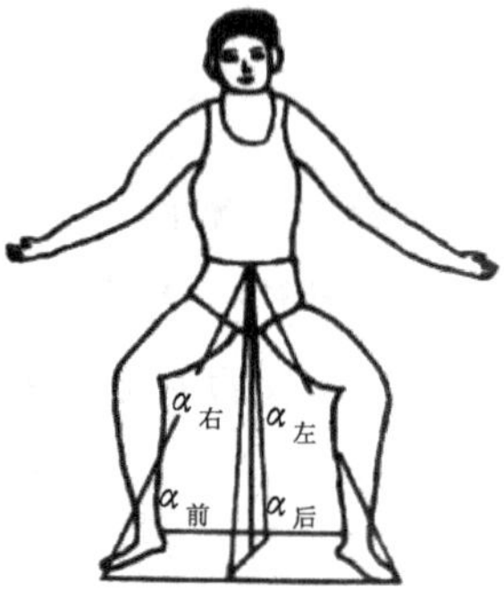

图 5-2-3 稳定角

稳定角大，说明稳度大，但对于改变该方向的运动状态来说是不利的，这也说明稳定角是一把“双刃剑”。在实际运动中，我们应根据不同的动作目的选取不同的稳定角。如在拳击对抗中既要预防对手重拳打击避免自己失去稳定性，又要使自己随时能攻击对手，这就要求拳击运动员审时度势判断对手的进击方向，调整自己的步法，使自己的站步方向既有防御受击时的稳定性又有进击的快速起动灵活性。若增加自己在该方向的稳定性，应使该方向两脚距离变大且使人体重力线离失衡点远些；若抓住了进攻对方的机会，应在出拳时利用下肢的蹬伸力量增加拳的打击力量，方法是前脚提起后脚蹬伸使人体失去平衡向前转动达到增加人体动能的目的，提起脚是为建立新平衡的支撑面做准备，稳定角越大稳定性越好。又如蹲踞式起跑，运动员姿态会形成一个“垂直面长，宽度大”的稳定支撑状态。为了能快速地、强有力地起跑，运动员在预备时会将人体重心尽可能地前移，减小前进方向上的稳定角，以便快速打破平衡。

(4) 稳定系数

人体运动的平衡绝大多数是有限稳定平衡。为了衡量平衡的稳定程度，常用稳度的概念。稳度是指物体平衡后在某方向抗外界干扰破坏平衡的能力，这种能力是由物体本身重力对该方向边界点的重力矩决定。物体从稳定到在某方向失去平衡前，重力是起维护物体平衡的作用，因而物体在某方向的稳度用该方向的重力矩来衡量，称为稳定力矩。有外力干扰使物体在该方向失去平衡时外力产生的力矩称为翻倒力矩。稳定力矩（重力矩）与翻倒力矩（外力矩）之比称为稳定系数，用 K 表示，该系数表明了物体依靠重力抵抗翻到作用的能力。

$K>1$，平衡不破坏；

$K=1$，临界状态；

$K<1$，平衡被破坏。

人体重力矩越大，稳定系数越大，破坏平衡所需的外界翻倒力矩也越大，即人体平衡的稳定性越好。

例 5-2-1　某摔跤运动员站立姿势如图 5-2-4（a）所示，运动员体重 70 kg，两脚间距离为 0.5 m，对手将一个 196 N 的力从侧面水平作用于运动员身体上，作用点距地面的高度为 1.0 m，试求：

（1）重力作用线在支撑面正中央时的稳定系数；

（2）如该运动员将重力作用线移到左脚 B 点 5 cm 处，如图 5-2-4（b）所示，求运动员在左右两个方向上的稳定系数；

（3）如该运动员将两脚间距离增加到 1.0 m，求重力作用线在支撑面正中央时的稳定系数。

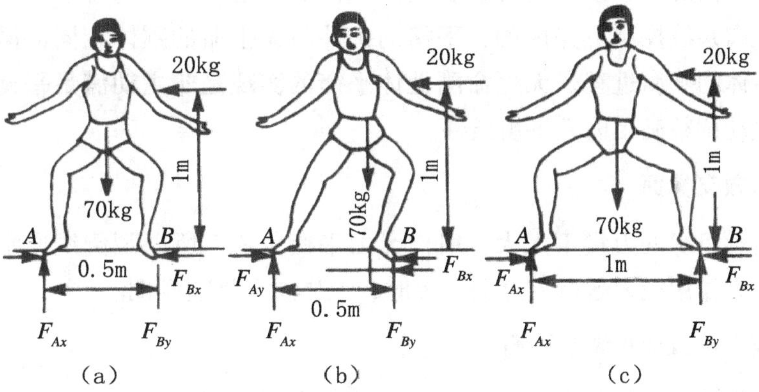

图 5-2-4　摔跤运动员站立姿势图

解：（1）对手推力对运动员右脚 A 点的翻倒力矩为

$M_{(A翻)}=196\times1=196$（N·m）

使运动员绕 A 点作逆时针转动。抵抗这个翻倒力矩的是运动员的重力矩

$M_{(A稳)}=70\times9.8\times0.5/2=171.5$（N·m）

稳定系数 $K=M_{(A稳)}/M_{(A翻)}=171.5/196=0.858<1$

故运动员绕 A 点作逆时针转动，失去平衡。

（2）当 $M_{(A稳)}=70\times9.8\times(0.5-0.05)=308.7$（N·m）时

$M_{(A稳)}>M_{(A翻)}$ 稳定系数 $K>1$，平衡不被破坏。但是重心这样移动后，右边变得薄弱，平衡宜被破坏。这时运动员对 B 点的稳定力矩为：

$M_{(B稳)}=686\times0.05=34.3$（N·m）也就是说只要施加大于 34.3（N·m）的力矩就能使他绕 B 点顺时针翻倒。

（3）当 $M_{(A稳)}=686\times0.5=343$（N·m）

$M_{(B稳)}=686\times0.5=343$（N·m）

图 5-2-4（c）的姿势，无论对手来自左边还是右边，他的稳定力矩都足以抵抗 196N·m/的翻倒力矩。

（三）人体平衡的特点

1. 人体不能绝对静止

人体不能绝对静止，人体的平衡是主动调整姿势、趋近性地满足力学平衡条件的过程，是震动式的平衡。如吊环运动员做十字悬垂的平衡动作，吊环的两条钢丝绳形成对运动员的两个约束，每个约束对运动员产生一个拉力，由于呼吸活动和血液循环会造成人体总重心时刻变化，使人体运动状态和约束力也发生变化。此时人体处于震动状态，人体平衡是震动式的平衡过程，因此慢动作使人体运动变慢，约束力也变小，这样人体满足平衡的力学条件就容易找到。人体是多运动环节的可动机构，人体的平衡是在神经肌肉系统控制下完成的，平衡的条件与无生命的刚体相同，但它又有不同于无生命刚性体的平衡过程。无生命刚性体平衡的实现是非主动满足平衡条件，而人体的平衡是主动调整满足力学平衡条件。

2. 人体有效支撑面

由于人体软组织的力量不太大，肌肉无力平衡负荷，所以翻倒线通常位于支撑面边界之内，重力作用线未超过支撑面边界时，人体就会提前倾倒。

3. 人体姿势的改变可调节平衡

人体有翻倒趋势时往往会改变体姿，各环节会绕相邻关节发生位移。当人体失去平衡时，改变体姿可以恢复平衡。

4. 心理因素的影响

由于视觉因素引起心理紧张，造成收缩肌群无法协调工作而导致人体失去平衡。典型的受心理因素影响的项目是平衡木。

在一些特殊场合下，运动员由于心理紧张，加之环境的影响，致使反射性协调机制失调从而造成平衡动作的失败。因此，教练员对运动员训练的同时也需要加强心理方面的训练。

5. 人体的平衡动作消耗肌肉的生理能

从力学的角度看，静止状态不能引起机械功，因为力的作用没有引起任何位移。

刚体的平衡也不消耗能量。然而，人体的平衡离不开肌肉的收缩作用，必然要消耗一定的生理能，长时间的平衡，能量消耗增多，肌肉会出现疲劳，使人体控制平衡的能力降低。

第三节 非标准模型建立的数学方法

在人体重心测量中，如果人体环节缺失，会导致人体总重心位置的改变，此时使用已有的人体模型进行重心测量是不科学的，也是不准确的。由于各环节在人体体重中的比例已经发生改变，我们需在已有模型的基础上重新计算各个环节的相对重量。

一、人体缺少局部环节时重心的模型计算

假定现要测量的人体缺少右臂，我们应用松井秀治模型来测量该受试者的重心。

此时人体有 12 环节，包括头、颈、躯干、左上臂、左前臂、左手、大腿（两侧）、小腿（两侧）、足（两侧），将这 12 个环节看作一整体，每个环节占体重的百分比发生了改变。

那么，该环节在新的总体质量下的计算公式为：

$$p=p_i/(1-p_a) \tag{5-3-1}$$

其中 p_i 为单环节原相对质量，p_a为缺少环节的相对质量。

表 5-3-1 给出了松井秀治人体模型在缺少一侧上臂的条件下的节环节相对质量参数。

表 5-3-1 松井秀治人体模型环节相对重量参数（十五运动环节模型）

环节名	环节相对重量（男）	环节相对重量（女）
头	0.044	0.047
颈	0.033	0.035
躯干	0.479	0.504
上臂	0.053（两侧）	0.028（单侧）
前臂	0.030（两侧）	0.016（单侧）
手	0.018（两侧）	0.010（单侧）
大腿（两侧）	0.200	0.211
小腿（两侧）	0.107	0.112
足（两侧）	0.038	0.040

二、人体增加环节时总重心的计算

在人体运动中，如果增加了相应的质点（如持有铅球的运动、举重运动、滑雪运动等），人和器械的总的重心就会发生变化，此时应用已有人体模型中的相对质量计算人和器械的总体重心位置时，也同样是不准确的，其相对质量需要重新计算。其计算公式如下：设受试者质量为 w，增加的质量为 a，则现在人和器械的总质量为 $w+a$，a 的相对质量为 p_a：则 $p_a=a/(w+a)$，若环节原相对质量 p_i，在总体质量下该环节的相对质量为 p，则：

$$p=p_i/(1+p_a) \tag{5-3-2}$$

第四节　相关运动学参量

人体运动的静力学是研究在力系的作用下人体平衡的力学问题，运动学则是对人体运动的时空特点进行定量描述。体育运动中人体是运动的主体，但器械运动也属于运动学的研究范畴，因此人体运动学的研究对象包括人体和器械的运动，也就是说，运动学是研究人体和器械两部分运动规律的科学，是人体和运动器械在时空方面的量度，它不涉及运动状态变化的原因。运动学中用来描述物体时空的变量主要有时间、轨迹、位置、速度和加速度。

一、运动学参量的生成原理

（一）人体运动的相对性和参考系

1. 人体运动的相对性

“运动就一般的意义来说，它被理解为物质存在的方式，被理解为物质的固有属性，它包含宇宙中发生的一切变化和过程，从单纯的位置移动直到思维”。从哲学的范畴来说物体的运动是绝对的，但是任何一个物体在空间的位置和运动状况必须选择另一个物体做标准才能确定。例如，划船运动员在划船运动中，船和运动员相对于岸的位置不断发生变化，故说船和运动员相对岸是运动的，但运动员相对于船来说，相对位置不发生变化，这时可以认为运动员相对于船是静止不动的，由此可见，判断一个物体是运动还是静止，是相对的，这个性质叫做运动的相对性，亦称运动的相对性原理。即在描述物体运动状态时，在不同的参照系上观察同一物体运动，看到的物体运动现象是不同的，物体的运动取决于参照系的选取。

2. 参照系

由于物体的运动具有相对性，因此在研究物体运动时，首先必须选择某物体或物体群作为参照来描述物体的运动状况，这样的物体或物体群称为参照系。例如，短跑运动员在跑道上奔跑，跳远运动员从踏板上开始起跳，游泳运动员在水中游进等，他们都处于运动的状态，当描述他们的运动过程时，通常以起跑线、踏板、游泳池岸作为参照系。对于不同的参照系，物体可以有不同的运动性质。如在研究跑动中人体的小腿折叠速度时，如果我们选择大腿为参照系，得到的结果是小腿相对大腿的速度，如果选择垂直方向为参照系得到的则是相对于垂直方向的摆动速度。因此在参照系的选择上，要根据研究问题的需要来确定。

综上所述，为了说明一个物体是静止的还是运动的，必须首先指出所讨论的物体是相对哪一个参照系而言，有时不说出物体的参照系，是因为人们通常把地球作为参照系。参照系只能对物体的运动进行定性的描述，如果对物体的运动作更确切的分析，我们还必须在参照系上建立一个固定不动的坐标系，选择坐标系的方向和单位后，把运动的物体置于该坐标系中，就可对该物体的运动状况做出确切的描述。

（二）坐标系

在体育运动中最常用的坐标系为直角坐标系，分为一维、二维、三维 3 种。

1. 一维坐标系

根据研究问题的需要，我们可以建立不同维度的坐标系。最简单的坐标系为一维坐标系，用具有原点、单位长度和方向的有向线段表示，如图 5-4-1 所示。当物体在一个方向上运动时，就可以用一维坐标来表示物体的运动。

例如，速度滑冰，百米跑，游泳等一般来讲都是一维运动。

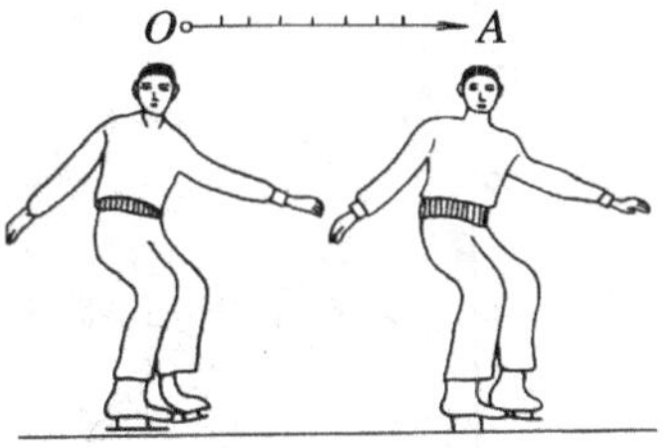

图 5-4-1　一维坐标系

2. 二维直角坐标系

当物体的运动在一个平面上进行，这个运动就有两个运动方向，要想确切描述物体的运动，判断它的位置，就要有两个方向上的变量，这时所使用的坐标系即为二维坐标系，又称平面坐标系。它是由原点引出的两根互相垂直的坐标轴构成，坐标轴通常用 OX 表示水平方向、OY 表示垂直方向。物体的位置用 X、Y 的坐标来标定，如图5-4-2所示。

图 5-4-2　二维直角坐标系

例如，研究跳远运动员的空中运动轨迹、铅球的飞行轨迹、跑动中重心的起伏、竞走时人体重心的上下移动幅度等，都需要在二维直角坐标系中进行。

3. 三维直角坐标系

由于物体的运动非常复杂，有时用二维坐标已不能描述物体在空间的准确运动状态，如跑动中、竞走时，我们不仅要研究重心的起伏和向前的运动速度，还要研究人体在跑动中身体的左右晃动，这时就必须选择三维坐标系才能得出人体在空间的运动特点。

建立三维直角坐标系如图 5-4-3 所示，它是由固定在参照系上的原点引出的相互垂直的三条有向线段构成，A 点在三个坐标轴上的坐标分别为 X_A，Y_A，Z_A。当 X_A，Y_A，Z_A被确定，则点 A 的位置被确定。如图 5-4-3 所示，标枪的运动技术特点可建立三维坐标系进行分析。

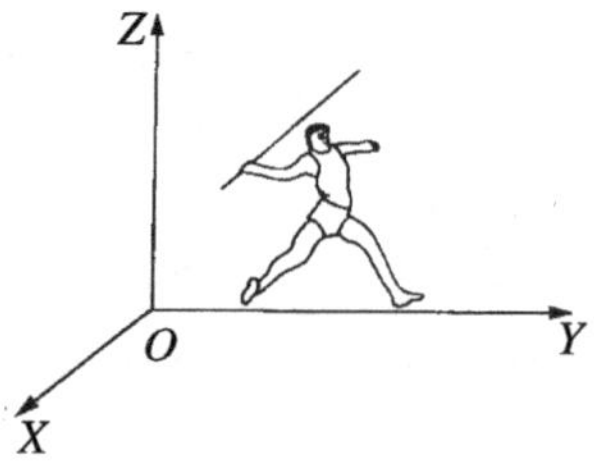

图 5-4-3　三维直角坐标系

其坐标方程可分别表述为

$X_A = f_1\ (t)$，

$Y_A = f_2\ (t)$，　　(5-4-1)

$Z_A = f_3\ (t)$。

当坐标-时间的函数已知，则物体的运动状态确定。方程组（5-4-1）称为以直角坐标表示的动点的运动方程。运动方程的特征是位置坐标是时间的函数，它可以是解析式，也可以是坐标与时间对应的表达式。

4. 表格法

由于身上各点运动的复杂性，人体运动一般用录像法进行运动记录，点的瞬时空间位置用直角坐标法描述，这种确定动点空间位置运动方程的方法称为录像解析法。对于每一点的运动方程是用表格的形式给出，如表 5-4-1 所示。

表 5-4-1　用录像解析法获得的动点坐标

时间	X 坐标	Y 坐标	Z 坐标
t_1	X_1	Y_1	Z_1
t_2	X_2	Y_2	Z_2
t_3	X_3	Y_3	Z_3
t_4	X_4	Y_4	Z_4
t_5	X_5	Y_5	Z_5
t_6	X_6	Y_6	Z_6
…	…	…	…

二、运动学参量的定义及计算

（一）平动运动学参量的定义及计算

在运动学中为了对物体的运动进行客观描述，通常要用到如下几个物理量：时间、轨迹、位移、速度和加速度等，下面就对这些物理量进行一一介绍。

1. 轨迹、路程和位移

①轨迹。

轨迹是物体运动的路径。当我们把人体或器械简化为质点来描述时，把代表人体或器械的质点在一定的时间内用坐标值确定的位置点连接起来，矢径的端点会在空间描出一条光滑的曲线（图 5-4-4）。

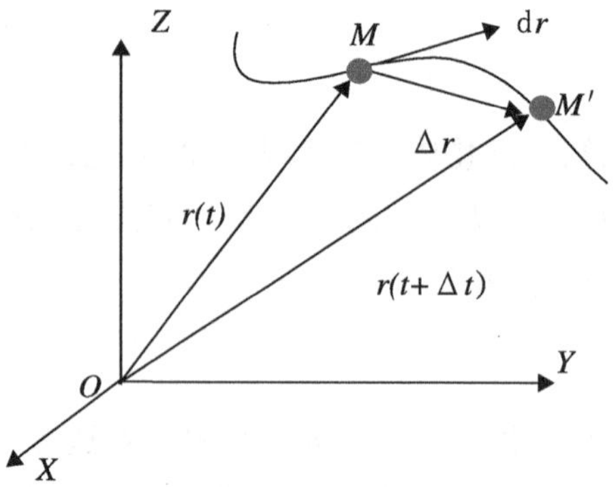

图 5-4-4 轨迹、路程和位移关系示意图

②路程。

路程是指物体从一个位置移到另一个位置时，物体的实际移动路线的长度。路程只有大小没有方向，因此是标量，在运算中只进行代数相加。例如，运动员沿直线路程跑完 100 m，则运动员所经过路程的实际长度为 100 m。如果运动员沿 400 m 田径场地跑 800 m，终点和起点重合，则运动员所经过的路程为 800 m（400 m + 400 m）。

③位移。

位移表示物体在整个运动过程中位置的总的变化，它是对物体运动的直线量度，既有大小又有方向，因此位移是矢量，在运算中要进行矢量相加。如前例所说，人在田径场进行 400 m 跑，如果起点和终点重合，这时人体的位移是零，但运动的总路程是 400 m；如果跑的是 800 m，运动的总位移仍然是零，但是运动的总路程是 800 m。在位移的计算中要按照矢量的平行四边形法则进行合成，其运算中的“+”和“-”都应理解为矢量的相加减，决不能理解为代数的相加或相减。如图 5-4-4 所示，质点从 M 点移到 M'点，质点在 M 处对于坐标系的位置可以用从坐标系原点到 M 点引一有向线段 $r(t)$ 来表示，同样在 M'点的位置可以从坐标原点向 M'引一有向线段 $r(t+\Delta t)$ 来表示质点移到 M'处的确切位置，质点从 M 移到 M'所经历的路程为曲线 MM'，而质点从 M 到 M'的位移为 Δr。由此可知位移 Δr 由矢量 $r(t+\Delta t)-r(t)$ 决定的，如图 5-4-4 所示。

$$\Delta r=r(t+\Delta t)-r(t) \tag{5-4-2}$$

物体在直线运动中路程和位移是相等的。

2. 瞬时和时间

瞬时和时间这两个词在概念上有着明显的区别，在应用上也有着本质的不同。

①瞬时。

瞬时指在人体运动中的某一时刻，一般用离开某处瞬时的某秒来表示。例如，生活中我们说的“6：30 起床”，指的是 6：30 这一时刻；“8：00 上课”指的是 8：00 这一时刻。

②时间。

时间指从某一瞬时到另一瞬时所经历的时间间隔。例如，生活中人们说“工作了 50 min”指的就是一段时间间隔。又如，“100 m 跑了 12 s”也指的是一段时间间隔。

由此可知，时间是从某一瞬时到另一瞬时所经历的时间间隔，而时刻则对应运动开始或结束及运动过程中的任意一点。

3. 速度和速率

在物体运动过程中我们往往用快慢来形容物体运动的情况，然而快慢只能用来定性描述物体的运动状态，无法客观地对物体的运动情况进行准确的描述。因此我们将引入速度和速率这两个概念。

①速度。

速度是指物体的位移和通过这段位移所用时间的比值。速度既有大小又有方向，因此是矢量。如果用 r 来表示位移，用 t 表示时间，则物体速度的表达式为：

$$V=\frac{r}{t} \tag{5-4-3}$$

如图 5-4-4 所示，动点在 Δt 这段时间内运动的快慢程度，可用它的位移 Δr 与相应的时间间隔 Δt 的比值来描述，其方向与位移的方向相同。速度只能粗略地说明动点在 Δt 这段时间内的运动情况，而不能精确地说明每瞬时动点的实际运动情况。时间间隔 Δt 越短，它就越接近 t 瞬时动点的运动情况。因此，当时间间隔 Δt 趋近于零时，动点的位置 $s\ (t_2)$ 便无限地趋近于瞬时 t 的位置 $s\ (t_1)$，位移 Δr 也趋于零，其极限方向为轨迹上 $s\ (t_1)$ 点的切线方向，而比值 v 趋于一极限值。即当时间间隔 Δt 趋近零时，速度 v 表示的是 t 时刻的瞬时速度，公式为：

$$v=\lim_{\Delta t\to 0}v\ (t)\ =\lim_{\Delta t\to 0}\frac{\Delta r}{\Delta t}=\frac{dr}{dt}=r \tag{5-4-4}$$

②速率。

速率是指物体运动的路程和通过这段路程所用时间的比值。因为路程是标量，所以速率也是标量，只有大小没有方向。如果用 s 来表示路程，用 t 表示时间，则物体在时间 t 内运行的平均速率的表达式记为：

$$\overline{V}=\frac{s}{t} \tag{5-4-5}$$

当时间间隔 t 趋近零时，速率 V 表示的是 t 时刻的瞬时速率，公式为：

$$V=\lim\frac{s}{t} \tag{5-4-6}$$

例如，运动员跑 400 m 所需的时间为 50 s，由于位移为零，则运动员在这段时间内的平均跑速为零，但是在这段时间内运动员的运动路程为 400 m，所以运动员的平均速率为 400/50=8（m/s）。如果此时用瞬时速度来计算则与瞬时速率的大小相等。由此可知，在体育运动中经常讲到的每秒的速度通常指的是物体运行的瞬时速率。

4. 加速度、平均加速度、瞬时加速度

为了描述速度变化的快慢引入了加速度，加速度是用来描述速度变化快慢的物理量。

平均加速度是指物体速度在一段时间内的变化量和这段时间的比。一段时间内的平均加速度为

$$\bar{a}=\frac{v-v_0}{t-t_0}=\frac{\Delta v}{\Delta t} \tag{5-4-7}$$

如果把初始时刻定义为零，则

$$\bar{a}=\frac{v-v_0}{t} \tag{5-4-8}$$

当时间趋近于零时，加速度为瞬时加速度，表达式为

$$a(t)=\frac{dv(t)}{dt}=\frac{d^2r(t)}{dt^2} \tag{5-4-9}$$

（二）转动运动学参量的定义及计算

1. 描述刚体转动的基本物理量

物体的转动形式是多种多样的，其中最简单的转动形式是刚体定轴转动。刚体定轴转动的特点是在刚体上存在一条直线 L，在这条直线上各点速度为零，这条直线即为刚体的转动轴。物体转动也称为角运动，描述刚体转动需要建立如下一些概念：空间参考面，角位移，角速度，角加速度。

空间参考面：通过转轴 L 作一固定平面 M，M 平面称为空间参考平面。空间参考平面的作用是确定零转角的起始位置。

角位移 $\Delta\Phi$：刚体不同两时刻转角的差 $\Phi_t-\Phi_0$称为角位移。角位移有正负，正表示逆时针转，负表示顺时针转。

角速度 ω：单位时间的角位移变化，单位为 rad · s^{-1}。$\omega=\Delta\Phi/\Delta t$

角加速度 ε：单位时间的角速度变化，单位为 rad · s^{-2}。$\varepsilon=\Delta\omega/\Delta t$

2. 转动的角量与线量的关系

根据上面的分析，可以对刚体的转动中线量和角量的关系归纳如下：

$s(t)=r\Phi$，$V(t)=\omega r$，$a_\tau=r\varepsilon$，$a_n=r\omega^2$。

s 为刚体上某点线运动的距离；r 为点到轴线的距离；Φ 为某点绕轴线转过的角度。

CHAPTER 06 第六章

运动学测量方法与三维空间的标定

【内容提要】

本章阐述运动影像分析系统的使用方法与流程及三维空间的标定。

【教学重点】

1. 运动影像分析系统的使用方法与流程；
2. 运动生物力学摄像中三维空间的标定方法。

【教学难点】

1. 运动影像分析系统的流程；
2. 三维空间的标定方法。

【教学要求】

1. 掌握美国 APAS 录像解析系统操作流程，德国 SIMI 解析系统操作流程；
2. 掌握运动生物力学摄像中 DLT 三维空间的标定方法。

第一节　运动学测量法

一、直接测量法

（一）光电测速计时法

光电元件在这里一般指光敏电阻、光电池、光电二极管等将光能转换为电能的电子元器件。它可以将光通量转换为强弱相应的电参量的变化，并通过适当的电路将这些电参量的变化转换为电阻、电压和电流的变化形式，再通过适当的电路将这些电参量的值变化整形、放大并记录下来，即可对运动员的位移情况进行测试、分析。

如测量运动员的 100 米跑速，在跑道两侧的一定位置放置成对的光源和光电换能器，当运动员通过该点光源和光电换能器组成的通道时，会依次遮断点光源，而使相对应的光电元件依次发生电参量的变化，通过整形放大即可获得一系列的电脉冲，计量电脉冲的时间间隔，即可计算出该段时间内的平均速度：

$$V=\frac{s}{\Delta t}$$

（二）电测角仪

把电测角仪绑在关节上，可测定关节角度。测角器有两个臂，一个臂固定在肢体的一个环节上，另一个臂固定在肢体的另一个环节上，测角度仪的轴对准关节的轴，在环节运动时通过电流的变化显示环节角的变化。电测角器的优点是价格便宜，输出值可及时测量；其缺点是给出的角度是两个环节的相对角度，需要测量绝对角度的时候不能使用。角度计的安装需要有一定的经验，需测几个角度时要放几个角度，安装不便，而且会影响运动员的运动效果；位移小的关节，要设计专门的更复杂的角度计，以保证测量的精度。这种角度传感器要佩戴在运动员身上，适合于训练场合，为教练员提供参考信息。四川已有多自由度关节角度传感器产品。电测角仪及使用示意图如图 6-1-1 所示。

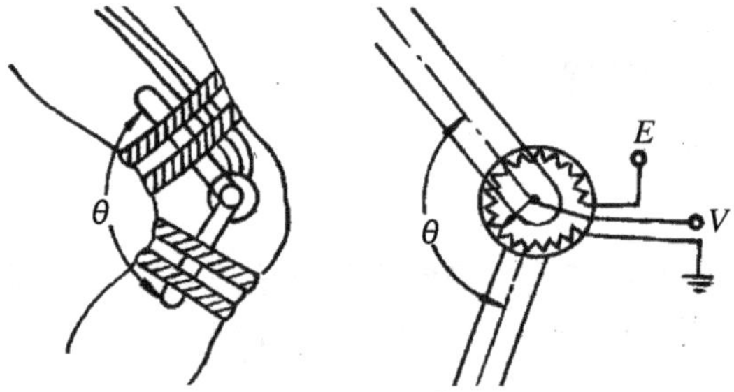

图 6-1-1　电测角仪及使用示意图

（三）加速度计

加速度计实际上是给定加速度时的测力传感器。如肢体的加速度为 a，加速度计质量为 m，肢体受力为 f，此力可以通过电阻应变片或压电式传感器测定，其电压的值与加速度成正比，因此可用信号的大小反映加速度的大小，用信号的正负来反映加速度的指向。

在大多数情况下，加速度的矢量方向不一定与传感器的表面垂直，这时可以把加速度矢量分解成切向分量和法向分量，传感器只能测得加速度的法向分量，而不能测得加速度的切向分量和全加速度，这时要测量全加速度的大小，必须进行三维的测量。

（四）红外摄影

红外摄影是 20 世纪 70 年代出现的一种光电图像系统，它具有电影摄影机及录像机难以实现的优点，比较典型的设备是 selspot 红外摄影系统。使用时在要测量的标志点上放上红外点光源，这些小光源连续闪烁，闪烁光源的坐标位置可以用专门摄像机测得，摄像机是由标准的镜头组成。我们把红外点光源对准在机内的光电半导体的阵面上，并在相应位置上发出 *X* 坐标、*Y* 坐标的电信号，随着闪烁光源的连续闪烁，一系列 *X*、*Y* 坐标被摄像机记录下来，把记录下来的信号送到计算机中进行处理后，便可以输出各种运动学参数。

（五）VICON 高速录像系统

这是 20 世纪 80 年代出现的实时高速录像数据处理系统，即把无线连接的小反光点放到测量标志点上，高速录像机可以达到 1/1000 秒的快门速度进行人体动作的拍摄，反光器的位置坐标可用电脑对录像进行自动识别。如果用 vicon 高速录像机可进行三维数据采集和处理，这种生物力学直接测量方法可节省大量时间，应用前景广泛。对于 50 帧或 60 帧的系统的标准差为 0.1%，200 帧的标准差为 0.25%，也就是说拍摄 2 米的物体误差为 5 毫米。

（六）测力平台

测力平台的主要元件为传感器，传感器是运动生物力学研究中不可缺少的器件，测力平台就是测量接触力的传感器。从传感器的类型分目前有两种：一种是压电式传感器，另一种是电阻应变式传感器。压电式传感器测力平台以瑞士 KISTLER 的测力平台最著名，中国大连理工大学研制的压电晶体测力平台与瑞士 KISTLER 的测力平台性能相当。从性能及参数指标看，电阻应变式测力平台以中国沈阳体育学院和中国科学院合肥智能机械研究所联合研制的六维力测力平台 SAFMS-T 最好。该测力平台能直接测三维力和三维力矩，软件功能优与现有其他测力台软件，其他测力平台只能测三维力，而三维力矩只能通过计算得到的。

测力平台是测量人体运动过程动态力的仪器（图 6-1-2），最适合测试跑、跳、投、举重等运动项目下肢的用力过程。测力平台也可以测上肢接触力及力矩和人体静力状态的重心变化过程。

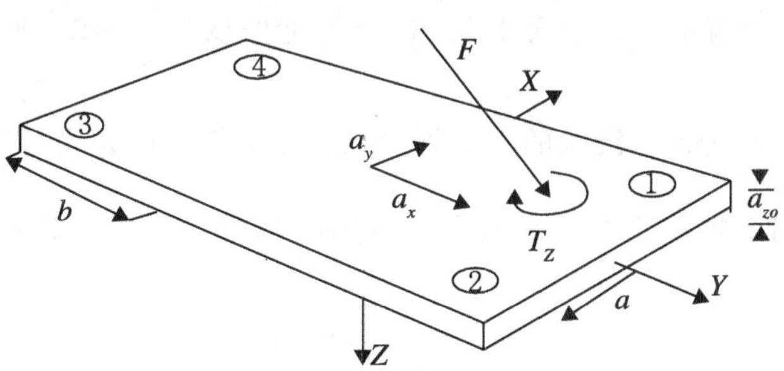

图 6-1-2　测力平台系统示意图

二、摄影测量方法

人体快速运动时要想捕捉每一瞬时的全部时间和空间的运动特征就必须有一套图像记录系统，只有图像才能收集到运动的全部信息，因此运动生物力学研究中最重要的记录工具是图像记录系统，图像记录系统追求的是图片的清晰、畸变小、像空间与实际运动空间的比例可换算。

摄影分二维摄影和三维摄影。二维摄影即单机摄影，单机摄影只能获得二维空间坐标。三维摄影即同时用两台以上摄像机对同一目标进行摄影，再把各机摄得的二维影片进行合成，变换成三维运动空间坐标。

（一）摄影原理

1. 镜头的工作原理

摄影机的最贵重部分是镜头。如图 6-1-3 所示，一个简单的聚焦镜头产生一个图像，焦点位于距离镜头 v 处远，如果物距为 u 时，焦距为 f，则：

$$\frac{1}{f}=\frac{1}{v}+\frac{1}{u}$$

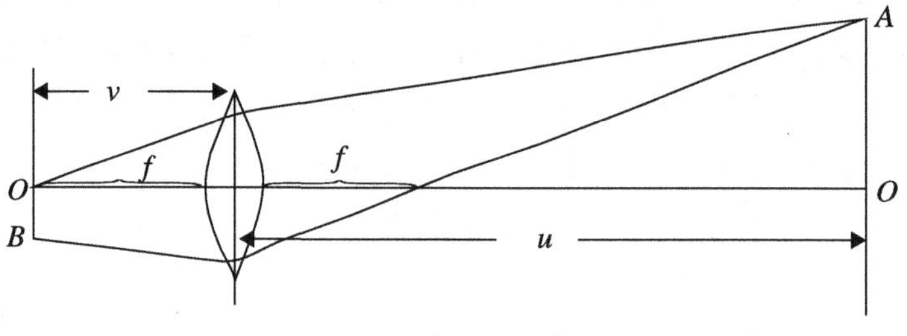

图 6-1-3　摄影机镜头成像示意图

由于我们使用最长的望远镜头时焦距也只不过 150 毫米左右，而物距则可达 10~50 米，因此 $u \geqslant v$，也就是 u 远远大于 v，这时可近似认为 $\frac{1}{u}\approx 0$，所以上式可简化成：$\frac{1}{f}=\frac{1}{v}$，即 $f=v$，这就是说，镜头的中心到焦点的距离就可以认为是焦距。

从图中发现图像和实物之间的比例就是焦距与物距之比。即按三角形相似关系可得：

$$k=\frac{u}{v}=\frac{\text{实物长度}}{\text{图像长度}}$$

k 为放大倍数，它对于摄影测量时非常重要的参数。可从两种方法中获得放大倍数

k 值，第一种是在拍摄现场记录下焦距 f，测量镜头到运动物体之间的物距 u，u/f 即为放大倍数 k。第二种是把 1 米长的特制比例尺放在运动平面内，使比例尺与摄影机主光轴垂直。在拍摄运动物体之前或之后，把比例尺拍入底片，然后撤掉。注意在拍摄过程中应固定住摄影机位置不动，当摄影机主光轴发生变化时，比例系数也将发生变化。经投影放大后的底片图像可测得比例尺的图像尺寸，此时，比例尺实长/比例尺图像长＝1/比例尺图像长，便是放大倍数 k。

2. 拍摄速度的检验

计算位移、速度、加速度、角速度和角加速度时要使用画面的间隔时间，因此，拍摄速度这一参数对数据处理精度有很大影响。如拍摄速度为 100 帧/秒，这是度盘的旋转读数，实际拍摄速度可能有±10 帧/秒的偏差，因此在拍摄之前必须检验摄影的实际拍摄速度。目前常用的检验速度的方法有以下几种。

拍秒表法：拍摄速度按钮选好位置后，最好用胶布封住，防止中间有人误动。在拍摄人体运动之前或之后，拍摄秒表，底片冲洗出来后，再根据一秒内走过的画面确定实际拍摄速度，这一方法简单易行，但精度较差，因为这并不是检验的实际拍摄过程的实际速度。电机启动后达到均匀速度需要一定的时间，电池的新旧程度对电机的速度也有一定的影响。为了提高精度，最好在拍摄前后都对秒表进行拍摄，且掌握好拍摄时间，在确定拍摄速度时选取匀速的那一段。

内时标法：有的高速摄影机有内时标装置，可再在画面的片孔之间打上一定间隔的时间标志，从影片解析的放大图片上很容易识别出每秒的画面数，这种方法使用方便且精度高。

外时标法：在摄影机可见范围内的角落里拍入某种时标装置，它可和拍摄动作同时进行，时标装置可由热惰性小的可见光发光二极管组成，通常可由 4 个灯泡组成，最上面的灯每隔 1 秒顺次发光，第二排灯每隔 0.1 秒顺次发光，第三排灯每隔 0.01 秒顺次发光，第四排灯每隔 0.001 秒顺次发光。这样在拍摄人体图像时便可在底片的一个角上读出 4 个亮灯的位置，不同的位置表示不同的时间。此方法不仅具有较高的精度，还可实现不同测试方法的同步分析。

（二）拍摄方法与标定

在录像解析系统中，根据不同的研究内容和拍摄条件，常选择不同的拍摄方法，不同的拍摄方法有严格的拍摄要求，通常软件程序支持标准的平面定点测量；单参考点平面扫描测量；多参考点平面扫描测量；三维 DLT 测量四种拍摄方法的测量。

1. 二维平面定点测量

如图 6-1-4 所示，它的任务是通过摄像机从人体侧面拍摄运动图像，利用拍摄的二维图片中比例尺的真实高度或长度与画面高度或长度进行空间比例换算，获得运动空间比例系数，然后计算出各关节点及有关器械点的二维空间坐标。

该方法用于测量垂直于摄像机主光轴指定平面内的运动，拍摄要求如下：

①拍摄距离应大于 10 米。

②测量范围与拍摄距离之比应小于 1/3。

③调整摄像机的俯仰，使其平视运动体。

④调整三脚架，使图像的上下边为水平线，左右为垂线。

⑤摄像机应聚焦于运动平面并锁定。

⑥在运动体进入镜头前 10 秒开拍，离开镜头 10 秒后停。

关于平面定点的标定：拍摄运动体前后，在运动平面内拍摄比例尺，记录长度。

2. 单参考点平面扫描测量

如图 6-1-5 所示，该方法用于测量垂直于摄像机主光轴指定平面内的运动，其拍摄要求如下：

①拍摄距离应大于 15 米。

②测量范围与拍摄距离之比应小于 1/2。

③调整摄像机的俯仰，使其平视运动体。

④调整三脚架，使图像的上下边为水平线，左右为垂线。

⑤在运动平面内，设置标志作为参考点。

⑥从远处开始拍摄跟踪运动体进入 AB 测量段，直到远离测量段后停。

关于平面单点扫描的标定：拍摄运动体前后，在运动平面内拍摄比例尺，记录长度。

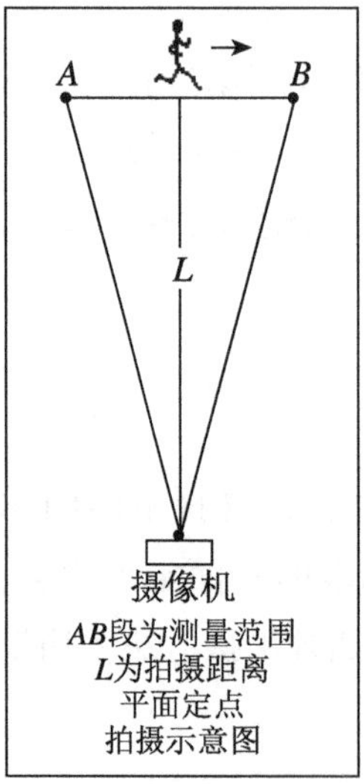

图 6-1-4　二维平面定点摄像示意图

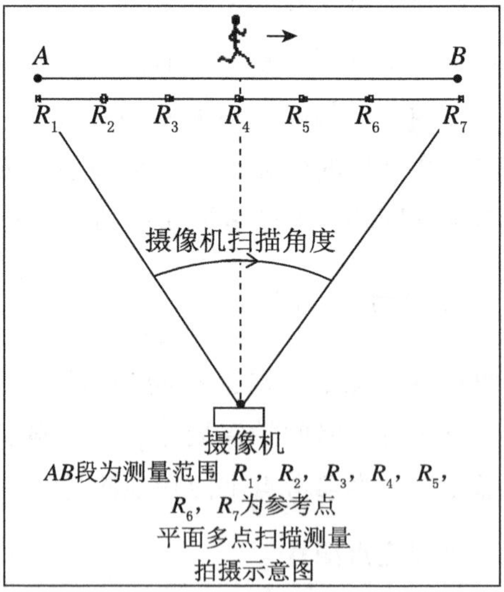

图 6-1-5　单参考点平面扫描摄像示意图

3. 多参考点平面扫描测量

如图 6-1-6 所示，该方法用于测量垂直于摄像机主光轴指定平面内的运动，其拍摄要求如下：

①拍摄距离应大于 15 米，并测量出摄像机主光轴距地面的高度。

②测量范围与拍摄距离之比应小于 2/3。

③调整摄像机的俯仰，使其平视运动体。

④调整三脚架，使图像的上下边为水平线，左右为垂线。

⑤摄像机应聚焦于运动平面并锁定。

⑥在最靠近运动平面的地方，设置作为参考点的标志，保证每幅画面都有两个以上有效参考点，测量出每个参考点相对于 A 点的三维坐标，如图 6-1-6 所示。

⑦从远处开始拍摄跟踪运动体进入 AB 测量段，直到远离测量段后停。

4. 三维 DLT 测量

运动技术中人体的各环节的运动几乎都是三维运动，因此只有三维摄影获得的参数才能更准确地描述运动的过程。在条件允许时，重要的研究项目最好选用三维摄影。当然三维摄影比二维摄影的技术要复杂，仪器要求更严格，数据处理工作量更大，经费开支成倍增加。

三维摄影至少要用两台摄像机。现在的解析技术软件常规要求用两部摄影机定点定焦进行摄影，一般要求两摄影机的主光轴的夹角要大于 60 度、小于 120 度。被拍摄的运动范围内要放高精度的标定架，标定架上的点要分布均衡，最少要 11 个点以上。当两台摄像机安装固定好后对标定架进行同步拍摄，解析这些标定点，以此计算摄像机的内外各元素的方位。只要两台摄像机不动，撤除标定架后就可以对运动对象同步拍摄，一次标定可永久应用。三维摄影最好设立固定摄像点，一次标定可长久应用。如果摄像机位置变动就要重新标定。

三维测量运动体的拍摄要求如下，如图 6-1-7 所示：

①拍摄距离应大于 10 米。

②测量范围与拍摄距离之比应小于 1/3。

③调整摄像机的俯仰，使其平视运动体。

④调整三脚架，使图像的上下边为水平线，左右为垂线。

⑤摄像机主光轴间的夹角应大于 60 度，小于 120 度。

⑥摄像机应聚焦于运动平面并锁定。

⑦在运动体进入镜头前 10 秒开拍，离开镜头 10 秒后停，拍摄全过程中，摄像机不可变。

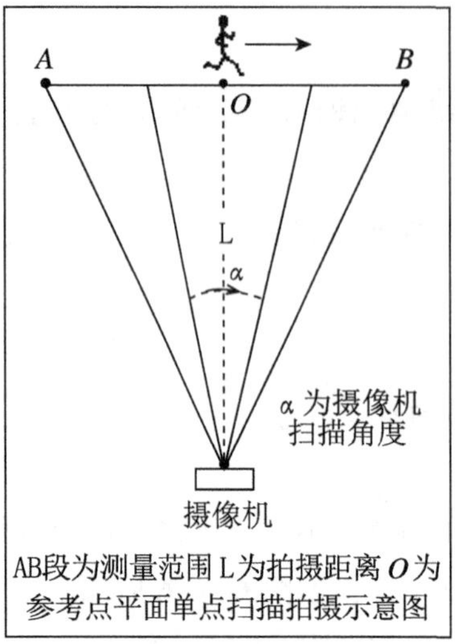

图 6-1-6　多参考点平面扫描摄像示意图

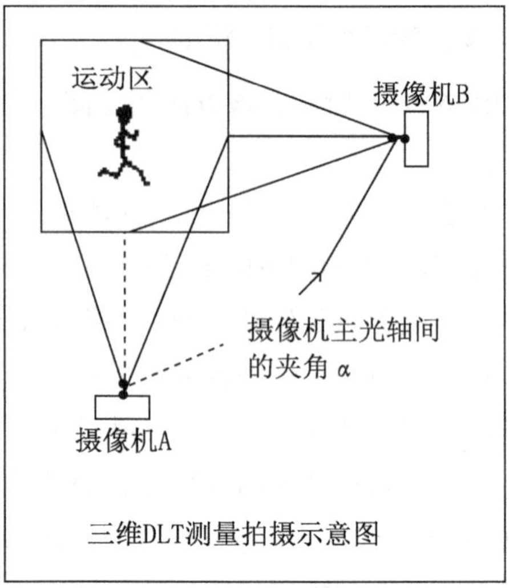

图 6-1-7　三维摄影摄像示意图

关于三维 DLT 框架的标定：①在运动区内放置 DLT 框架，调整框架的 *XY* 平面为水平面，*Z* 轴为垂直轴，*X* 轴指向需要的方向。②等框架完全稳定后，拍摄 1 分钟，并做好现场记录，画出框架像平面简图。

关于三维 DLT 坐标系校正：在拍完框架后，摄像机保持不动，用一根拍框架杆拍一个 *Z* 轴和 *X* 轴，在指定的位置放一个标志，作为测量系的原点。

（三）拍摄前的准备工作

①做好拍摄计划设计，准备好拍摄所用器材，确定拍摄对象。

②要对所研究的人体运动过程用时 T 做测试，所选拍摄频率 C 要大于 $20/T$，并对所选设备进行频率校对。

③选择合适的比例尺，并对拍摄现场进行实际勘测，确定合适的摄影位置，在人体运动经过的路段设立与背景有鲜明对比度的比例尺，比例尺长度要测准，便于拍摄时能把比例尺与人体同时摄入画面，如果条件不允许要在拍摄前和后对比例尺进行拍摄，以此来确定像空间与实际运动空间的尺度比例关系。设标尺长 H，标尺像长 h，缩小倍数 k。则

$$k=H/h$$

④对拍摄所用的机器型号、所用拍摄频率、拍摄时间、地点认真列表记录在案，以备查用。

⑤对运动员姓名、编号、拍摄顺序号等都要安排记录。

（四）拍摄过程的注意事项

①摄影机的主光轴一定要垂直于运动平面，摄影机的高度要对准要研究的部分的

中心，以免对运动平面产生投影误差。

②通常拍摄距离为拍摄范围的5~6倍就可以保证开角在5度以下，这样图像的边缘部分可以减少因光学变形而产生的误差。

③背景要黑些，使图像有较大反差，更清晰。

④运动员最好穿泳装或紧身衣服，这样可以提高关节点的定位精度。有些平面运动项目可在运动员关节点上粘贴标志点。

⑤在室内以较高速度进行拍摄时，我们可通过调整底片光度，降低快门速度或降低拍摄速度等方法使照度符合要求。

⑥拍摄速度要适当。拍摄速度取决于测量技术动作的精度要求，一般要求每个分解动作要有20个以上的画面去表现，方能使计算的误差不超过5%。因此，为了确定拍摄速度，在拍摄之前必须对所要研究的动作有一个大体的估计，例如跑步蹬离支点的时间约为0.08秒，为了确定该动作的各时相的形态，就必须在0.08秒内拍摄20个画面。

⑦拍摄正式动作之前的几秒钟就应开机，以便在拍摄正式动作时摄影机能达到预定的速度要求，处于匀速的转动状态。

⑧在拍摄前和拍摄后务必做好比例尺和参考体的标定和内外时标的校对。

⑨拍摄时要对运动员的自身各种参数（姓名、性别、年龄、运动项目、运动级别、训龄等）及成绩、道次、拍摄速度、比例尺、机高、物距、焦距等准确列表并记录好。

⑩对于大运动范围的摄影一般用扫描跟踪摄影。扫描跟踪摄影要求在运动平面上多设标尺并且明确标尺间距，保证每幅画面内有两个以上标尺，以此确定镜头扫过的距离。

第二节　三维空间的标定

一、DLT法

DLT是直接线性变换的意思，它的任务是通过两架同步高速摄影机从不同的角度拍摄人体运动，用两个摄影机的二维影片按直接线性转换法获得的公式计算出各关节点及有关器械点的三维空间坐标，也称为相机标定。

直接线性变换（Direct Linear Transformation）是建立像点坐标仪和相应物点物方空间坐标之间直接的线性关系的算法。在DLT计算中，因不需要内方位元素值与外方位元素的起始近似值，故特别适用于非量测摄影机所摄相片或影像的摄影测量处理，现在直接线性变换算法已成为近景摄影测量处理的重要组成部分。

（一）三维框架的安装、标定

目前国内外摄影框架大体可以归纳为两类：一类是 24 点矩形体式框架（图 6-2-1），另一类是发射状式框架（图 6-2-2）。

图 6-2-1　24 点矩形体式框架

图 6-2-2　发射状式框架

24 点矩形体式框架：目前美国的 MA 系统的摄影框架、山东体育科研所与香港中文大学合作研制的摄影框架就是这一种，这种框架有 3 个优点：

①结构牢固，框架形变小；

②节点在空间分布均匀；

③可以随时增加或减少箱体，以扩大或缩小控制场。

但这种框架的缺点也是比较突出的，主要有 3 个方面：

①框架的结构复杂、使用的杆件多，同样是制作 3m×6m×3m 的控制场，假定框架的每一根杆件为 1m 长，那么一个整体框架总共需要制作 244 根杆件（同等尺度控制场发射状框架仅需 60 根）。

②框架的制作工艺水平要求较高，其技术困难主要表现为每一个节点垂直钻孔时要保证绝对垂直，不能有一丝偏差，否则框架的精度就没有保障。

③安装、拆卸都非常麻烦，在一些运动会实际比赛时根本不允许在比赛场地这样做。

发射状式框架：目前美国的 PEAK 框架、北京航空航天研究所生产的摄影框架是典型代表，相比 24 点矩形体式框架，这种框架的优点就比较突出，主要表现为：

①结构不是很复杂，整个框架的杆件比较少，造价低，同时重量也轻，便于携带外出测试；

②制作时对加工的工艺水平要求相对来说也要低一些；

③安装、拆卸都比较容易，在比赛时进行操作不会对比赛造成影响；

④节点在空间的分布也比较均匀、合理。

但这种框架存在着一个比较明显的缺陷——框架的控制场不能太大，原因是每一根杆件的一端处于游离端，如果太长则整个杆件因受重力作用会产生向下弯曲变形。

三维空间标定的主要任务是由二维数字化影像恢复空间点的三维坐标，物方点经过相机镜头摄影成像在平面上，理想的投影成像模型是光学中的小孔成像模型，其本质就是射影几何中的中心透视投影过程。

直接线性变换公式是从共线条件方程式推导的，其基本关系式为：

$$x-\frac{L_1X+L_2Y+L_3Z+L_4}{L_9X+L_{10}Y+L_{11}Z+l}=0$$

$$z-\frac{L_5X+L_6Y+L_7Z+L_8}{L_9X+L_{10}Y+_{11}Z+l}=0 \tag{6-2-1}$$

式（6-2-1）中，x，z 是像点的坐标仪坐标，X，Y，Z 为物方空间坐标系坐标。DLT 的经典求解主要包括直接线性变换系数 L 的解算和物方坐标的解算。L 的解算采用最小二乘法，至少选择 6 个分布适当的控制点，可以列出多于 11 个的方程。求解出各个相片的 L 后，取大于一张相片，对每个物方点，可列出大于 3 个的解算物方空间坐标（X，Y，Z）方程，采用最小二乘法可求得物方空间坐标（X，Y，Z）。

经典的 DLT 求解过程中。L 的求解主要是依据控制点，当控制点精度较低、数量较少或没有时，会导致精度较低或无法应用。

（二）误差检验

为了验证标定精确度，误差检验分为以下三种：

1. 重测检验

对框架节点三维坐标数据多次重复测试结果进行统计学分析，精度要求：最大误差 $\Delta max \leqslant 3mm$ 及总体标准差 $\delta \leqslant 2mm$。

2. 直接检验

将框架各节点标定的空间坐标值代入空间两点间距离公式，计算框架各标杆上两节点间的距离，并与实测值进行比较，精度要求：最大误差 $\Delta max \leqslant 3mm$，标准差 $\delta \leqslant 2mm$。

3. 间接检验

将标定的框架节点的数据代入三维解析系统中进行计算（DLT 法），计算出实际空间点的三维坐标值，再从两方面进行检验：①计算框架各节点的三维空间坐标并与实际标定的数据进行比较。②利用标准标尺杆进行检验，在控制场内放置了一个标准标尺杆 2m，将标定的框架节点数据代到 DLT 公式中，得到标尺杆上、下两个端点的三维坐标，再运用空间两点间距离公式计算出标尺杆的长度，并与实际长度进行比较。

二、经纬仪标定三维空间

经纬仪是一种根据测角原理设计的测量水平角和竖直角的测量仪器，分为光学经纬仪和电子经纬仪两种，由于光学经纬仪对精度要求过高，产生的误差较大，目前最常用的是电子经纬仪，如图 6-2-3 所示。

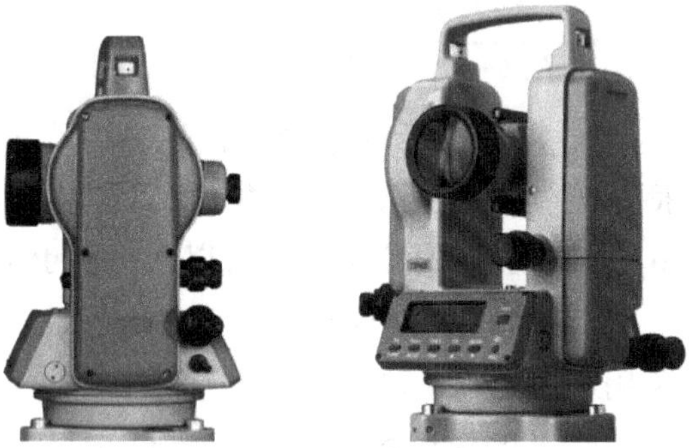

图 6-2-3　电子经纬仪

测量时，将经纬仪安置在三脚架上，用垂球或光学对点器将仪器中心对准地面测站点上，用水准器将仪器定平，用望远镜瞄准测量目标，用水平度盘和竖直度盘测定水平角和竖直角。

近几年，以经纬仪作为传感器，用两台或两台以上经纬仪配合计算机及相应的硬件、软件所组成的空间坐标测量系统在工程测量以及计量学中得到广泛的应用。经纬仪坐标测量系统可以现场组建，可以就地测量大小或形状全然不同的物体，尤其是大型异形物体，如飞机、卫星、轮船以及轿车等，也可以作为大型测量设备，如多视觉传感器坐标测量系统的参数标定设备或者测量精度的检定设备，因此研究现场经纬仪坐标测量系统的建立方法具有十分重要的意义。

摄影经纬仪中，经纬仪坐标系相对于全局坐标系的空间方位是确定不变的，可用经纬仪坐标系的旋转矩阵和平移向量描述。仿照相机成像模型，经纬仪测角模型是指建立场景点的空间位置与其测量角度值之间的数学关系。若已给定若干控制点的三维全局坐标，结合经纬仪的后方交会法，测量控制点的角度值，解算非线性共线条件方程，即可获取经纬仪坐标系外参数。

（一）基于透视投影模型的方法

采用空间前方交会测量原理，由两台经纬仪观测到的空间同一点相对于经纬仪的角度值，由空间三角关系从纯几何意义上得到空间点在投影平面的坐标。

如图 6-2-4 所示，以经纬仪观测中心 O 为坐标原点，建立经纬仪三维坐标系

$Oxyz$，Oxz 平面平行于经纬仪度盘平面，x 轴方向任意定义，y 轴垂直于水平度盘向下，z 轴由右手法则定义。在 $z=1$ 处定义一个垂直于 z 轴的投影平面 π_p，并以 z 轴与 π_p 的交点 O'为原点在 π_p 上建立二维坐标系 $O'X'Y'$，其中 $Ox//O'x'$，$Oy//O'y'$。任意空间点 P 在 π_p 上的投影点 P 是直线 OP 与 π_p 的交点，即满足理想的透视投影关系。设 P 在 $Oxyz$ 下坐标为（x，y，z），在 $O'x'y'$下坐标为（x'，y'），则有

$$x'=x/z \qquad y'=y/z \tag{6-2-2}$$

经纬仪观测空间目标点时，直接获得目标的水平角 α 和垂直角 β，由图 6-2-4 表示的几何关系可得

$$x'=1/\tan\alpha \qquad y'=\tan\beta/\sin\alpha \tag{6-2-3}$$

公式（6-2-2）和公式（6-2-3）为建立的经纬仪透视投影模型，由经纬仪观测到空间点的角度值后，就可以根据模型求出空间点在投影平面内的投影坐标。如图 6-2-5 所示，两台经纬仪标定得到两个投影平面的投影坐标，类似 DLT 算法，即可标定三维空间。

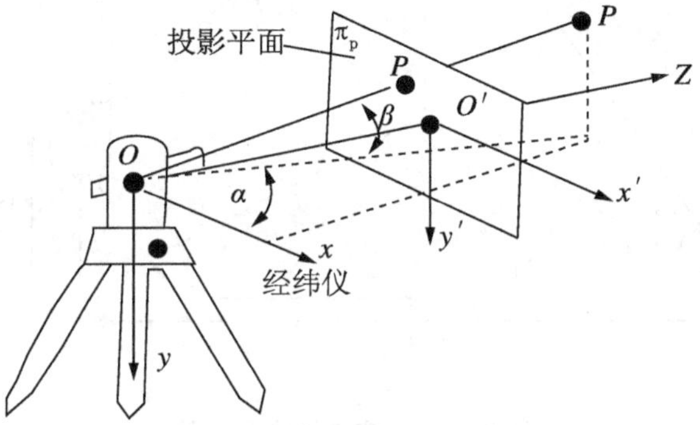

图 6-2-4　透视投影模型原理图

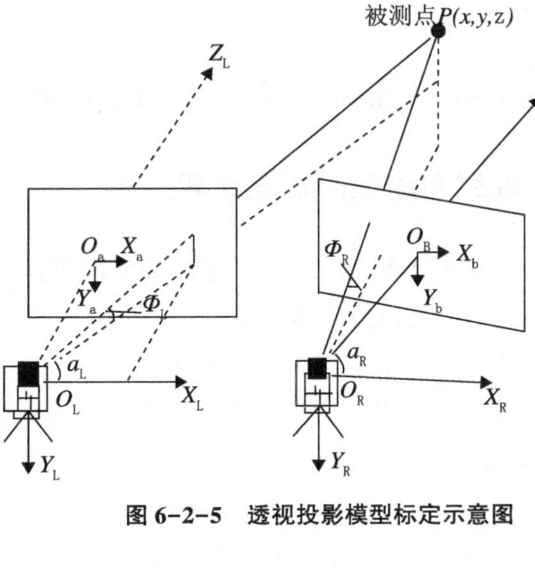

图 6-2-5　透视投影模型标定示意图

（二）传统算法

经纬仪传统模型采用的是空间前方交会测量原理。如图 6-2-6 所示，以左经纬仪的中心为坐标原点，x 轴为左右经纬仪的中心连线在水平面的投影且指向右经纬仪，z 轴通过原点的铅垂轴向上，y 轴由右手法则得到。两台经纬仪精确互瞄后，测量一已知长度的基准尺，通过空间解析计算求得两经纬仪的水平距离 b 和高度差 ΔZ。空间任一点的坐标由空间三角关系求出。在图 6-2-6 中，空间任意一点 P（x，y，z）的坐标可表示为：

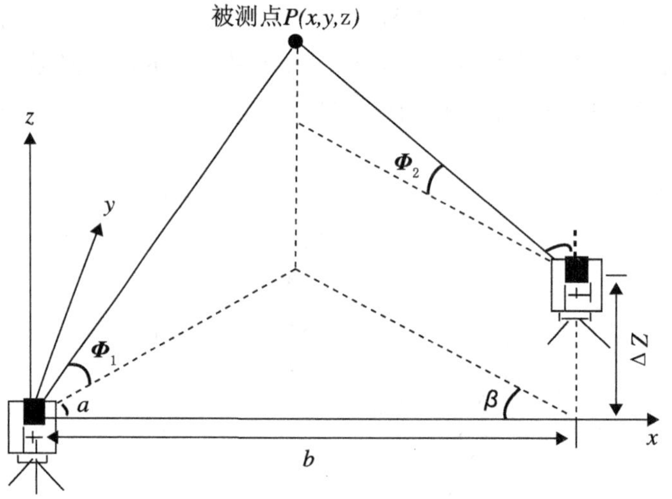

图 6-2-6　传统算法示意图

$$\begin{cases} x = b\cos\alpha\sin\beta/\sin(\alpha+\beta) \\ y = b\sin\alpha\sin\beta/\sin(\alpha+\beta) \\ z = [b(\sin\beta\cot\phi_1+\sin\alpha\cot\phi_2)+\Delta Z\sin(\alpha+\beta)]/2\sin(\alpha+\beta) \end{cases} \quad (6-2-4)$$

三、二维空间与三维空间的空间误差比较分析

误差是测量测得的量值减去参考量值。测得的量值简称测得值，代表测量结果的量值。所谓参考量值，一般由量的真值或约定量值来表示。对于测量而言，人们往往把一个量在被观测时，其本身所具有的真实大小认为是被测量的真值。实际上，它是一个理想的概念。因为只有当某量被完善地确定并能排除所有测量上的缺陷时，通过测量所得到的“量值”才是量的真值，从测量的角度来说，难以做到这一点。因此，真值一般不可能确切获知。

测量时，各种因素会造成少许的误差，因此，我们必须去了解这些因素并有效地解决，方可使整个测量过程中误差减至最少。误差主要有随机误差和系统误差，随机误差的产生主要是由于测量过程中种种不稳定随机因素的影响，如室温，相对湿度和气压等，而系统误差主要有：视差、刻度误差、磨耗误差、接触力误差、挠曲误差、余弦误差、阿贝误差、热变形误差等因素。系统误差的大小在测量过程中是不变的，可以用计算或实验方法求得，既可以预测且可以修正或调整使其减少。

在空间标定过程中，涉及二维的测量与三维的计算，如果产生测量误差，计算后误差将会被放大。

（一）DLT 算法中的误差

在直接线性变换过程中，主要是通过二维坐标求解标定内部参数，也就是求解公式（6-2-1）中 L 系数。在这个过程中涉及的测量指标主要是坐标的读取，也就是公式（6-2-1）中 x，z 的数值，选取的六个标定点的三维坐标值，根据这些指标求解 L 系数。在标定中测量过程存在误差，那么 L 系数的计算就会产生更大的误差，导致三维坐标的测量产生偏差。

（二）经纬仪标定中的误差

第一种算法，基于透视投影模型的方法中，需要测量 α 和 β 的角度，以及 z 值。如果 α 和 β 的角度测量时存在误差，则 x 与 y 的值就会有一定偏差，导致后续计算误差更大。如果 α 角度测量时偏大，x 值与 y 值变小；如果 β 角度测量时偏大，x 值不变，y 值变大；如果 z 值测量时偏大，则 x 与 y 坐标变大。

第二种算法，传统算法测量过程中需要测量距离 b 值、角度 $\varphi 1$ 和 $\varphi 2$ 的值、ΔZ 的值。如果 b 值变大，x，y，z 坐标都变大；如果角度 $\varphi 1$ 和 $\varphi 2$ 的值变大，被测点 x 与 y 坐标不变，z 坐标变小；如果 ΔZ 值变大，被测点 x 与 y 坐标不变，z 坐标变大。

第三节　运动影像分析系统

一、图像解析流程

图像解析如同影片数字化，就是将录像带上的信息进行模数转换的过程。采集图像信息的方法有三种：录像机停桢采集、小容量图像动态实时采集、大容量图像储存动态实时采集。目前常用的是后两种，在这两种方法中又以大容量图像储存动态实时采集最为方便实用。国外开发比较成功的录像解析系统中，美国的艾里尔图像分析采集系统采用的是停桢采集卡；美国 PEAK 采用的是小容量图像板；中国的爱捷解析系统采用的是大容量图像储存动态采集器（最大容量为 64MB）。

运动图像解析是对某一段图像进行连续的或等间隔的采集分析。但在录像解析中由于存储在磁带上的录像信号是不可见的，一般也无法作出标记，所以如何定位以及如何采集所需的运动图像是录像解析的首选问题。

影片数字化是关系的影片数据处理精度的十分重要的环节，操作人员很难准确地判断运动中人体关节的位置，在解析时要考虑以下几个原则：

①拍摄过程中在运动员的关节的正侧面粘贴标志。

②关节点应该是关节瞬时转动中心。有时需估计相邻两个环节的纵轴位置，关节应位于两纵轴的交点上，并参考体表特征（体表特征见人体静力学）。

③在测量过程中要注意以下问题：肢体运动过程中身体部分环节被遮挡时，可采用遮挡前后该点的运动轨迹平滑延续获得，它是产生数字化误差的最大来源。

④在躯干弯曲对运动过程有较大影响的情况下，最好选用扎齐奥尔斯基的人体的模型。

⑤支撑点的确定对蹬地角度有很大的影响。前蹬时支撑点最好固定在足跟上，前脚掌着地后可适当前移。快跑时一般运动员的足跟是不接触地面的，这时应根据图片确定足的着地点。

在图像解析过程中根据软件的编写特点及运动生物力学的理论图像解析过程，解析流程通常包括：图像的采集；坐标系的生成和比例的标定；人体模型的确定；人体环节坐标的测量采集；计算变量的生成（模板的设计）；计算测量结果与输出；变量曲线的绘制与棍图的制作；测量分析结果的输出。

二、DLT 三维框架的使用

（一）框架的结构

框架由如下部件构成（图 6-3-1）：

①方体：在 8 个角上有辐射杆安装孔，在“1-2-8-6”面上有方体与三脚架的安装固定孔。

②八根长杆：“1” ~ “8” 杆为长杆，每根长杆由装有两个球的主杆和装有一个球的副杆通过螺口组装而成。

③对角线杆：“1” ⇔ “7” 杆，“2” ⇔ “5” 杆，“3” ⇔ “8” 杆，“4” ⇔ “6” 杆。

④方体上部杆：“3” “4” “5” “7” 杆。

⑤方体下部杆：“1” “2” “6” “8” 杆。

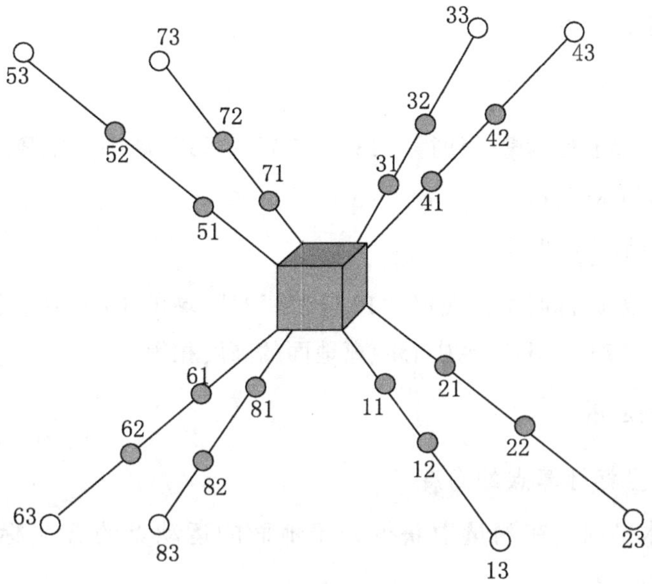

图 6-3-1　DLT 框架构成示意图

（二）框架组装与拆卸关键

①安装：首先，将方体安装到三脚架上，调整三脚架使方体水平，固定。接着，将对应的主杆和副杆用手旋转组装直到刻度线对齐，再将长杆安装到方体对应的安装孔中，旋到与方体刻度线对齐，长杆应按方体对角线顺序平衡安装。

②按照安装顺序的逆过程拆卸。首先，按对角线顺序，先将长杆卸下，再拆分主杆和副杆。其次，拆卸短杆。最后，拆卸方体。

（三）框架坐标系说明

1. 基准平面、*X* 方向、原点的规定

（1）*XY* 平面

由“13”球中心，“23”球中心，“63”球中心连成的三角形构成。

（2）*X* 轴

由“13”球中心指向“23”球中心的连线，代表 *X* 轴正向。

（3）原点

“13”球中心，即为坐标系原点。

2. 框架坐标系的应用

（1）建立水平面

对安装好的框架进行调整，使得“13”“23”“63”球中心距离地面的高度相等，即坐标系 XY 平面为水平面。

（2）建立 X 轴和水平面

对安装好的框架进行调整，使得“13”和“23”球的中心连线指向测量需要的 X 方向，调整“13”“23”“63”球中心距离地面的高度相等。

3. 位置坐标的应用

（1）使用 Z 坐标计算点的高度

首先应建立水平面，在测量中获得处于地面的运动点的 Z 坐标值（Z_0），高度（H）=点的 Z 坐标-Z_0。

（2）使用 X，Y 坐标计算点的 V_X，V_Y，盘旋角

必须建立 X 轴和水平面（表 6-3-1）。

表 6-3-1　爱捷 004-A 框架第 1 次标定

序号	点名	X_a	Y_a	X_b	Y_b	E_x	E_y	E_z	EE
0	*A*-13	122. 5	420. 0	204. 0	446. 5	-0. 000	0. 002	-0. 002	0. 003
1	*B*-12	195. 5	354. 0	247. 0	361. 5	0. 004	-0. 002	0. 002	0. 004
2	*C*-11	237. 0	318. 0	268. 5	319. 0	0. 003	0. 002	-0. 000	0. 004
3	*D*-23	207. 5	441. 0	460. 0	452. 5	0. 000	-0. 001	0. 001	0. 002
4	*E*-22	244. 0	360. 0	379. 5	366. 5	-0. 002	-0. 001	0. 000	0. 004
5	*F*-21	263. 5	320. 0	337. 5	321. 5	0. 000	0. 003	0. 001	0. 003
6	*G*-33	117. 0	145. 0	210. 0	102. 0	-0. 002	-0. 000	0. 000	0. 002
7	*H*-32	193. 5	205. 0	250. 0	185. 0	0. 001	0. 002	-0. 000	0. 002
8	*I*-31	235. 5	239. 5	270. 0	227. 5	-0. 000	-0. 001	-0. 002	0. 002
9	*J*-43	204. 0	131. 0	470. 0	119. 0	0. 003	0. 001	0. 000	0. 003
10	*K*-42	242. 5	201. 5	384. 0	193. 0	-0. 003	0. 001	-0. 002	0. 004
11	*L*-41	262. 0	238. 0	339. 5	231. 0	-0. 002	-0. 003	-0. 000	0. 003
12	*M*-53	349. 5	147. 5	139. 0	122. 5	0. 003	-0. 001	0. 000	0. 003
13	*N*-52	320. 5	203. 5	207. 0	189. 0	-0. 001	0. 002	0. 001	0. 003
14	*O*-51	303. 5	236. 5	246. 0	227. 5	0. 000	-0. 001	0. 003	0. 003
15	*P*-63	350. 5	406. 0	136. 0	417. 5	-0. 001	-0. 002	0. 002	0. 003
16	*Q*-62	321. 0	349. 5	204. 5	352. 0	-0. 004	0. 001	0. 000	0. 004

续表

序号	点名	*X*a	Y*a*	*X*b	Y*b*	*E*x	Ey	*E*z	EE
17	*R*-61	304.0	316.5	245.0	315.5	0.001	-0.000	-0.002	0.002
18	*S*-73	455.5	133.0	363.0	134.5	-0.001	0.002	-0.001	0.002
19	*T*-72	375.0	201.0	332.0	195.0	0.001	-0.003	-0.000	0.003
20	*U*-71	331.5	236.5	313.0	230.5	-0.001	-0.002	0.003	0.004
21	*V*-83	456.0	423.5	357.0	422.0	0.000	0.003	-0.001	0.003
22	*W*-82	375.5	354.5	328.5	357.0	0.001	-0.000	-0.002	0.002
23	*X*-81	332.0	319.0	311.5	318.0	0.001	-0.001	-0.004	0.004

三、运动影像分析系统操作介绍

目前常用的录像解析系统有：中国的爱捷解析系统、美国 APAS 录像解析系统、德国 SIMI 分析系统、日本的 NAC 系统和意大利的 ELITE 系统等，下面就中国，美国和德国解析系统分别进行简单介绍。

（一）中国爱捷录像解析系统三维 DLT 解析操作流程

在三维 DLT 解析过程中与平面有所不同，存在很多不同点，介绍如下：

1. 采样

①A、B 机分别采样；
②设置图像参数；
③装载各机图像；
④设置相机参数；
⑤图像编码标注；
⑥多机合成图像存盘。

2. 测量参数标定

①软件进入；
②参数设置；
③分别采集 A 机和 B 机的框架图像；
④图像转成伪彩色；
⑤在框架画面上注释；
⑥框架画面存盘；
⑦装载框架画面；

⑧框架测量及转换系数计算；
⑨退出参数标定。

3. 三维 DLT 测量

①软件进入；
②装载运动图像；
③装载人体模型参数；
④装载框架系数；
⑤三维 DLT 测量。

4. 三维 DLT 变量计算

①软件进入；
②装载模板；
③装载测量数据；
④计算；
⑤平滑；
⑥存储数据；
⑦输出报告。

5. 三维 DLT 制作

①软件进入；
②装载运动图像；
③分析结果制作；
④存储制作好的运动图像。

6. 三维曲线分析

①软件进入；
②装载数据文件；
③曲线分析。

7. 三维棍图分析

①软件进入；
②装载数据文件；
③棍图分析。

（二）美国 APAS 录像解析系统操作流程

1. APAS 系统界面

打开 APAS 系统图标，该系统由如图中模块构成，如图 6-3-2 所示，其中二维或三维图像解析时需用到第 2、3、4、5、6 模块，分别为视频剪辑和处理、数字化解析、模数转换、数据平滑和数据输出模块。

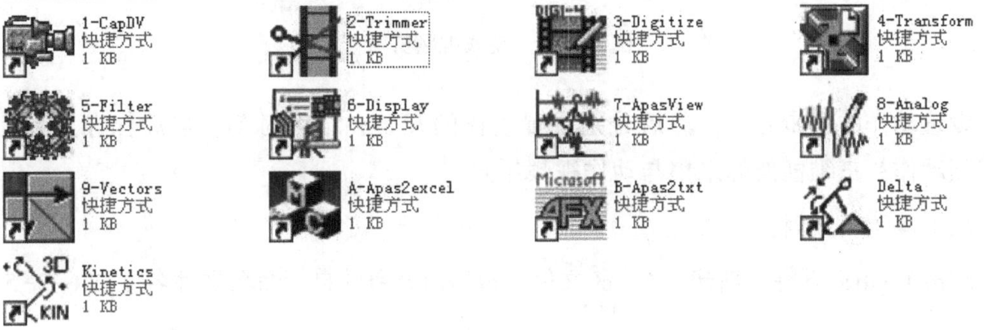

图 6-3-2　APAS 系统界面

2. APAS 系统三维定点解析简单操作流程

（1）视频剪辑和处理

该模块可以为视频动作的开始和结束时刻剪辑，同时还具备三维动作的视频同步处理功能。

双击 Trimmer 图标，进入该模块，然后点击 File 选取 A 摄像机拍摄的动作视频，再次点击 File 选取 B 摄像机拍摄的动作视频（图 6-3-3 和图 6-3-4）。

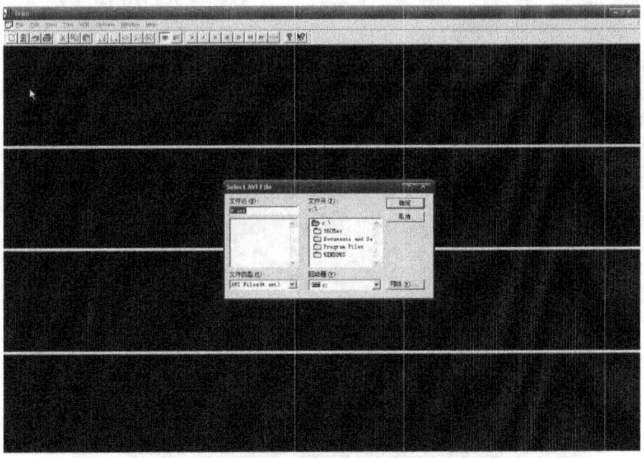

图 6-3-3　视频剪辑和处理模块

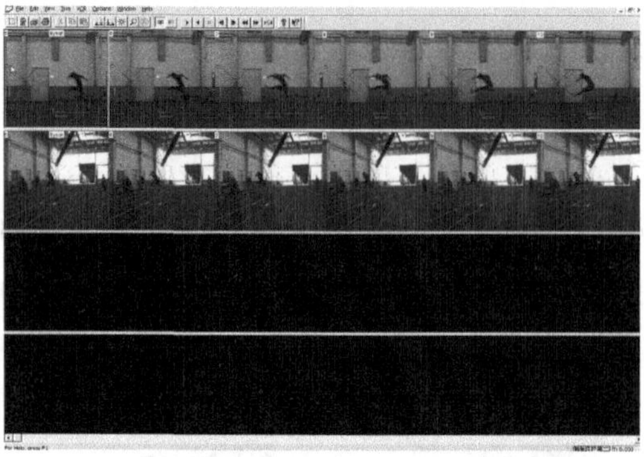

图 6-3-4　动作视频剪辑

设置动作的同步时刻，然后分别设置动作的开始和结束时刻，最后保存剪辑完成的视频动作，三维框架的采集与动作视频相同。

(2) 数字化解析

双击 Digitize 图标，新建一个 . cf 文件，根据研究目的自行命名文件名（图 6-3-5）。

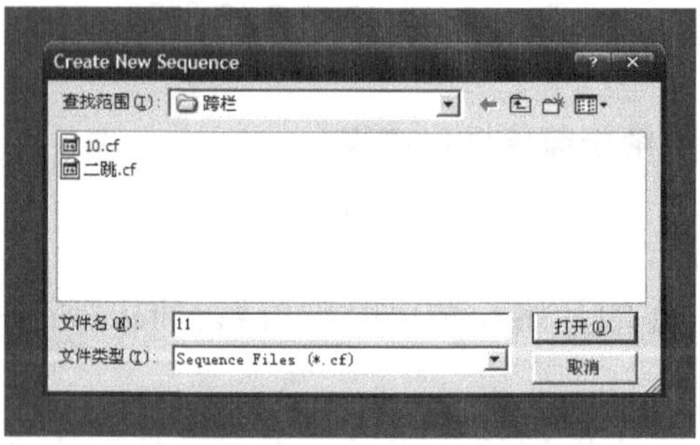

图 6-3-5　保存剪辑完成的视频动作

设置测量单位、标志点个数、框架个数、人体模型的选取、受试者的身高和体重等信息（图 6-3-6）。

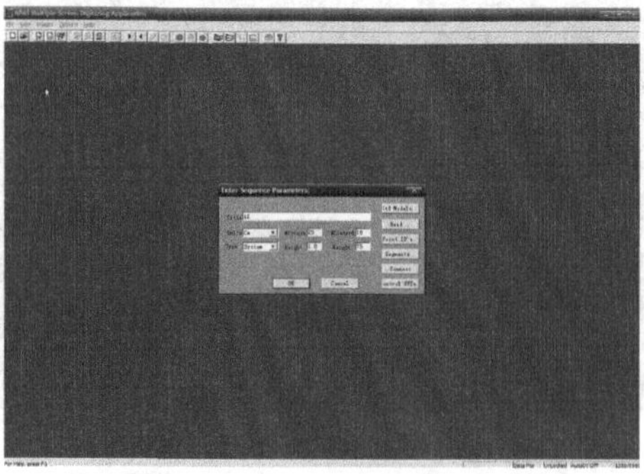

图 6-3-6　设置参数界面

依次在右侧框中选取人体左侧和右侧的标志点，如图 6-3-7 所示如果需要对人体标志点之外的器械进行研究，需要在此增加相应的附件点。

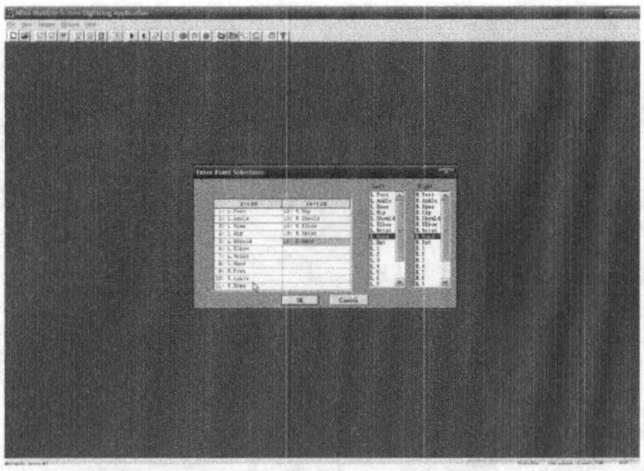

图 6-3-7　模型选取界面

计算人体模型的参数，点击右下角的 Next Point，分别对人体各个环节的相对质心进行计算（图 6-3-8）。

图 6-3-8　计算人体模型参数界面 1

输入所选取的三维框架坐标信息，提示第一次需输入，第二次可以点击右下方的 Read 直接读取第一次输入的结果（图 6-3-9）。

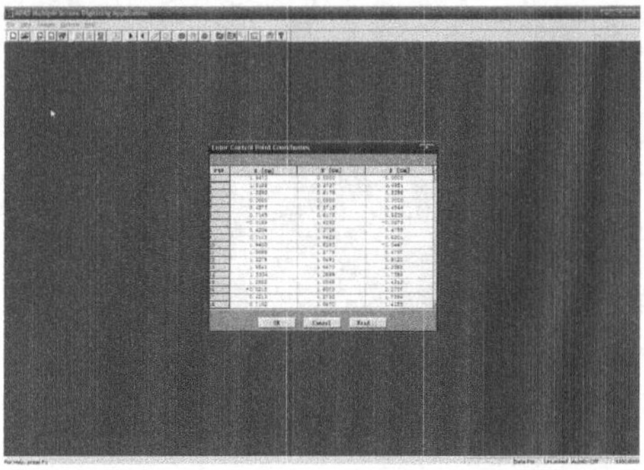

图 6-3-9　计算人体模型参数界面 2

动作视频读取，点击上方 1，再点击右上方 Select 选择已剪辑的 A 动作视频，然后点击上方 2 之后，点击右上方 Select 选择已剪辑的 B 动作视频（图 6-3-10）。

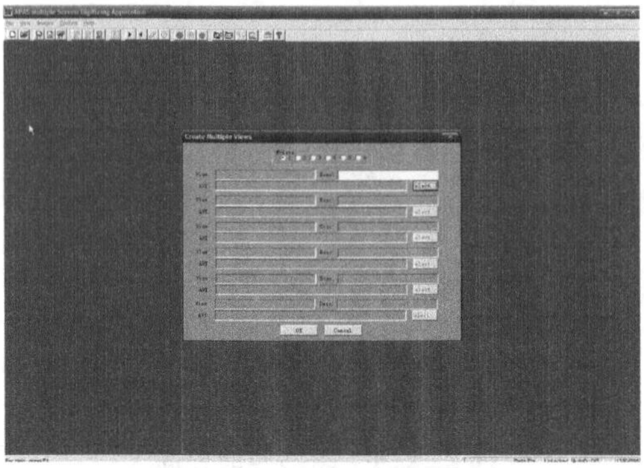

图 6-3-10　三维框架坐标信息

动作视频的三维标定，在读取动作完成后，点击上方 Control，选取下拉菜单中的 Digitalization，进行三维框架的标定（图 6-3-11）。

图 6-3-11　三维动作视频剪辑

在标定之前，先选取三维框架周围相对于地球静止的一个特征点为固定点，然后按照图中左下方的 Control 标志提示，分别在三维框架中的各个球心进行打点（图 6-3-12）。

图 6-3-12　三维空间标定

(3) 模数转换

打开 Transform 模块，读取已经解析完成的 cf 文件，如图 6-3-13 所示。

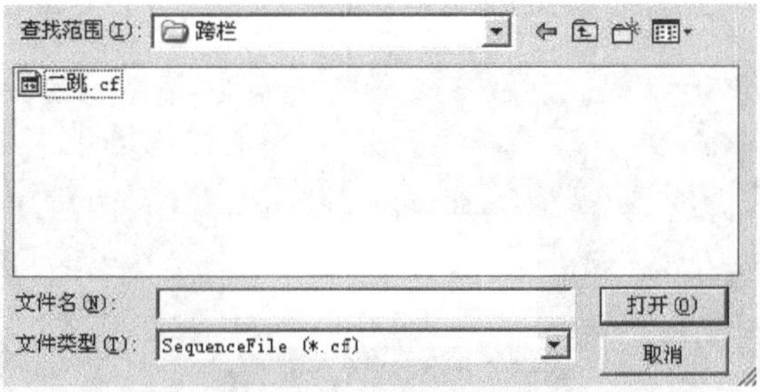

图 6-3-13　模数转换

分别在文件名为 1t 和 2t 的左侧 Sel 方框中点击，此时方框中出现 Yes 即为选中，然后点击 OK（图 6-3-14）。

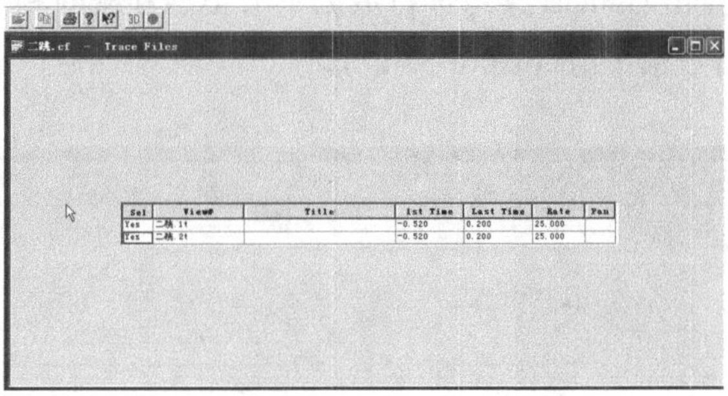

图 6-3-14　保存

系统将进行 DLT 三维转换，出现不同角度下的人体运动棍图模型（图 6-3-15）。

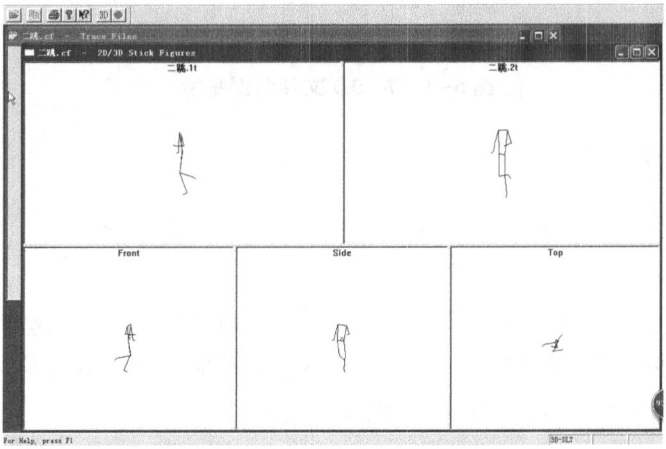

图 6-3-15　人体运动棍图

（4）数据平滑

打开 Filter 模块，读取新生成的 3D 文件，进行数据平滑（图 6-3-16）。

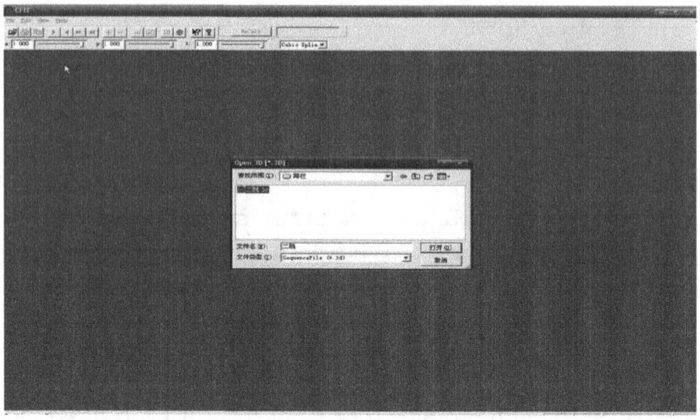

图 6-3-16　数据平滑

数据平滑之间，点击 Options 菜单进行数据平滑类型和截断频率的设置，然后点击图上方的 Go 图标进行数据平滑（图 6-3-17）。

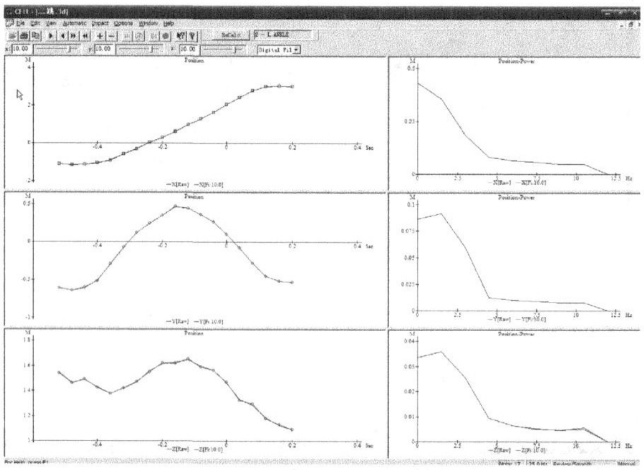

图 6-3-17　3D 文件数据平滑

（5）数据输出

打开 Display 模块，选取平滑后生成的 3D 文件，点击 New-3D 图标进行数据指标的选取。

根据研究需要，在 Type 中选取相应的线性数据和角度数据，在 Quantity 中分别选取原始坐标、位移、速度和加速度，在 Joint/Seg 中选取各个环节以及人体重心的数据，在 Component 中选取各个方向的数据（图 6-3-18）。

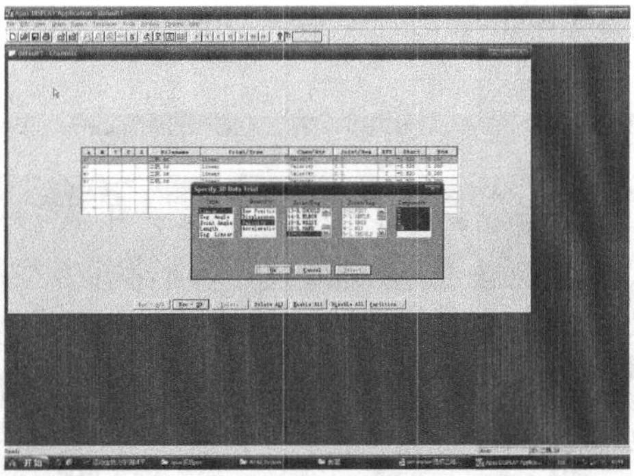

图 6-3-18　数据输出 1

点击左上交的 Time 选中所选择的数据，然后点击“Ctrl+C”进行复制，导出所有的数据（图 6-3-19）。

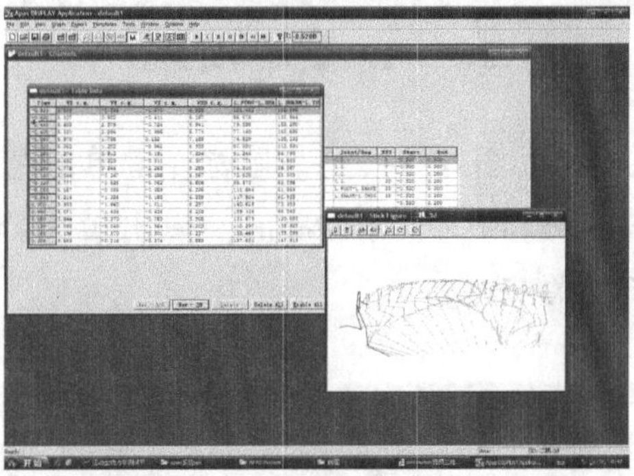

图 6-3-19　数据输出 2

（三）德国 SIMI 解析系统简易操作流程

打开 SIMI 软件，选择 Creat a new project，建立 Project，如图 6-3-20 所示。

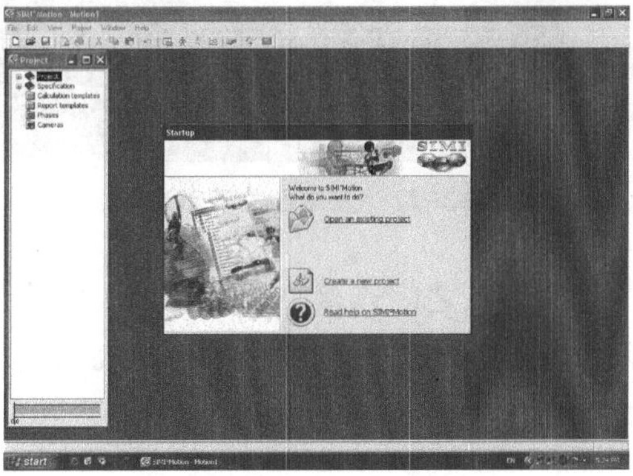

图 6-3-20　SIMI 系统界面

命名新建 Project，选择 Create and save 保存 Project（图 6-3-21）。

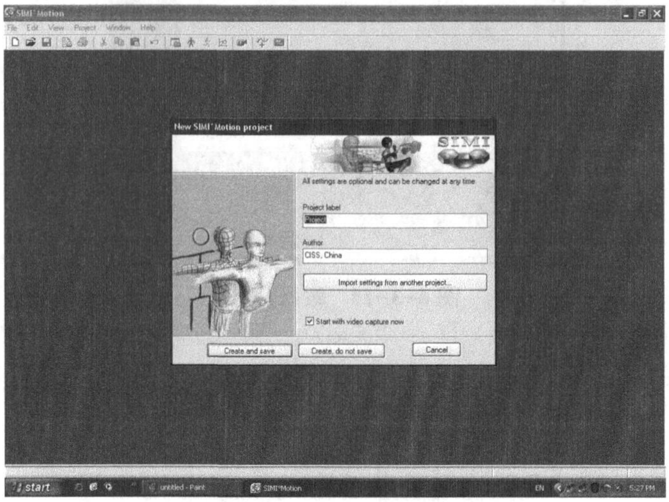

图 6-3-21　新建测量菜单

建立 Project 后，进入界面（图 6-3-22）。鼠标左键单击左侧 Specification 前面“+”号，出现 Points、Connections 选项。双击 Points，弹出解析点选择界面 Specification：Edit points，选择需要解析的关节点。

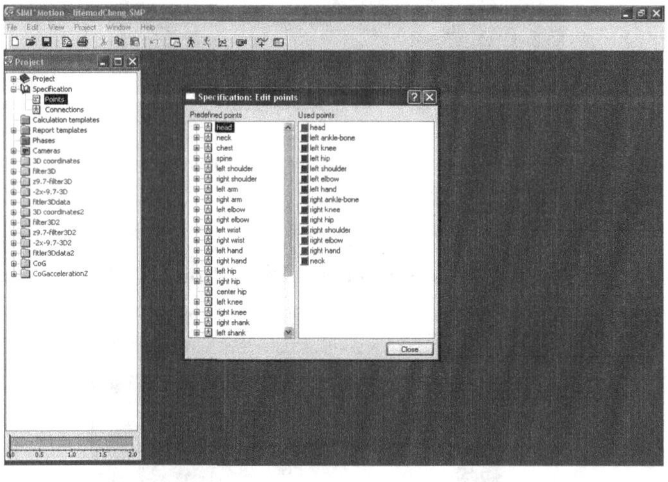

图 6-3-22　人体各关节点选取

Connections 为建立所选关节点之间连接。软件自带人体关节点之间连接，不需要自行建立。运动装备之间连接则需要自行建立。如解析高尔夫球杆，解析点选择杆头与手持点，建立这两点之间连接代表球杆（图 6-3-23）。

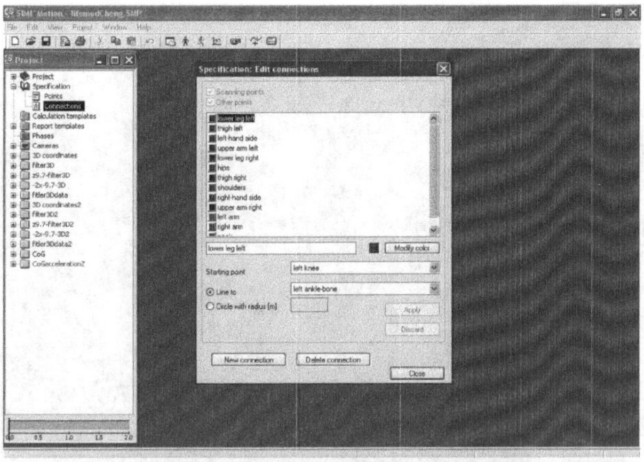

图 6-3-23 人体各关节点之间的连接

解析点选择完毕后，关闭解析点选择窗口。鼠标右键单击左侧 Cameras 选项弹出列表后左键单击选择 Add camera 添加视频。二维解析添加一个，三维解析添加两个及两个以上（图 6-3-24）。

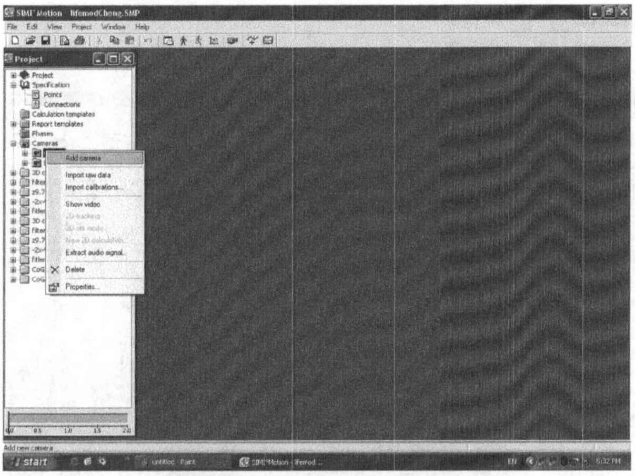

图 6-3-24 二维和三维视频添加

在所添加的摄像机处单击右键选择 Properties，导入动作视频前需要先导入标定视频。选择 Open existing file，打开标定视频文件。单击 Apply 完成标定视频文件导入。导入标定视频结束后，选择 Open existing file 打开动作视频。Modify 选项可以输入拍摄频率，进行标定。标定完成后对拍摄的运动视频进行解析，解析时要求鼠标点在关节中心处。

两台摄像机的全部解析点解析完成后，右键选择 New 3D calibration。生成动作的三维坐标（图 6-3-25）。

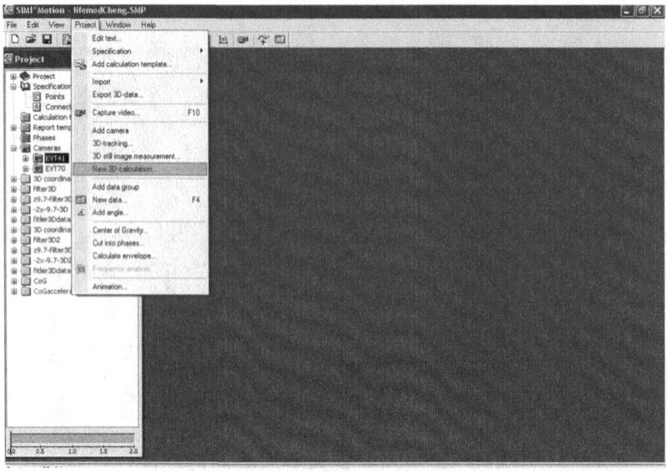

图 6-3-25　动作三维坐标的生成

生成三维坐标时，在 Used raw data 右侧下拉列表中可以选择采用原始解析数据还是滤波处理后数据。一般选择滤波处理后数据减小人工解析误差。单击 OK 按钮后，在左侧 Camera 下方出现 3D coordinates 为解析点的三维坐标。右键 Export 可以导出三维坐标的文本文件（图 6-3-26）。

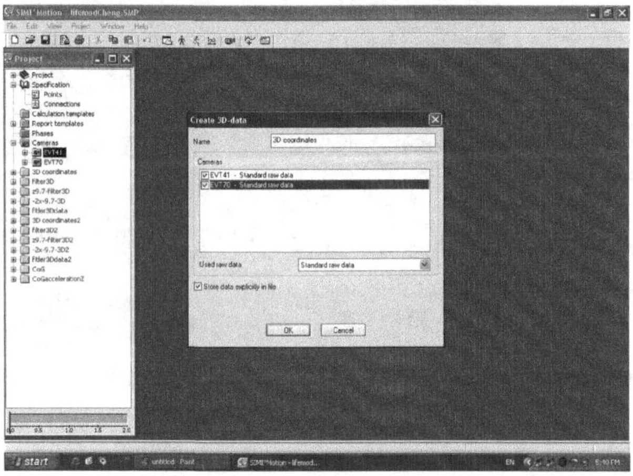

图 6-3-26　动作三维坐标导出

第四节　影像测量误差的来源

在现代的竞技运动中，运动水平日渐提高，运动员之间的竞技水平的差距也越来越小，这些都得益于高科技的训练手段和训练器械。为了培养高水平的运动员，要在训练前制订合理并具有针对性的训练计划，使运动员的技术动作尽可能地接近于理想状态，这时就需要将训练对象详细而精确的运动学参数与理想状态下的技术动作的运动学参数进行比较、研究和分析。在这当中，借助影像分析获得精确而客观的运动学数据就是非常重要的一个环节。然而在实际的影像解析的过程中，获得的数据往往有一定的误差，因此，在差距微小的竞技比赛中，借助正确、有效的科技手段显得尤为重要。

在实际的影像解析过程中，往往会有各种各样的情况出现，尤其是素材图像采集时会遇到不同的场地条件、不同的采集设备和不同的运动项目，这就造成了试验中的一些未知的、不确定的因素，有些项目如百米赛跑、标枪、链球等选手或者是器械的活动范围较大，这就为解析时的图像采集增加了困难，对测量结果的精确性也是一种不可避免的干扰。具体讲，在图像解析的过程中，特别是在影像素材的采集时会有一些情况出现，比如：两台摄像机之间的相对位置、主光轴之间的夹角、两台摄像机与被测目标之间的距离以及在标定时被定点与被测点之间的相对位置与最终测得结果之间的关系。这些情况在一定程度上都可以影响到解析的最终结果，鉴于这种情况，我们需要对影响解析结果大小和产生这些影响的原因做详细的分析，以期减小甚至避免一些误差，得到更加准确的结果，从而使这些数据可以达到所要求的精度，为以后的技术分析打下坚实的基础，为更好、更快地提高运动员的竞技水平提供可靠的技术保障。

一、影像解析过程中误差的主要来源

在实际的影像解析过程中，每个环节都有可能将误差引入到结果中。其中主要有比例系数的误差，人体测量点的估计误差等。

在确定比例系数时，由于被采集对象在运动时，不是在一个平面内，而是在预先划定的一个空间范围内做技术动作，摄像机记录下了技术动作中身体每个部位的运行轨迹，这就决定了身体的每个点不可能与摄像机的拍摄平面相平行，使得身体的每个点与摄像机的镜头处的距离也不尽相同，而是从镜头处到运动平面呈放射形的透视状。所以，数量有限的比例系数不可以代表为数众多的单个点的比例系数，而且多数情况下比例系数是一种估算，很少有情况是被测点在镜头和标定点之间的直线上。在实验中使用的辐射式框架的标定点是有限的（24 个），框架的测量原理和硬件的条件决定了在标定中比例系数误差是一种从原理上来说较为明显的误差，它在实际操作中是不可避免的，只能从操作中机位的设置上一定程度上来减小这类误差。

因此，根据光学原理，摄像机的位置与运动主体位置之间的距离越远，物体距离之间的相对差别就越小，由此所产生的误差也就相对要小一些。实验人员可以根据所选择的参考点包含的空间范围的大小，以及摄像机与所拍摄运动空间之间的平均距离，来对由比例系数产生的误差进行一定的控制和调节。

二、引起解析结果误差的原因

（一）工具误差

工具误差也称为仪器误差，指的是在实验过程中由于所使用的工具自身的原因而产生的一类误差。影像解析中最主要的工具就是摄像机，摄像机本身属于精密仪器，微小的变化都可能对实验数据产生较大的影响，再加上许多人为操作，更容易产生误差，影响图像的精度。如摄像机系统的设置、镜头的畸变、操作的变化，都可能影响最终结果。在摄像测量中，不同的方法、摄像机的位置、标定比例尺、框架控制点坐标的变化、测量设备的安装、摆放、调整等因素也会影响摄像的效果，给图像的精度带来影响。无论室内还是室外，地面的平整度都会对摄像产生影响，如果地面不平，摄像机会出现摆动，造成所拍摄的图像出现一定的失真。总而言之，工具误差的产生和仪器的质量、性能以及实验工作人员的操作密切相关。这类误差的数值在一次实验中是固定不变的，由于其产生原因较为简单，稍加注意就可以克服。随着科技水平的逐渐发展和完善，测量仪器的质量不断提高，操作人员的操作技能逐渐熟练，这种误差逐渐被控制并缩小到可以被忽略的地步。

（二）方法误差

方法误差又叫做理论误差，是一种由于测量方法使用不当所形成的误差，或者是由测量方法本身的理论依据不足所导致的误差。在很多的试验中，所要获得的测量的量不能被直接检测到，而是在测量结果的基础上，借助一定的理论或公式经过计算得出来的。由于方法误差本身的非绝对性以及近似性，测量的量会产生一定的误差，这就是方法误差。在影响解析的过程中，由于运动的空间平面具有一定的相似性，那么就存在一定的方法误差，另外，在采用 DLT 变换法时，引入线性变换的过程中也会产生方法误差。方法误差可以被事先估计，其误差量相对较小，通常可以忽略不计。但随着技术手段及实验水平的不断提高，随机误差逐渐较少，在这个时候，方法误差的影响就显得比较重要。在实验中，从实验的设计到结果的分析，这一过程是否存在一定的方法误差，应该事先有所说明，以提高解析的准确性。

（三）随机误差

同一实验条件下，当对同一对象进行反复测量时，在避免和消除明显的系统误差之后，每次的测量结果还会呈现出不规律的随机性变化，这种变化的就是随机误差，随机误差有极大的不确定性，实际研究过程中，研究者要研究这类误差对测量过程及结果产生的可能的影响，并通过一定的手段，尽量减小或避免这种误差，以提高测量结果的精确性。在操作过程中，由于录入数据的方式方法存在着一定的差别，可能导致操作误差的出现，这种随机产生的判读误差和操作误差，也叫随机测量误差。测量中对测量点位置定位的过程中所产生的误差是影响数据精度最主要的因素。一般来说，测量点的轮廓越清晰，形成的图像质量就会越高，高质量的图像可以实现较大倍数的放大，放大后进行判读，误差就会越小。就其本质而言，这些误差都是操作性误差，而不是实质性的误差。此外，解析人员自身的技术水平与误差大小之间也存在着一定的关联，操作人员的技术水平越高，测量越精细，测量准确度就越可靠。

三、减少误差的办法

针对误差产生的原因，有针对性的方法是减小解析过程中的误差，主要从被解析对象的图像素材采集时和解析的过程中来减小误差，至于工具误差和原理性误差，我们只能从设备和解析原理上来下手，最为行之有效的减小误差的办法就是在图像采集的时候合理布置拍摄现场，在影像解析的过程中注意以下几点：

①合理地设置影像素材采集时被标定对象、摄像机机位、标定框架之间的相对位置，两台摄像机的镜头主光轴应保持在垂直也就是90°附近。

②被标定对象在摄像机主光轴直线附近时的解析结果较为理想。

③影像解析素材在解析时占图像大小的60%以上时，解析的精度较高。

④在数据的处理上，多次试验取平均值，剔除明显的错误数据。

CHAPTER 07 第七章

动力学测量方法与实验

【内容提要】

本章主要介绍等动测试设备使用方法及实验案例；足底压力测试使用方法及实验要求，包括：测力平台使用方法、测力平板与测力鞋垫简介。

【教学重点】

1. 等动测试设备使用方法及实验案例；
2. 测力平台使用方法及实验过程。

【教学难点】

1. 动力学测量设备的原理；
2. 动力学指标选取。

【教学要求】

1. 掌握等动测试设备使用方法；
2. 掌握测力平台使用方法；
3. 掌握动力学测量设备的原理和指标选取。

第一节　等动肌力测试

一、等动力学的起源与原理

等动（Isokinetic）这个专业名词描述的是一个使身体的一部分加速到抵抗适应性阻力而预先选择速度的过程。不论实验者使用多大的力量，其实验的速度都不会超过预先选定的速度。在受试者试图超过预定速度产生扭转力矩的过程中，阻力矩的改变与在活动范围内所产生的任意点的力矩恰好与肌肉扭转力矩一致，因此，等动测试不易导致肌肉的损伤，肌肉力量的测量结果通常用数据或图解的方式来表示。

应用等动力学的原理，20 世纪 60 年代初诞生了等动测试方法。该方法起源于美国，之后相继在德国、英国、瑞典、日本和苏联等国家广泛应用。最初的应用是对肢体运动能力的康复及损伤程度的评价。经过 50 多年的临床研究证明：等动测试具有准确、客观、可重复和安全等优点，近年来逐渐被教练员和运动员所接受，应用于体育运动中对运动员的肌肉力量的评定和专项力量的训练中，并取得了令人满意的效果。目前，世界上最常用的等动测试设备为美国产的 CYBEX6000 和 BLODEX 及德国的 Isomed2000（图 7-1-1）等速测试训练系统。

图 7-1-1 Isomed2000 等速测试训练系统

下面以 Isomed2000 为例简要介绍等动测试系统的构成及功能。

二、Isomed2000 系统的构成

目前 Isomed2000 是世界上较先进的等动测试系统，该套设备系统结构完善、功能比较齐全，但设备系统庞大、笨重。目前的等动测试系统均主要由三个部分构成：机械系统、计算机系统及若干个固定环节的零部件。

（一）机械系统

机械系统中的动力系统——动力头（图 7-1-2），是整套设备的核心，是系统的施力装置。在具体实验中根据不同环节的不同测试要求选择不同的机械系统，使其和动力系统相连，达到动力传输的目的。

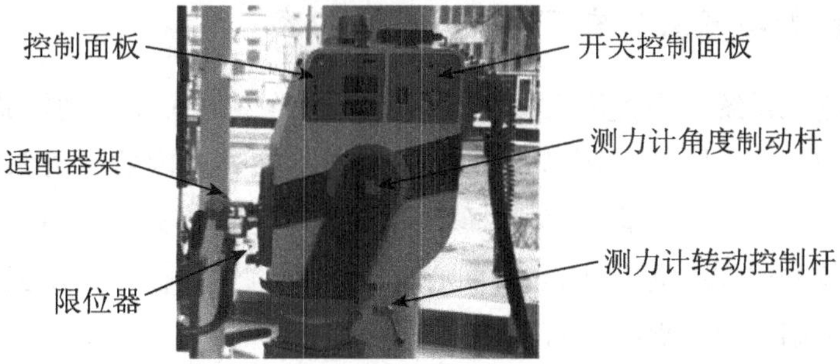

图 7-1-2 Isomed2000 动力头部分

（二）计算机系统

计算机系统包括有关计算机的硬件设备和专用的等动测试软件程序。通过计算机系统调整和控制动力头的位置，可以使受试者的测试姿势处于实验要求的标准位置并尽可能使受试者感觉舒适。在上述几款等动测试系统中均有功能完善的实验调控和数据处理软件。实验结果的相应数据和图表由实验报告给出。

（三）附件

一套完整组合的等动测试系统除机械系统和计算机系统外，还包括固定各环节的零部件：肘/肩连接器、腕/肩连接器、踝连接器、脚踏板、长调节器、短调节器、肘固定衬垫、大腿骨衬垫等（图 7-1-3）。在进行不同环节的测试时，根据实验说明选择不同的零部件，以达到对受试者进行固定的目的。

图 7-1-3　Isomed2000 等动测试系统附件

三、等动测试系统的实验内容及指标评价体系

（一）等动测试系统可完成的实验内容

等动测试系统中设置了人体几大环节不同类型的人体运动模式，可完成人体的肩、肘、腕、髋、膝、踝几大环节的屈伸、旋内、旋外、内收、外展及腰背的屈伸运动，根据不同的实验要求我们可以选择不同的人体运动模式，从而选择不同的实验类型，比如膝关节的屈伸有向心/向心、向心/离心、离心/离心等，在实验结束后我们可根据需要把测试结果永久保存或打印出来。

（二）等动测试系统的指标评价体系

在一次实验后，等动测试系统可以根据不同需要产生不同类型的实验报告，我们可以根据不同的实验和对实验结果的不同要求选择不同的报告输出打印。不同的等动测试系统一个完整的实验报告包含如下主要信息：操作者姓名、实验日期、受试者姓名、受试者体重、实验编码、肌肉收缩类型、实验代号、每组实验的速度、组间休息时间。

1. 一个完整的实验报告产生的肌肉力学指标

①最大屈伸扭转力矩峰值及其峰值出现的角度；
②最大屈伸扭转力矩峰值占体重的百分比；
③其他两个标准角度下的扭转力矩值；
④由动作启动到达到预定速度时的加速时间；
⑤一次实验中的肌肉做功总和和体重的百分比；
⑥肌肉平均功率占体重的百分比；
⑦运动的前 1/8 s 内消耗的能量；
⑧50%疲劳工作量及可重复运动的次数；
⑨50%疲劳工作时间；
⑩肌肉恢复工作的能力；
⑪各种预定速度下的肌肉工作力量-位移曲线；
⑫最大屈伸力矩的比值；
⑬环节的工作范围；
⑭平均标准误差。

2. 等动测力系统在肌肉力量评定中的应用

等动测力系统的施力系统与人体主动力矩有高度的一致性，保证了在测试中等动阻力矩刚好与受试者输出的扭转力矩一致，受试者的实验环节超负荷的危险性被降到了最低，由于疼痛和虚弱引起的力量降低可直接从阻力矩上反映并被记录下来，因此等动测力系统在肌肉的康复和损伤的诊断上被临床医生广泛应用。临床医生可根据在整个活动范围内肌力的变化确定哪里存在缺陷，目前已经发表的近千篇文章的研究结果证明了等动测力系统可提供客观、准确的测量手段和康复效果。近年来，随着测试设备的引进，等动测试在康复领域被广泛应用，而且逐渐被教练员和运动员所接受。等动测力系统的施力系统及其软件的完善功能和环节实验的灵活设定方式（实验环节包括关于肩部、肘部、腕部、髋部、膝部、踝部和腰背的实验），也决定了它在运动员肌肉力量评定和损伤康复上的重要作用。

根据其测试的指标，等动测力系统对运动员的肌肉性能评定可做如下几方面的工作。

（1）对同一项目不同水平运动员的肌肉工作性能的评定

对同一项目不同水平运动员来说，其主要拮抗工作肌肉群是一定的，通过对某一项目各种水平运动员的主要拮抗工作肌群的工作性能的测试，我们可以得到该项目的不同等级水平的运动员的主要拮抗肌群在不同屈伸的角度下的屈伸力量特性曲线及各种肌肉力学参数。通过对曲线的分析，找到一般运动员和优秀运动员的差距，可以使运动员日常训练的安排更具有针对性，达到提高训练效果的目的。

（2）不同项目运动员同一组肌群力量差异的评价对比

随着测量范围的不断扩大和测量对象的增多，我们积累了大量的不同项目的运动员的测试图像、数据材料。在测试条件严格控制一致的条件下，我们可以就某一环节、某一肌群，在同等测试条件下把不同项目运动员的肌肉工作特点进行比较分析，这样我们就可以得到不同项目运动员的同一环节或同一肌群的不同工作特点，了解其肌肉发力特征、做功、能量代谢等情况，为运动员的选材和辅助运动训练的科学安排提供科学论证。

（3）帮助运动员更好地掌握运动技术

科学研究表明，有些项目的运动员的技术动作完成得不好或存在某些错误，主要是局部环节肌肉力量差或某组拮抗肌群力量不平衡导致的技术变形，因此，我们可以通过等动测试对测试的结果进行研究分析，并与同类项目的优秀运动员的同一指标进行比较，从中发现不足，并针对其不足采取有针对性的训练手段，使运动员的局部力量得到发展、拮抗肌群的肌力配布更加合理，尽快准确地掌握技术动作。

（4）运动性损伤的检测和预防

等动测力系统在日常大量测试的基础上积累了大量的不同性别、年龄段的人群的各个环节的肌肉力量-位移曲线，这些曲线的变化趋势反映了环节在整个运动区间内肌肉的工作情况，如果肌肉的工作曲线发生异常变化，说明该工作肌群已发生病变，我们还可以根据肌肉工作曲线的不同变化，确定病变的部位和病变程度，使教练员能及的采取措施，控制病变的发展并进行及时的康复治疗。

（5）对运动员肌肉耐力及肌肉恢复能力的评定

肌肉耐力的测定主要是指肌肉运动速度在180~240m·s^{-1}进行的多次重复测试，测试的次数通常选择30次，在测满预定的次数后，通过对运动员的肌肉力量下降的百分比来评价运动员的肌肉的耐力。一般以50%的肌肉力量下降水平来判断运动员的肌肉的耐力水平。在进行肌肉的耐力实验后间隔一定的时间重复做相同的实验，通过各项指标的变化，来评价运动员的肌力和体力的恢复情况。

此外该系统还可以完成肌肉的等长、等张测试，并可通过选择模式进行向心收缩、离心收缩的组合测试，这些方法在肌肉力量的康复方面已被广泛应用。

四、Isomed2000 仪器的测试操作方法

（一）创建新的患者管理卡

单击工具栏中“create card”按钮，实现患者管理器中添加新患者卡片，此时一个空的患者卡片出现，如图 7-1-4 所示。

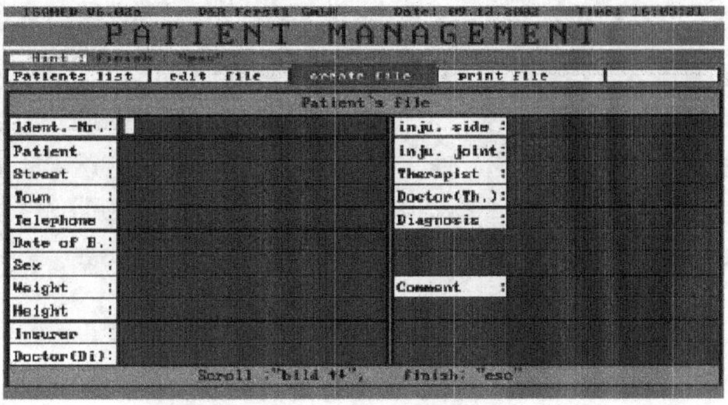

图 7-1-4　新建受试者信息

（二）编辑和启动测试/训练计划

测试/训练肌肉收缩模式有两种：等速向心收缩和向心收缩（图 7-1-5）。

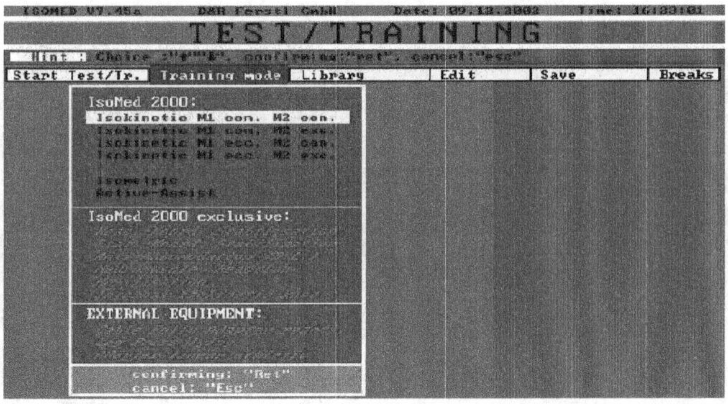

图 7-1-5　测试/训练肌肉收缩模式选取

当在菜单栏中选择了某种训练模式时，相应的训练模式的内容将显示在屏幕上。

使用上下箭头键，可以移动训练模式的选项，当确定所要选择的训练模式时，使用“ret”选定。此时，选定的训练模式的各项参数的默认值会出现在屏幕上，用户可

以对训练模式中的某些参数进行修改、编辑。

（三）保存测试/训练计划

为了能够重复使用编辑好的测试/训练计划，用户要将编辑好的测试/训练计划添加到计划库中，保存。执行保存操作，选择菜单栏中的“save”功能时，将会有三方面内容的下拉菜单出现，如图 7-1-6 所示。

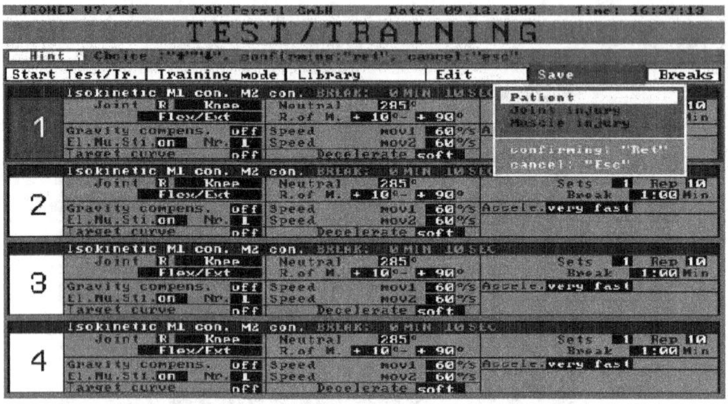

图 7-1-6　测试/训练计划的设定和保存

选定某个选项时，将会出现许多子选项窗口，在最后一个窗口，用户必须首先给出要保存的名称，方能执行保存操作。

（四）患者与 Isomed 2000 训练系统的调整

当进行训练时，患者调整窗（Patient Adaptation）出现一个窗口，如图 7-1-7 所示。

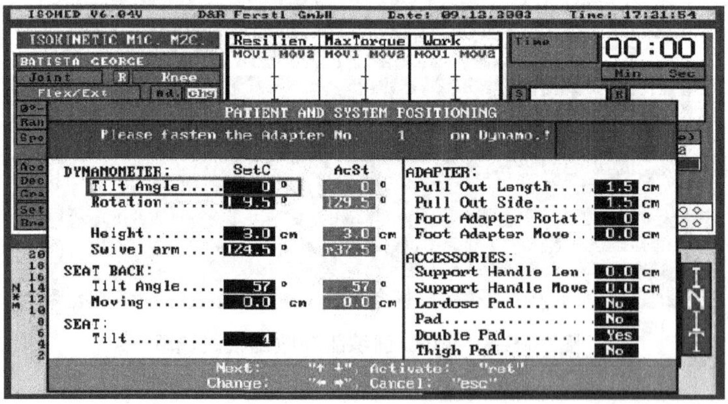

图 7-1-7　关节参考范围和运动范围的设定

预置位置：当前受测患者的预置位置及训练的内容（如膝伸展/屈曲）自动显示。

如果所选择的训练计划，当前患者第一次接受测试/训练，系统将为当前的训练计划提供参考数据值。

实际位置（位置传感器实测位置）：实际位置窗位于预置位置窗的右侧，用户可以使用显示的预置位置，或根据当前患者的实际需要改变参数值。

（五）运动范围的设置及限位器的设置（保护）

在下列患者调整窗中，如图 7-1-8 所示，绿色的扇形部分以及两侧的显示盒包括如下参数：

①运动范围；

②解剖零位置；

③运动方向；

④机械限位。

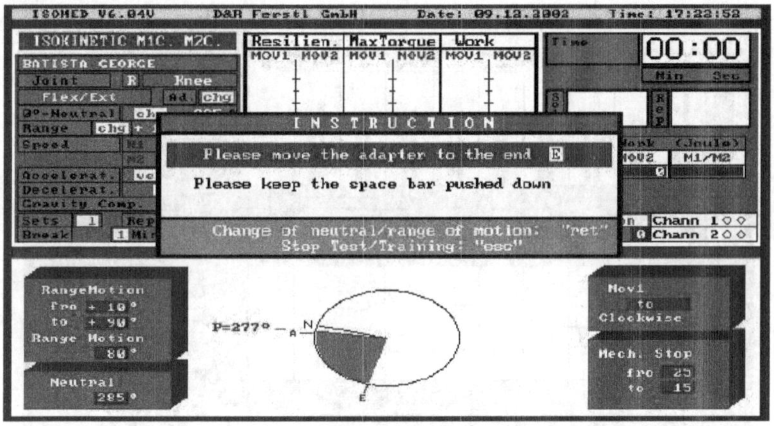

图 7-1-8 关节运动范围的测试

相关的说明在“instruction”（说明窗）。移动转动臂可使用两种方法：按“space”（空格键）或按测力计侧面的按钮。将转动臂调整到患者运动范围的终点，红色半径指示转动臂的位置，移动转动臂到范围终点时，提示窗口出现，提示用户设置机械限位，显示限位的参数。

（六）结果窗口说明

进行训练/测试过程中如图 7-1-9 所示，其中红线表示屈肌群在运动范围内的肌肉力学特征，蓝线表示伸肌群在运动范围内的肌肉力学特征。

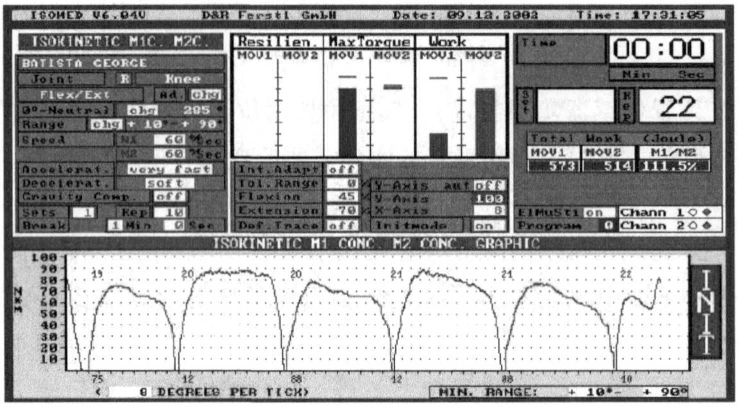

图 7-1-9　屈/伸肌肉力量曲线

开始执行测试/训练计划记录数据，如图 7-1-10 所示，用户可以看到每个测试环节的屈肌群和伸肌群肌肉力量数据。

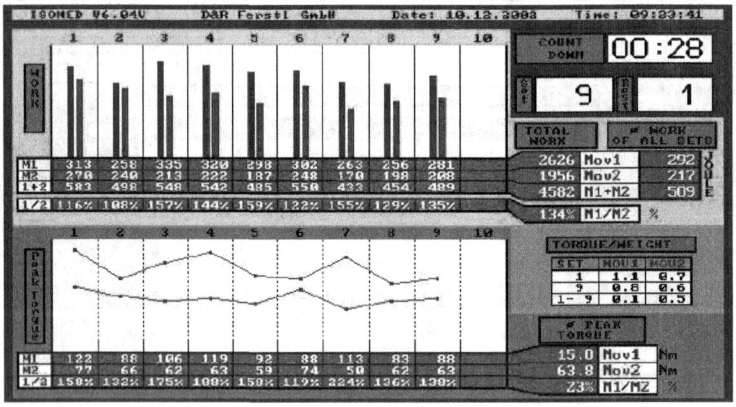

图 7-1-10　各动作的做功和功率结果

屏幕显示的解释：

屏幕上部的条状图，显示了已经完成的训练自计划的做功情况。

屏幕下部的曲线图，表示每一训练子计划的最大扭矩。

屏幕的右上角显示暂停倒计时、当前执行的子计划编号等参数。

（七）数据和结果跟踪分析

一次训练/测试数据和结果如图 7-1-11 所示。

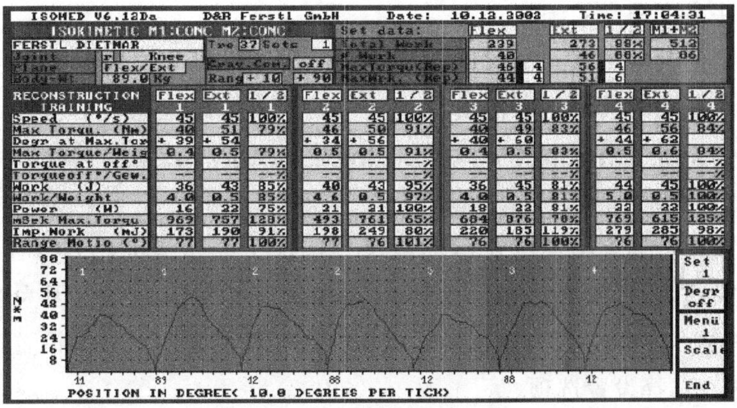

图 7-1-11 各指标的肌力结果

显示测试/训练计划的第一个子计划。

窗口左上部：显示训练设定的输出。

窗口右上部：显示测试/训练子计划的平均及最大输出值。

窗口中部：显示每个重复进行的测试/训练子计划的数据。

窗口下部：显示每个重复进行的测试/训练子计划的曲线。

五、等速肌力实验及案例分析

（一）Isomed 2000 实验步骤

开机启动，使动力头经过零点。

创建新的被测试人员管理卡。

编辑测试/训练计划。调用一个或更多的训练模式（如等速向心收缩/向心收缩）：当用户在菜单栏中选择了某种训练模式时，相应的训练模式的内容将显示在屏幕上。此时，选定的训练模式的各项参数的默认值出现在屏幕上，用户需要对训练模式中的某些参数进行修改、编辑。编辑需要测试/训练的关节、运动模式、运动速度、运动范围、运动次数和组数以及不同组数之间的时间间隔等。

保存测试/训练计划（保存到计划库中）。

执行测试/训练计划。手动模式（manual process）：指整个测试/训练计划中的每一个子计划的执行顺序由医师控制完成。此时设备应处于“initialization”模式，在此模式下，训练参数可以改变，被测试者的测量数据可以保存，医师可通过使用“initialization”模式开关，进行手动操作。自动模式（automatical process）：指整个测试/训练计划中的每一个子计划的执行顺序由计算机（系统）控制完成。

被测试人员与 Isomed2000 测试系统的调整，包括人体位置、关节运动轴、座椅高度角度、动力头高度角度的调整。

设置机械限位及被测试人员保护。机械限位值可根据限位提示窗提供的参数来设定，机械限位对训练的被测试者的安全十分重要。机械限位保护措施，是出于对被测试者安全而设计，机械限位设置后，可以引导被测试者将转动臂移动到运动范围的起始点。

原始运动模式。如果用户设置运动范围，选择了原始运动模式，在此种模式下，可以选择手动模式进行测试/训练，也可以修改所有的参数设置，因为在 initialization（原始）运动模式的记录中没有测试的数据。如按照使用说明更好的设置运动范围，使用上/下箭头键，选择设置选项。

开始测试/训练，测试之间首先允许被测试人员进行 2~3 次的运动熟悉过程，显示不同子计划数据，显示平均值，显示最大值之间的关系，打印当前测试/训练子计划，调整曲线显示比例。

显示数据图表，显示指定的训练子计划数据，显示整个测试/训练计划数据，打印图形报告，调整图表的显示比例。

数据比较，包括同一被测人员相同关节的左右侧比较、不同速度的比较和两个被测人员的相同关节相同速度下的比较等。显示平均值，打印比较结果，调整显示比例，比较各段重复数据，退出比较窗口。

（二）膝关节等速测试实验案例

膝关节为人体结构最复杂、最容易受伤的关节，在 Isomed2000 等速测试中，膝关节为测试最多的关节，因此针对膝关节的实验和标准积累了大量的数据，获得准确的关节运动轴是测试中至关重要的一个技术环节，我们不仅可以获得受试者可靠的实验数据，而且可使受试者获得最大的运动范围和舒适的屈伸运动。另外，固定带过紧将阻碍力量输出和关节屈伸，实验速度较高时，肢体的惯性将克服皮肤、关节和筋膜的阻力而产生过伸现象。

我们在实验前必须对髌骨的损伤作出诊断，才能对膝关节的屈伸方式作出选择，慢速规定为每秒 60°，如果髌骨功能失调，此速度可能太慢，整个运动范围的实验速度每秒 90°~120°也许更合适。另外，限制运动对一些有运动缺陷的受试者非常重要，可以保护他们不受损伤。

国家自由式滑雪空中技巧女子运动员徐梦桃曾进行膝关节（图 7-1-12）、髋关节（图 7-1-13）的等速肌力测试。该运动员右膝关节因受伤在康复阶段想通过测试检测左右侧膝关节肌力是否平衡，图 7-1-14 为该运动员在 60°等速肌力测试下的结果。

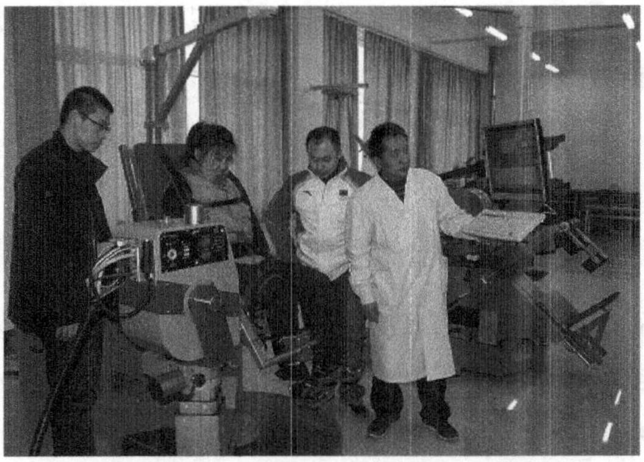

图 7-1-12　膝关节屈/伸运动测试

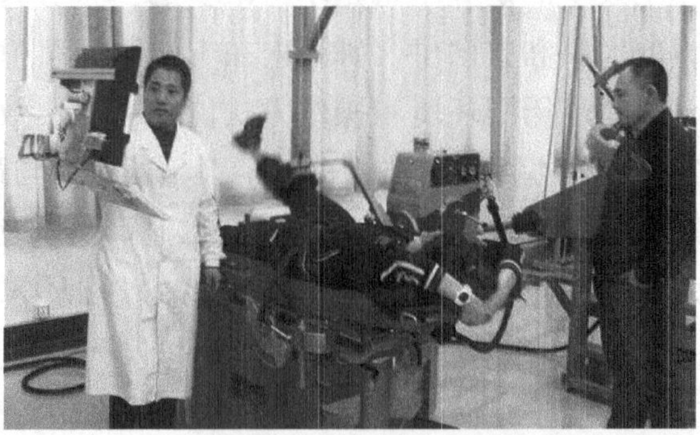

图 7-1-13　髋关节屈/伸运动测试

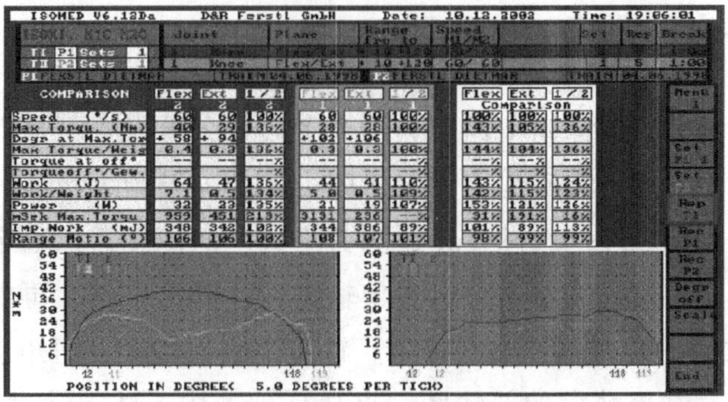

图 7-1-14　不同测试速度下快速和慢速肌力特征结果

结果图中蓝线代表左侧膝关节伸肌群，青绿线代表右侧膝关节屈肌群；红色代表左侧膝关节屈肌群，橙色代表右侧膝关节屈肌群。可以看出，该运动员左侧膝关节伸肌群肌力均大于屈肌群；在左右侧伸肌群的比较中可发现，右侧伸肌群明显低于左侧，且在 30°～40°时出现肌力显著性下降，说明右侧膝关节伸肌群在该角度下明显肌力不足。屈肌群左右侧比较可以看出，左侧肌力大于右侧，但整体肌力分别趋势相同，两者肌力差距不十分明显。通过结果图可以为该运动员进行膝关节肌力评定，首先要加强右侧特别是30°~40°的肌力训练，来达到康复训练的目的；其次要加强右侧屈肌群在整个运动员范围内的肌力训练。

第二节　足底压力测试系统

人体运动过程中所受外力，除了重力作用之外，最常见的是蹬伸所引起的支撑反作用力，又称地面反作用力，是绝大多数动作的动力来源。因此了解人与地面、人与器械之间的作用力和反作用力十分重要，利用先进仪器实时采集人体运动过程中所受到的地面反作用力进行动力学分析成为运动生物力学研究的关键所在。这些作用力和反作用力的测量在人体工效学的研究中也是不可缺少的，为仿真计算提供基础数据。我们可以从这些作用力的大小和方向中，研究人在工作和运动中为什么会产生疲劳？为什么会出现损伤？怎样改进周围环境和操作方法能提高工作效率、提高运动成绩？国内外工效学和运动生物力学的科技工作者进行了大量的测试与研究工作，获得了很多测量数据，他们采集和测量的方法大多采用拉力计、压力计、测力平台和足底压力测试系统等，其中测力平台可准确地测量人体多环节的力的大小、方向、作用时间及其梯度的变化，因此测力平台被更多地用于力的测量和分析研究。例如途中跑的蹬地力、跳高跳远的起跳力、投掷时双腿的蹬地力、举重的蹬地力、排球、网球、羽毛球扣球的起跳力、射击射箭的压力中心的变化等。

一、测力平台的原理、分类及特点

测力平台作为检测人体运动中约束力的重要设备，可直接测量人体施加给测力平台的力和力矩，依据作用力和反作用力定律即可确定外界约束物体对人体施加的约束反力。测力平台的工作原理是通过安装在测力平台内的传感器把各个方向的力整合为若干个通道的数据，由数据采集卡进行采集输送到计算机终端，再由测力平台软件分析系统对各通道数据进行力学计算与分析，计算出力、力矩、扭矩、力角、冲量和作用点，并绘制出各种结果数据的曲线图，直观分析人体下肢运动过程中动力学特征。为了能够精确测量人体的地面反作用力，需对测试装备的结构和传感器性能提出较高要求：首先，测量结果与被测力值及力作用在台面上的作用点无关，即不受偏心载荷的影响；其次，要保持各轴向力的独立性，即力的各分量之间不产生交叉干扰；最后，台面质量较轻，有较高的固有频率，具有较高且稳定的精度和灵敏度。

测力平台根据其传感元件的不同大致可分为两类，一类是应变式测力台，其传感元件为电阻应变片，此类测力台测静态力和准静态力效果较好；另一类是压电式测力台，其传感器为压电晶体，这类测力台测试各类动态力、冲击力效果良好。

以电阻应变片为传感器的应变式测力台，用电阻片制作的传感器形式可以是多种多样的，常用的有圆环式、双环式、圆柱式以及轮辐式，它们均属于“变形型”测力平台，因为这些传感器的变形与力大小成正比，它们是通过测传感器的变形转换成力的大小。电阻片贴在传感器变形的部位，使其与传感器变形一致，电阻片的变形通过电桥转化为电压的变化，最后与数据采集系统相连得到多维力的参量，国内以 SAFMS-T 测力平台为代表，国外以美国 AMTI 公司生产的 LG6-4 系列为代表。其特点：

①结构简单、使用方便；

②测量速度快，应变片容易粘贴；

③测量范围广，线性好。

以压电晶体为传感器的压电式测力台，每个传感器是由 3 组环状的石英压电晶体叠加在一起形成圆柱形，这 3 组压电晶体由于其分别从单晶硅上切割方向各不相同，即分别沿平行于 X，Y，Z 轴 3 个不同方向切割，所以 3 个方向的力对每一组压电晶体产生压电效应也各不相同。例如，最上方向的那个环，当受到 X 方向的作用力时，会因为压电效应在圆环的上、下表面产生电荷，而对 Y，Z 方向的力则无此效应。以此类推，中间的环和最下边的环则只分别对 Y，Z 方向的力有压电效应。由于电荷量和力的大小成正比，通过对电荷量的测定，就可以得到相应方向力的数值，该数值不仅反映弹性力，还有惯性力。这也是压电式测力平台不需要速度或加速度补偿能更精确地测试动态力的基本原理。国外瑞士生产的 Kistler 三维测力台，国内大连理工大学研制的 YDT-6461 三维测力台均为压电式晶体测力台。其特点是：

①测力范围广，可测定几克到 1000 千克的力值；

②刚性好，石英晶体的弹性系数为钢材的 1/2，在外力作用下变形很小，在测试过程中不会引起时间延迟；

③灵敏度高，压电晶体的灵敏度可达 40PC/N（1PC＝10～12 库伦；N：牛顿）；

④线性好，当对晶体片加载荷时，传感器输出的电信号与外力呈很好的线性关系；

⑤固有频率高，压电传感器的固有频率可高达 20～50 千赫兹，有利于反映测试对象的高频特性；

⑥重量较轻，体积较小，结构简单，性能稳定，实用方便。

两种类型测力平台性能比较见表 7-2-1。

表 7-2-1　两种类型测力平台性能比较

性能	应变式测力平台	压电式测力平台
固有振动频率	较低	高
向间干扰	大	小（<1%）
测力范围	较小	大

续表

性能	应变式测力平台	压电式测力平台
静态力	效果好	效果差
动态力	一般	好
冲击力	差	好
价格	低	高
产品	BERTEC、SAFMS-T、AMTI	KISTLER、YDT-6461

二、应变式测力平台

应变式测力平台是以电阻应变片为传感器设计而成的测力台，具有代表性的有美国 AMTI 三维测力系统和中国的六维力测力平台（Six Axes Force/Moment Syste-Table，SAFMS-T），如图 7-2-1 所示。SAFMS-T 六维力测力平台是由沈阳体育学院和合肥智能研究所联合开发研制的。SAFMS-T 六维力测力平台的弹性体采用钢质、十字架结构，用 32 片箔式应变片组成 8 组应变桥路，通过计算机解耦得到三维力和三维力矩信息，它能同时检测三维空间三个方向的力（F_x，F_y和 F_z）和三个方向的力矩（M_x，M_y和 M_z），能够实时采集和记录运动员足部定点发力过程有关的全部力的信息（表 7-2-2），并配备功能强大的数据分析软件，可广泛应用于跳高、跳远、跑步、跳水等项目的运动员训练中，特别是 SAFMS-T 多维力测力平台采用便携式整体结构，配置大屏幕液晶显示屏，交/直两用电源，适合在室外的运动场上运动员的实际训练中使用。

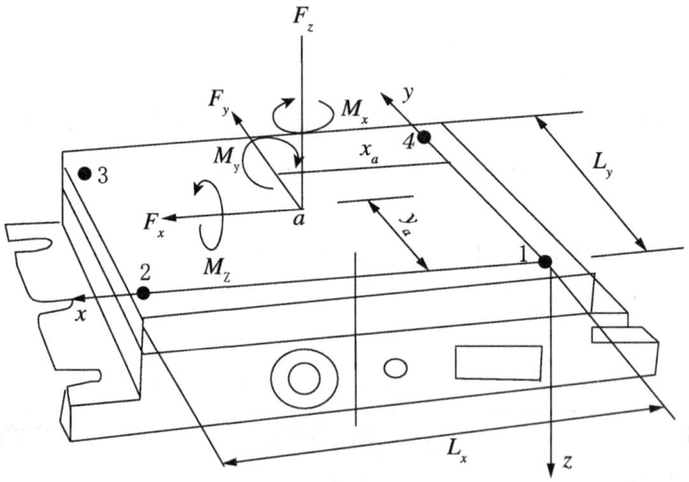

图 7-2-1　六维力测力平台示意图

表 7-2-2 SAFMS-T 六维力测力平台参数

参数	注解
$F(t)$ $M(t)$	某一时刻的三维力/力矩或某一时间段力冲量/力矩冲量
$X(t)$ $Y(t)$	某一时间段的压力中心坐标或变化轨迹
F_x F_z	x 和 z 方向二维合力值或矢量图
F_x F_y	x 和 y 方向二维合力值或矢量图
$F_{xy}F_{xyz}$	三维力合力在 xy 平面的投影力值或矢量图
$F_{yz}F_{xyz}$	三维力合力在 yz 平面的投影力值或矢量图
$F_{xz}F_{xyz}$	三维力合力在 xz 平面的投影力值或矢量图

(一) SAFMS-T 测力平台的系统构成

SAFMS-T 测力平台全部设备包括一个平台和一个便携式手提箱，按其功能划分，测力平台主要由以下四部分组成：平台部分、数据采集系统、综合处理系统、专用电源。

1. 平台部分

平台部分主要由踏跳板、覆盖板、弹性体、外壳和支座组成。其中，踏跳板是一块铝质平板，覆盖板可根据用户的需要选择不同的材质，弹性体是一个钢质的，外部尺寸为 400×400× 20 的正方形平台，外壳和支座均为钢板构成。

2. 数据采集系统

数据采集系统以 8097 单片机为核心，包括可编程的信号放大器，采样保持器，模数转换，数据暂存以及数据/命令通信等功能部件。

3. 综合处理系统

综合处理系统由一台笔记本电脑和测试平台应用软件包两部分组成，笔记本电脑通过串行接口和数据采集系统进行数据/命令通信，通过液晶显示器完成数据显示，通过硬盘和软盘完成数据存储。

4. 专用电源

专用电源部分采用一级蓄电池作为主电源，当蓄电池电压低于极限值时，有灯光报警。交流电源作为辅助电源，在工作的情况下，可提供多组直流稳压电源输出，为蓄电池充电，即使系统不工作，但只要交流电源存在，蓄电池就被充电。

（二）SAFMS-T 测力平台的功能

SAFMS-T 六维力测力平台的软件功能包括：系统设置、数据采集、数据/图形显示、图形分析、数据/图形打印、数据/图形文件存贮、时钟等。常用的功能有：

1. 系统设置

量程选择：系统有四个量程可供选择，用户可通过 F_Z 方向的四种量程（0. 3T，0. 5T，0. 8T，1. 2 T）任意选择，缺省时为 1. 2T。

串口/串口传输波特率选择：指数据采集系统（8097 单片机系统）和综合处理系统（计算机）之间的通信接口，串口选择是指串口连接到计算机的串口 1 或串口 2，波特率选择从 600~19200，共 8 种，缺省位为串口 1/19200。

打印机口/打印机类型选择：选择与计算机连接的打印机接口和类型，可选择的打印机有 EPSON 9 针打印机、EPSON 24 针打印机和 BRAZE 1724 打印机等。缺省值为打印机口 1/EPSON LQ1600K 打印机。

采集数据间隔设置：是指采集二组数据之间的时间间隔，SAFMS-T 系统采集一组数据的最短时间为 1ms，定时采集时，一共可采集 560fa 数据，在采集间隔为 1 时，采集时间为 0. 568；如果选择间隔为 2，则采集时间为 1. 128，缺省值为 1。

数据采集阈值设置：在定时采集状态下，测力平台 8 路桥路中任意一路输出 A/D 转换值达到阈值，系统即开始进行数据采集，缺省值为 8。

图形坐标比例选择：用户可以根据需要改变图形坐标的比例，可放大或可缩小，缺省值为 1。

2. 数据采集

系统清零：是将平台清零时刻的状态作为零状态，以后测试的结果都是相对于零状态的结果，所以用户在每次进行测试前，都应该首先进行系统清零，避免传感器因时漂和温漂影响测试的结果。

数据单次采集和显示：该项功能使用户能够得到在采集瞬间的测得值，力的单位是 N，力矩的单位是 N · m。

数据连续采集和显示：该项功能使用户可以连续进行数据采集，直接观看测试数据的变化，数据的输出格式同单次采集。要退出连续采集状态，可单击 Esc 功能键或鼠标右键。

数据定时采集和图形曲线显示：该项功能可使用户在采集系统的输出达到用户规定的阈值后，连续采集 560 组数据，采集数据的时间长短取决于用户确定的采样间隔，以 0. 56s 为采样间隔，图形曲线通过 F_X，M_X/t，F_Y，M_Y/t，F_Z，M_Z/t 三个坐标显示，红线代表力变化轨迹；绿线代表力矩变化轨迹。

3. 图形分析

三维力/力矩显示：该项功能可显示图形曲线上任意时刻的三维力/力矩数值。

三维冲力/冲力矩显示：该项功能可显示图形曲线上任意时间段的三维冲力/冲力矩数值。

二维合力/合力矩显示：该项功能可显示图形曲线上任意时间段内，任意二维力/力矩的合力/合力矩在相应平面内投影的关系曲线。

三维合力/合力矩显示：该项功能可显示在图形曲线上任意时间段内，三维合力/合力矩在任意二维平面上投影的关系曲线。

压力中心变化轨迹显示：该项功能可使用户得到图形曲线上的任意时间段内压力中心在平面坐标上的变化轨迹曲线。

4. 数据/图形打印

该项功能可使用户将上述的图形分析数据或图形分析曲线打印出来。

5. 数据/图形文件存贮

该项功能可使用户将所需要的图形分析数据和图形分析曲线分别形成文件存盘，需要时可直接将存盘的文件打开。建议用户在存入文件时，文件名的后缀用 . dat。

（三）SAFMS-T 测力平台的实验操作

实验前要根据测量目的，确定测力台的安装位置并做好测量设计及力台标定。

1. 测力台的安装位置

测力平台通常安装在实验室、训练现场或比赛现场。第一是实验室测试，测力台安装在实验室常用于测量人体的基本动作，如步态、原地纵跳和模拟各种运动项目的起跳扣球动作，从测力台上起跳做羽毛球的前场和后场击球动作等；第二是训练场馆测试，测力台安装在场馆内，常用来测量途中跑、短跑起跑、跳高与跳远的起跳、举重蹬地等；第三是比赛现场测试，测力台安装在比赛现场进行测试，前提是比赛规则允许、不影响运动员动作，并征得场地管理人员和裁判委员会同意的情况下才能进行。

2. 测量设计

测试前要做好测量设计，测量设计应根据测量目的、任务及仪器器材、场地等条件进行，必须科学、周密、可行。首先，要清楚测量目的与任务，根据目的详细列出所需要的测量参数。观察了解清楚测试场地的情况，测量动作的活动范围、仪器安放的位置、场地上其他人员的活动情况等。其次，根据上述情况和测量要求完成测量设计，包括测量人员分工，测试安排，对受试者讲解动作要求、测量次数、组数、采样时间等。测量过程应包括所有测量内容，直至得到所需的全部参数。最后，对测试结果进行分析，找出存在的问题，对设计方案进行修改完善，为了解决问题，也可进行第二次或第三次实验。

（四）实验案例研究

1. 人体重心实验

人体重心实验的基本原理是通过测力平台测得的压力中心来推算人体重心。当被测物体平衡时，根据二力平衡原理物体重心和压力中心共线，所以人体平衡时压力中心位置是人体重心在测力平台上的投影位置。当人体进行缓慢运动时，这时可以认为人体处于一种动态平衡状态，人体质心具有很小的加速度，仍可认为重心和压力中心共线，因此测力平台能测得人体缓慢运动中的重心变化。过程如下：

安装测力平台与数据采集系统，将测力平台数据输出电缆 26 芯插头插入数据采集箱左下角的 26 芯插座，插紧并紧固螺钉；把数据采集箱左上角的串口数据交换接口插座与标有 SAFMS 的串口电缆插头接通插紧并紧固螺钉，该电缆线另一端插头与笔记本电脑的 232 串口插座插紧并紧固螺钉；接通笔记本电脑的电源，把鼠标插头与笔记本电脑鼠标插座插紧；把数据采集箱的 220 伏电源插座与电源线插头插紧，另一端与市电 220 伏电源插座接通；用一单键电源按钮开关接通数据采集箱左中部的外触发器的两极。

打开笔记本电脑，电脑启动并自检后，输入 CD SAFMS，回车。进入 SAFMS 工作目录，输入 SPORT，回车，进入测量系统，屏幕显示系统界面图案和系统控制图标，点击采样间隔和量程设置，进入工作状态。

系统清零，测力平台软件系统启动后，用鼠标点击系统设置图标，按步骤完成系统设置后，把供人体测量的平板放在测力平台上，用鼠标点击系统清零图标，进行系统清零，这样在测力系统中就清除了平板的重量。

设置外触发模式，用鼠标点击外触发测量，外触发测量只有外触发给触发信号，数据采集系统才开始采集测量数据，这样有指挥被测人员调整姿态的机会，操作者指示被测人按预定姿态躺在板上，并指挥被测人员调整姿势平衡后，点击外触发测量按钮进行测量，测量完成。

图形数据存盘，点击数据存盘图标，显示出现图形存盘和文件输出菜单，选图形存盘，用鼠标点击，出现文件名表单，给文件起名并打出文件名后，回车，把测量数据曲线图形存盘。

数据分析，点击分析按钮图标，出现下拉菜单，选择压力中心选项后，点击鼠标右键，按下鼠标左键拖动地址指针到图尾放开鼠标左键，点击鼠标右键，屏幕显示平台表面压力中心坐标变化曲线。压力中心曲线在一点附近变动。分别取 X、Y 算数平均值即人体重心坐标。

数据输出打印，如果要打印压力中心变化曲线图形，则用鼠标左键点击打印机图标，出现打印图形和数据打印选项表单，选择图形打印，即可打印压力中心曲线图形。如果要打印压力中心坐标，则点击打印机图标，点击选项单数据打印，出命令输入框，键入命令 PRN，回车，即可打印压力中心曲线坐标。

结果分析，通过测不同人体姿态的人体重心坐标，可以看出人体重心位置是随人体姿态变化而变化。在动作的规范控制下，可根据实验数据具体分析人体躯干、大腿及上臂的移动对人体重心的影响幅度，由于人体姿态变化导致人体质量分布空间发生变化，因而人体重心的空间位置也是随姿态变化而变化的。最后，按实验要求写出实验报告。

2. 用测力平台测量人体运动过程中地面给人体的约束反力

本实验将以起跑和纵跳为例，测量地面给人体的约束反力。跑跳动作的动力主要来自下肢的蹬伸力及上肢的摆动，这两种力作用于地面，地面对人体产生等大、反向、作用在一条直线上的反作用力，推动人体向前上方运动。本实验目的是通过测力实验，使大家认识约束反力和人体自身肌肉力特点、和人体自身发力的姿态有关。

在测试跑道上按起跑姿态的足间距安装力台和起跑器，且使两测力平台中心位于足落点处且测力平台方位相同；被测对象在起跑器上做好蹲踞式起跑准备，听发令枪响起跑；计算机操作员点清零，点外触发同时发令进行测试。测力完成后，点存盘图标，图形存盘，输入文件名，回车，完成存盘。

纵跳实验是指人体在测力平台上双手叉腰，躯干挺直，尽可能不动，由下肢完成快速、连贯的下蹲、起跳动作。下蹲跳测试是一种常用的测量下肢力的方法。在下肢肌群起动力量、爆发力量、最大力量的测量与评价以及弹性势能的储备与利用的研究中，下蹲跳的研究越来越重要。测试过程如下：

①受试者清楚动作要领，并在上测力平台前试跳几次；

②操作人员在软件中设置采样频率、时间等项目；

③操作人员向受试者下达开始口令，受试者上测力平台后，把测力平台系统清零；

④在开始测试后向受试者发出“跳”的口令，实验开始；

⑤结束后存盘，受试者离开测力平台。

测力数据分析操作：

点开分析图标，显示出分析功能菜单，各子菜单含义如下：

力值分析：可显示各时刻的六维力；

冲量分析：可分析任意时段六维力冲量；

压力中心：可给出任意时段的压力中心曲线；

F_X F_Y力图：给出 X Y 向两分力的合力矢量图；

F_X F_Z力图：给出 X Z 向两分力的合力矢量图；

F_Y F_Z力图：给出 Y Z 向两分力的合力矢量图；

F_{XY}力图：给出 X Y Z 三向分力的合力在 XY 平面投影矢量图；

F_{YZ}力图：给出 X Y Z 三向分力的合力在 YZ 平面投影矢量图；

F_{XZ}力图：给出 X Y Z 三向分力的合力在 XZ 平面投影矢量图。

打印输出操作，包含图形打印和数字打印。

实验数据结果分析：结合测试数据，比较两种不同起跑方式的约束反力有何特点？比较两种不同起跑方式前脚与前脚，后脚与后脚的约束反力有何特点？比较两种不同起跑方式的约束反力冲量有何特点？两种起跑的水平速度各为多少？分析三种起跳实验，从半蹲开始无反向运动不摆臂纵跳、从站立开始不摆臂纵跳、从站立开始加摆臂自由纵跳的各种参数，并比较其动力学特点。

实验数据报告要求：

起跑用力时：前脚起跑的峰值力、谷值力、时相、力的冲量；后脚起跑的峰值力、谷值力、时相、力的冲量；人体重心水平速度、垂直速度。

绘制起跳力的曲线，根据曲线确定三种动作的区别和每个曲线的动作阶段的划分，其中包括体重线、下蹲的反向运动时相、起跳力峰值、下蹲的最低点、离地瞬间、着地瞬间、腾空等内容。

三、压电式测力平台

压电式测力台是以压电晶体为传感器，其刚性好、灵敏度高、固有频率高。具有代表性的有瑞士的 Kistler 三维测力台和大连理工大学研制的 YDT-6461 三维压电晶体测力平台。

（一）Kistler 三维测力台

瑞士 Kisler 公司于 1969 年发明世界上第一个三向石英力传感器，石英晶体因其内部结构特点，受力后在其表面会产生电荷。根据不同切形，石英有三种压电效应。纵向效应是在受压的石英表面产生电荷，剪切效应是在受剪切力的石英表面上产生电荷，横向效应是在与受压面垂直的石英表面上产生电荷。石英晶体力传感器属于“无位移”型力传感器，刚性好是其关键。

瑞士 KISTLER 公司于 1970 年发明第一个三维测力台——Kistler 三维步态测力平台（图 7-2-2）。三维测力台由四个三向力传感器组成。每个力传感器内由三个石英晶片作为敏感元件，分别感受三个方向的力 F_X，F_Y，F_Z。三向力传感器 Z 方向是利用了纵向原理，X 和 Y 方向利用了切向原理。Kistler 三维步态测力平台中的内置电荷放大器用于收集电荷并将其放大转换成电压信号，以便后端数据采集系统采集。

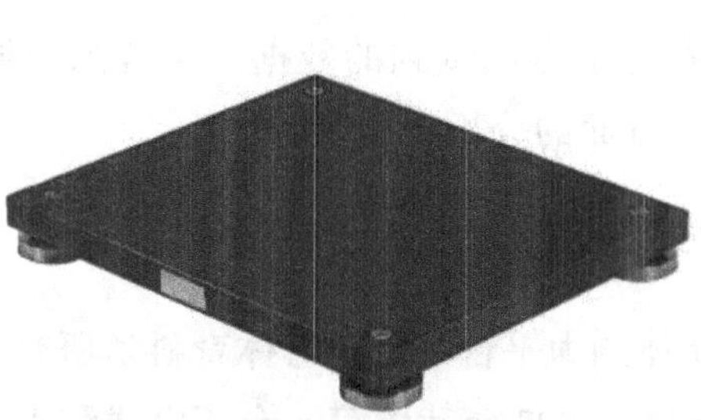

图 7-2-2 Kistler 三维步态测力平台

当外力作用在测力平台时，通过压电传感器的感应输出的电荷量与力值大小呈线性关系，经电荷放大器放大处理转化成相应的电压量，通过 A/D 采集卡把电压值转化成可识别与计算的数字量，通过标定获取精确的瞬态数值。然后由测力平台软件分析系统对通道数据进行力学计算与分析，获得力、力矩、扭矩、力角、冲量和力作用点等数据，在此基础上即可计算压力中心，见表 7-2-3。此外，平台系统还可输出各种结果数据的曲线图，可非常直观地分析人体的运动过程中各变量的变化特征，为人体运动分析提供科学依据。

表 7-2-3 瑞士 Kistler 测力平台参数

参 数	注 解
F_x	X 方向力
F_y	Y 方向力
F_z	Z 方向力
M_x	相对于 X 轴方向的力矩
M_y	相对于 Y 轴方向的力矩
$M_{x'}$	相对于测量台上表面的力矩
$M_{y'}$	相对于测量台上表面的力矩
Mz	相对于 Z 轴方向的力矩
Tz	扭矩
Ax	压力中心的 X 坐标
Ay	压力中心的 Y 坐标

Kistler 三维测力台测试系统主要应用于步态、平衡分析领域，可以得出不同步态和姿势的地面作用力、摩擦力以及压力中心等参数指标。测力范围为 0~5000 牛。

例如在步态测试中，一个完整的步态过程包括：脚后跟对测力台的冲击力；承受重力；中间状态；离开（前后向力较大、Z 向力比较小）；单只脚的 COP 轨迹分布图(可以根据力与力矩的关系计算得到)。

因此，我们可以使用测力平台测试到的数据、结合高速同步摄像机、肌力仪等设备对这一过程进行生物力学方面的分析。

（二）YDT-6461 三维压电晶体测力平台

YDT-6461 三维压电晶体测力平台由辽宁省体育科学研究所与大连理工大学体育科研所于 1981 年共同商定研制，1983 年我国第一台压电式测力平台在大连理工大学研制成功，其刚度好，有很好的频率响应和动态性能。同时，向间干扰也很小，静态和动态标定的结果表明，其主要技术性能指标均达到或接近瑞士 KISTLER 公司同类产品的水平。1987 年该成果荣获国家体委颁发的体育科技进步奖。随着数字技术发展不断更新，2005 年体育科研所针对操作系统进行升级研发。YDT-6461 三维压电晶体测力平台成为多功能的综合测力系统，由测力平台、电荷放大器、A/D 数据采集卡及分析软件组成，可实时采集人体运动时力的变化情况（图 7-2-3）。系统软件对通道数据进行力学计算与分析，包括力、力矩、扭矩、力角、冲量和力作用点等数据，并给出各种结果数据的曲线图，可非常直观地分析人体在运动过程中力的变化特征，为我国生物力学测试研究多向动态力提供了稳定可靠的测量系统。

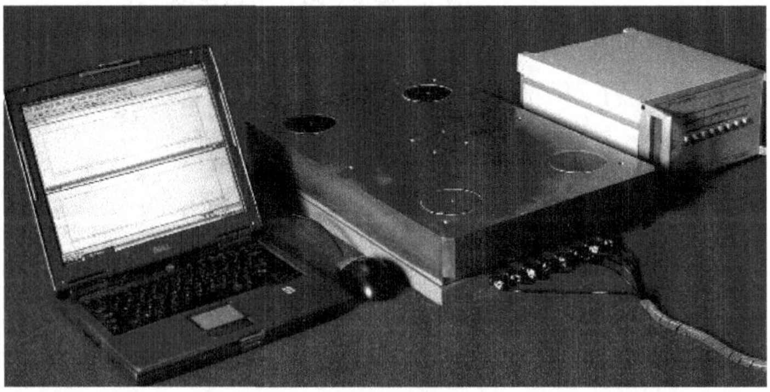

图 7-2-3　YDT-6461 三维压电晶体测力平台系统构成

压电式测力平台是由四个压电晶体三向力传感器组成的测力系统，如图 7-2-4 所示。当有一个任意力 F 作用在测力平台顶面时，每个传感器按系统三个坐标 X，Y，Z 方向分解为相应的分力，其大小为：

$$\begin{aligned} F_x &= F_{x1}+F_{x2}+F_{x3}+F_{x4} \\ F_y &= F_{y1}+F_{y2}+F_{y3}+F_{y4} \\ F_z &= F_{z1}+F_{z2}+F_{z3}+F_{z4} \end{aligned} \tag{7-2-1}$$

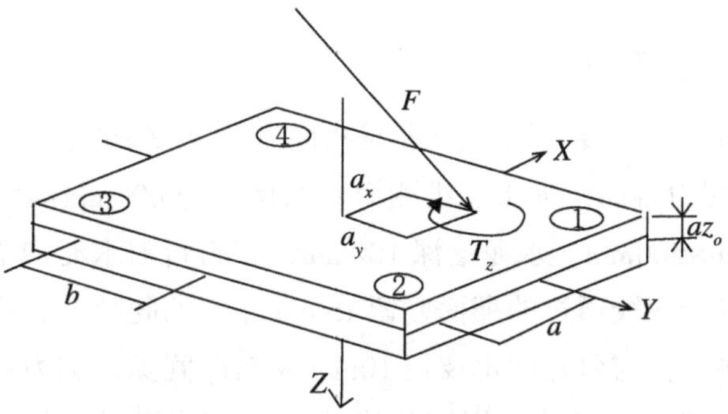

图 7-2-4　压电式测力平台原理图

而合力 $F=\sqrt{F_x^2+F_y^2+F_z^2}$，这样就能测出外力 F 和三个方向分力的大小。一般情况下，外力 F 作用线不通过坐标系统原点 O（四个力传感器的几何中心），因此要产生对坐标系统原点 O 的力矩 M，按系统坐标可分解为：

$$
\begin{aligned}
M_x &= b\cdot(Fz_1+Fz_2-Fz_3-Fz_4)\\
M_y &= a\cdot(Fz_1-Fz_2-Fz_3+Fz_4) \qquad (7\text{-}2\text{-}2)\\
M_z &= b\cdot(-Fx_1-Fx_2+Fx_3+Fx_4)+a\cdot(-Fy_1-Fy_2-Fy_3-Fy_4)
\end{aligned}
$$

其中，a、b 两个传感器中心距离分别在 X、Y 轴向上距离之半。力矩符号按右手法则确定。这时的测力系统可给出六个分量：F_x、F_y、F_z、M_x、M_y、M_z。

在实际测试中，有时需要确定单个力作用点 A 的位置（用 a_x、a_y、a_z，表示该点坐标），用对坐标原点 O 求力矩的办法可求出：

$$a_x=\frac{F_x a_z-M_y}{F_z},\quad a_y=\frac{F_y a_z+M_x}{F_z} \qquad (7\text{-}2\text{-}3)$$

通常在外力 F 作用的同时，还有转矩分量 T_z 也作用在平台表面上，这时整个系统力矩是由外加转矩 T 与力矩 M 简单地叠加，通过四个力传感器测出来的，因此转矩分量 T_z 包括在力矩分量 M_z 之中，可见方程（7-2-4）。

$$T_z=M_z-F_y a_x+F_x a_y \qquad (7\text{-}2\text{-}4)$$

得到一组六分量：F_x、F_y、F_z、a_x、a_y、T_z。

综上所述，由四个三向力传感器组成的测力系统，可对九个分量进行测试，其中 F_x、F_y、F_z 是主要的，其他分量可根据测力平台用途适当选用。

压电式测力平台所用的压电三向力传感器，实际上属于灵敏度较低的加速度计，在测量动态力时，压电力传感器所测得的不只是弹性力，还有惯性力，这就是压电式测力平台能够进行动态测试的基本原理。压电式测力平台不但能进行多分量测试，而且能达到较好的测试精度。应用实验证明，它能提供运动技术变化过程的真实力值和曲线，满足生物力学研究的需要，也能为科学选材提供有关动力学指标的参数。

（三）测力台的安装与标定

三维压电式测力台应安装在固定于水泥槽底部的水平钢板上，钢板的厚度不少于10mm，其面积大于测力台面。如果三维测力台的尺寸为600mm×400mm×100mm，则钢板面积至少为700mm×500mm。水泥槽深100mm，测力台与水泥槽壁之间要留10mm左右的间隙，测力台屏蔽导线通过的那面要留15mm左右的间隙。若两台以上的测力台安装在同一个水泥槽中，台与台之间也要留10mm左右的间隙，测力台与钢板之间用螺钉定牢。测力台面要保持水平，并与周围的实验室地面或运动场面同在一个水平面上。电荷放大器和计算机系统安装在测力台附近操作台上，并按说明书连接各个系统信号线和电源线。

测力台安装连通后，首先进行测力台的标定与校验。三维测力台在设计时已确定了其笛卡尔坐标的方向。当外力 $F=f(t)$ 作用于测力台上时，力 F 在 X、Y、Z 方向的分量 F_x、F_y、F_z 分别代表力 F 向前后、向左右和向下三个方位的分量。

测力系统的灵敏度包括力传感器的灵敏度和电荷放大器的灵敏度。力传感器的灵敏度通常是固定不变的；电荷放大器的灵敏度可以根据测试的需要调节。电荷放大器的灵敏度与力曲线的幅值成反比。在实际测试中，当某轴向的力值较小时，应把这个方向的灵敏度调高一些，以使该方向的力曲线幅值小一些，便于分辨曲线的特征和计算力值。反之，当某轴向的力值较大时，应把这个方向的灵敏度调低一些，以便使该方向的力曲线幅值小一些，控制曲线不超过记录纸的宽度，使之完整无缺。了解了上述两点，就掌握了调试放大器的基本原则。

为了对力曲线进行定量研究，需要对测力台进行标定，获得标定曲线，为力值曲线的测量、计算提供依据。一般通过静态标定获得标定曲线。标定时，分别在 X、Y、Z 向独立进行线性操作，Z 轴方向也可用标准杠铃片等重物进行标定。

标定曲线反映了在所确定的灵敏度下测力台系统对外力的响应情况。由于测试系统本身和各种偶然性因素的干扰，会使力与幅值的线性受到影响。为了排除非线性对实测的影响，便于对实测曲线度量，可用端点法做出一条线性定度曲线。该曲线是在标定曲线的基础上，把外力作为横轴，把幅值作为纵轴，把最小和最大的两个力值的坐标点连接起来。一般来说，除最小值和最大值这两个点在这条直线上外，其他点也应该在这条直线上或相距很近。若发现各点在直线上、下分散很大，有可能标定不对或有其他原因，需重新标定或进行检查。测力台开机后往往出现零点漂移现象，影响测量数据的精度和测试的正常进行。减小零点漂移的措施：一是安装测力台时，要严格按照说明书的内容逐条认真、细致地操作；二是测试前提前24小时开机、预热。

1. 预实验

试测的目的是检验测量设计的科学性、周密性和可行性，以及测量人员的技术水平、工作态度和协调配合能力，以便修改测量设计，提高测量人员的工作能力；试测的内容应包括测量的全过程，直至得到全部参数；对试测结果进行分析，找出存在的问题，提出解决办法。一次试测往往难以发现和解决全部问题，因此常常要进行第二次、第三次试测；根据试测结果，修改、完善测量设计。

2. 同步测试

在运动技术的测试中，测力台常与影像捕捉系统或摄像机同步测试，有时测力台与影像捕捉或摄像机、肌电仪三种仪器同步测试。同步方法：一种是所有仪器由计算机直接控制；另一种是由影像系统控制测力台，二者同步工作。

3. 正式测试

准备好全套仪器器材，并启动全套仪器进行试运转；向受试者讲清楚测试内容、目的、动作过程、具体做法和注意事项，然后做好全身的准备活动和专门性的下肢准备活动，以保证测试的准确性和预防运动损伤；受试者按要求在测力台上试做几次要测的动作，之后进行正式测试。

（四）人体实验研究

1. 人体行走步态分析

使用测力台测试人体行走过程中地面反作用力（GRF）通常可按垂直、前后和左右三个方向进行分析。人体行走时身体重力和惯性力全部由着地足承受，在一个摆动相即将结束以及下一个支撑相将来到时，着地足所受的垂直约束力最大，除了身体重力外还包括向下的惯性力，此时身体需要有向上的加速度，才能使另一只脚抬起作摆动。在即将进入摆动相时，踝关节向后的蹬力逐渐增大，考虑到摆动相时踝关节仅受很小的惯性力，故可认为后蹬力促使腿的摆动，而足离地后腿的摆动完全由惯性实现。由于摆动腿的关节受力很小，所以地面对足的反作用力主要用于产生身体和着地足的加速度，从而实现人体向前移动，但这些水平方向的约束力时而为正、时而为负，这表明："人体行走实际上是一连串的失去平衡和恢复平衡过程"。一条腿支撑，一条腿摆动，失去平衡后紧接着恢复平衡，如此循环往复，使得人体的大部分肌肉在步行中呈放松状态。

人体行走过程中地面反作用力在垂直方向上的分力最大，在每个步态周期转折点出现极值，足跟着地时有一极大值，随着足部逐渐放平，受力面积逐渐增大，受力减小，足部完全放平时受力最小，直至足跟离地，足趾蹬地时出现另一极大值，即在整个步态周期中，垂直方向受力曲线具有典型的对称双峰性质。正常人足-地接触力在水平、前后方向受力较小，且基本对称。

垂直力呈双峰形（图 7-2-5），即首次触地时身体 GRF 超过体重，表现为第一次高峰；在身体重心越过重力线时，体重向对侧下肢转移，直至对侧下肢首次触地并进入承重期时GRF降低到最低点；然后由于脚趾蹬离的反作用力，GRF增加，一般与承重期的应力相似；在足离地时压力降低到零，进入摆动相。在下肢承重能力降低时，可以通过减慢步行速度，以减轻关节承重，此时GRF的双峰曲线消失，表现为与体重一致的单峰波形。

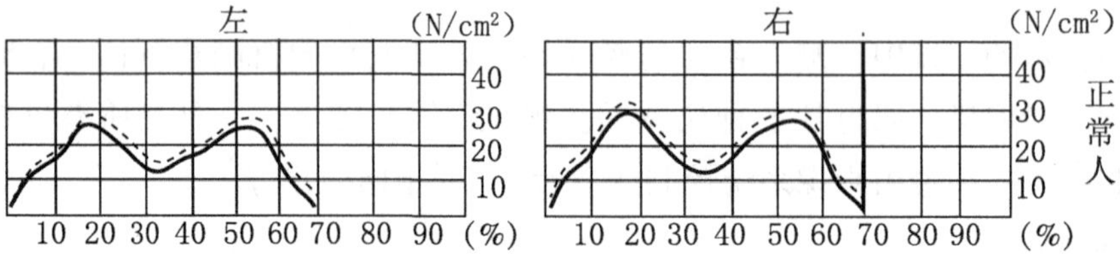

图7-2-5　整个步态周期的压强曲线

剪切力在首次触地时向前，越过重心线时剪切力向后，表现为前后反向的尖峰图形。左右、内外剪切力形态相似，但是幅度较小。

2. 短跑起跑的三维支撑反力分析

蹲踞式起跑时，人体做积极的后蹬、摆腿和摆臂动作，产生较大的蹬地力量。支撑反作用力与蹬地力量大小相等、方向相反，是运动员快速蹬离起跑器的动力。为了揭示起跑的动力结构和特征，使用压电式测力对起跑三维支撑反作用力进行测试，了解支撑反作用力的大小和方向以及各向量之间的关系，并对有关动力学特征做初步分析，以便对起跑技术中的一些问题做进一步的认识和探讨。测试方法如下：

将起跑器用预紧螺丝固定在测力平台上顶盖表面。

运动员用习惯的起跑器角度（后起跑器为75°，前起跑器为50°）起跑。

运动员做好充分的准备活动，模拟比赛条件，听发令信号枪声做迅速地起跑和疾跑。起跑和疾跑距离为20~25m。

令受试者全神贯注，每位受试者成功起跑2~3次（成功的起跑条件为：起跑迅速、起跑与疾跑衔接紧密，并当场认定为有效）。

分别测试和记录运动员后腿和前腿的三维支撑反作用力。

分析起跑时前后腿三维支撑反作用力的变化规律。

第三节　足底压力分布步态分析系统

使用测力平台能够测试支撑足的地面反作用力，却不能获得同一时刻足底各解剖区域对应压力分布特征，正是这个问题使得测力平台不能用于足细微解剖机能评定研究中。随着科学技术的发展，人们已不再满足于使用测力台测试地面反作用力的研究，而希望知道足底各区域压力的分布，细致研究跑步纵跳动作的足着地缓冲、全脚支撑、前足蹬伸、足趾离地等各个阶段的时间特点、受力特点、压力中心移动特点。由此足底压力分布测试方法应运而生，研究者开始使用电容式传感测量技术研制多个传感器的测力平台，平台大小不等，最小的有 300mm×280mm，或 360mm×190mm，最大的有 582mm×340mm。在这个范围内安装的传感器的个数也不等，有几十个到几千个。足底压力平板是标准化电容式传感测量技术，将数千个电阻应变片按一定的方向排列在做支撑面的平板上，台面受压后，应变片因拉伸或受压而引起电阻值的变化，变化所产生的微弱电信号输入动态应变仪，经放大后由计算机处理输出参数，这些参数包括各点的压力/压强、平均压力/压强、接触面积以及压力/压强中心轨迹等。可见，足底压力平板也是足底压力检测装置系统之一，研究并开发足底压力系统，分析足底压力分布，在医学评估、步态分析以及鞋革制造领域有着重要的价值。

一、footscan®平板系统

比利时的足底压力测试系统研发企业 RSscan 研制出高精密的足底压力分布测试系统——footscan®平板系统，可用于赤足或穿鞋走、跑等不同运动的测试（图 7-3-1）。

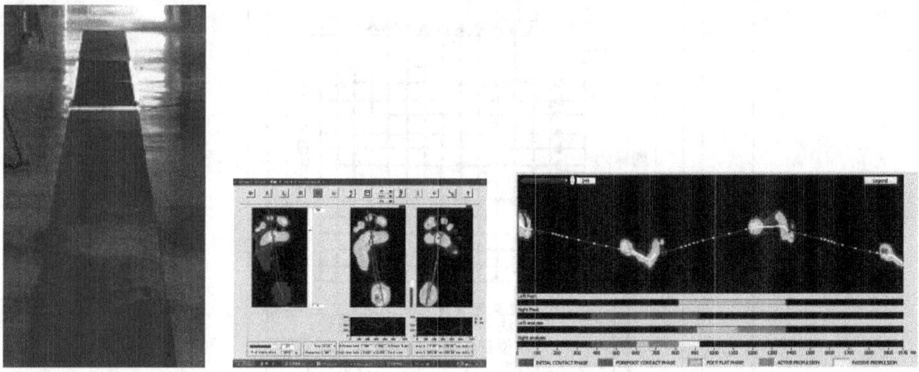

图 7-3-1　足底压力分布测试系统

其数据采样频率最高为 500Hz，可以在平地上进行测试，也可以嵌入地表进行测试，可进行静态、动态测试。footscan®平板系统可以显示足的角度图像、显示足底各区域压力压强图像，给出测试数据，用于分析评价人在最自然运动状态下，脚、鞋与地面压力、压强的关系；测试运动者静态、动态及不同运动项目、不同运动速度运动时足底压力分布。该系统应用于步态分析、平衡测试分析、临床医疗分析及损伤防治领域，并进行科学选鞋指导和 3D 个性化鞋垫的设计研究，已经成为步态实验室的必备设备。

德国 NOVEL 公司针对不同用户需求研制了 EMED 平台系列产品，该平台无论是在平整地面还是不平整的地面，都能准确测量足底所承受的动态压力分布。该系统由多达4000个传感器获取压力信号，备有不同的平台尺寸、传感器密度和选配的软硬件，其测量参数包括：压力（N）、压强（N/cm^2）、时间（s）和压力中心位置（X、Y坐标）随时间变化曲线。该系统不但可以进行静态测量，还可以进行动态数据的测量。EMED系统还可以同时外接其他测量系统（如肌电系统、影像系统等），并可提供同步脉冲启动信号。这类测力板的优点在于能测量力的三个分量，但由于面积有限，会影响人的正常步态，且只能测量一维数据，其精确度和可靠性稍逊于测力台。

二、步态分析跑台

步态分析跑台是将已标定的高质量电容式传感器平板嵌入运动跑台内，传感器平板由电容式传感器排列组成矩阵，行列分布均匀、紧密相连，为了使每个压力传感器的电容量均与它所受到的压力成正比，驱动器逻辑生成的一系列的排列信号等同于解码器放出的行列数，且将其传送到各自的瞬时测量行列，通过线路耦合进入移位寄存器的模拟信号被控制和信号处理部分进一步加工，最后传到电脑并显示出来（图7-3-2）。

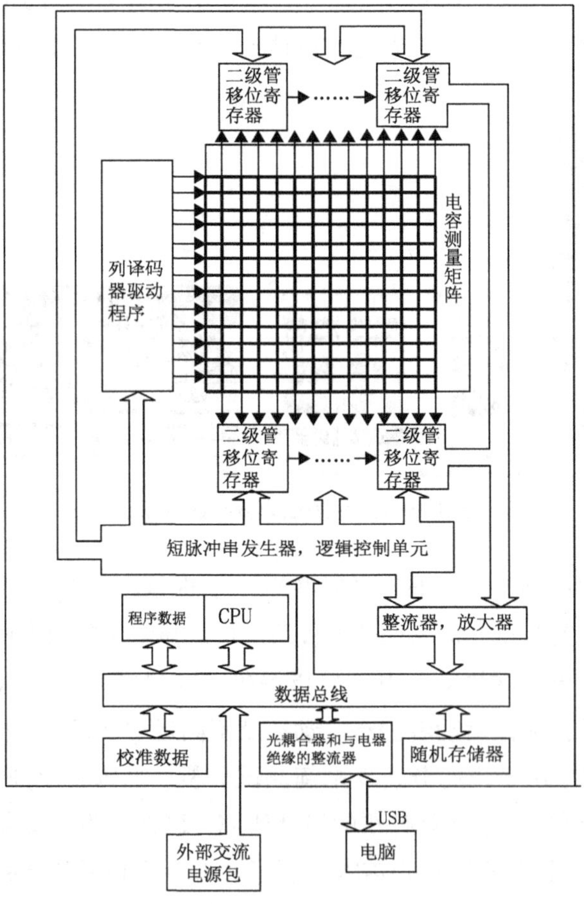

图7-3-2 Zebris压力跑台电路原理图

德国研制的Zebris步态分析跑台的工作区域由大量已标定的高质量电容式传感器平板，信号放大器，Windows操作系统，数据库软件，足迹压力报告软件以及各种附件组成。外观如图7-3-3所示。通过USB接口直接连接到电脑，集成了一套压力分布测量系统，能够测量人体站立或行走中足底面压力分布，全面记录和分析足底静动态压力和人体行走姿势之间的关系。Zebris步态分析系统，跑台面积为150cm×50cm，传感器数量密度为1个/cm^2，分布7168个传感器，采集频率为120Hz/240Hz。Zebris压力跑台的电路工作原理如图7-3-2所示。

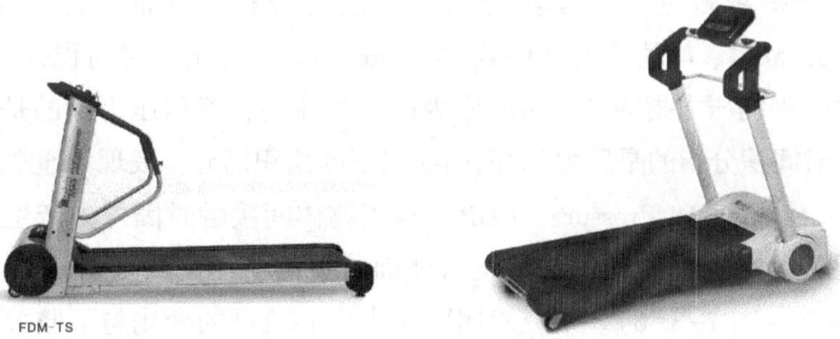

图7-3-3 Zebris外观

“行走”和“跑动”可以在小于30秒的时间内完成，所有的压力、空间和时间参数都可在报告中进行比较，也包括左右两侧的比较（图7-3-4和图7-3-5）。通过红外同步适配器，它可与视频系统、表面肌电测量系统同步采集，对每一步参数进行对象化分析，即足底任意区域的分析，有助于对步态异常的识别；在运行过程中它可以测量冲击力和动态压力分布或其他运动相关的活动，还可以用于人工假体与矫形器的拟合，标记压力的连续中心和压力点的偏差。

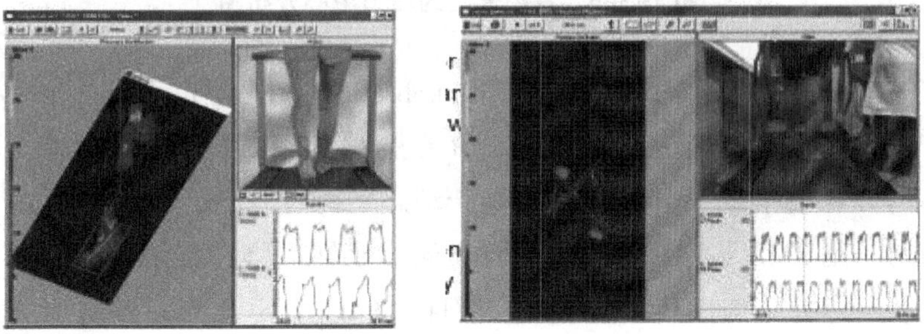

图7-3-4 数据采集图

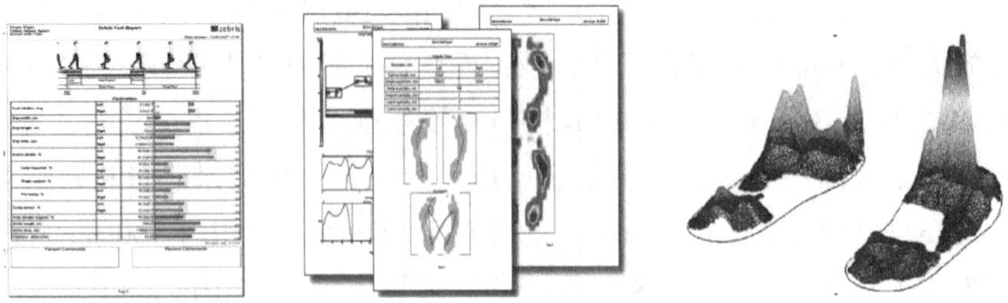

图 7-3-5　数据报告图

应用步态分析跑台进行人体步行的足底压力分析常用的三个参数有平均压力（Mean Pressure，MP）、峰值压力（Peak Pressure，PP）和压力时间积分（Pressure Time Integral，PTI）。平均压力指的是某时间段内的平均压力，峰值压力指的是某区域内的最大值，压力、时间积分指的是压力-时间曲线以下的面积部分，表现为通常所说的冲量。

压力中心（Denter Of Pressure，COP）是指物体间接触时因外力产生压力的合力作用点位置，是一个想象中的虚拟点。足与地面接触时，压力中心表现为足底向地面施加压力的作用点（图 7-3-6）。研究表明，压力中心轨迹的变化与下肢关节周围肌肉的变化及整个身体重心运动相关联，人体双脚的压力中心曲线直接反映了踝肌肉的神经控制和施力模式。通过检测设备获取人体压力中心的变化，可以提供有关常态或病理状态下人体对姿态控制的相关信息，这在评价人体站立平衡、步态分析中尤为重要。

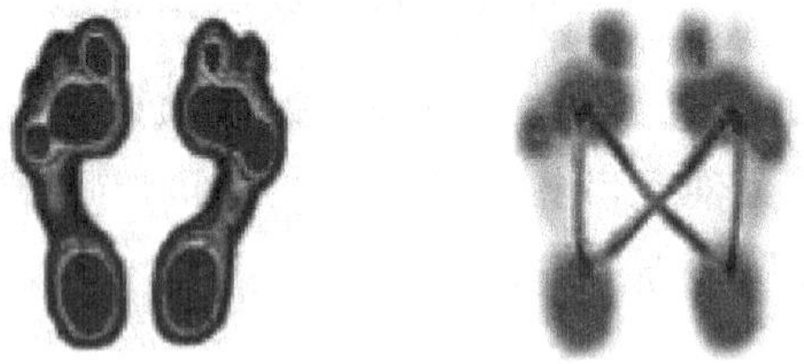

图 7-3-6　系统输出的压力中心分布图

20 世纪 70 年代，前南斯拉夫学者 M. Vukobra Tovic 提出了零力矩点（Zreo Moment Point，ZMP）稳定性判定理论，指出当 ZMP 在脚掌范围内，步态才可能是稳定的；35 年后，原有的 ZMP 理论进一步阐述，当处于动态平衡时，ZMP 与 COP 重合，而当处于非动态平衡时，则 ZMP 不存在，足部也将会倾覆翻转。脚在接触地面时有反作用力也会产生力矩，若存在一点，其反作用力、惯性力的净力矩合为零，这个点称为零力矩点，图 7-3-7 给出了机器人足底所受作用力分布，沿足底分布的负载具有相同的方向，他们等效于一个合力 N，合力 N 所通过的在足底上的这个作用点就是零力矩点。

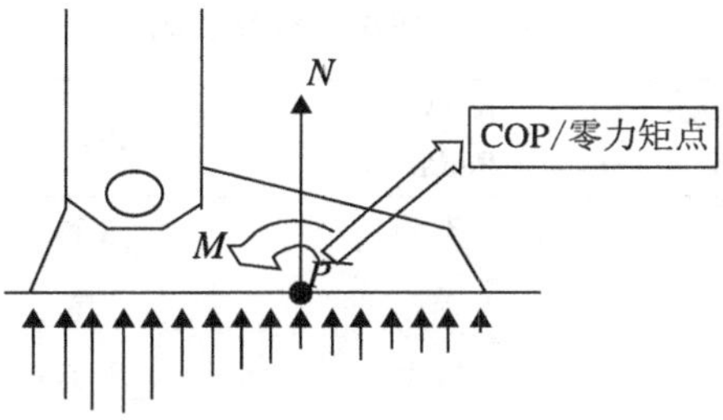

图 7-3-7 零力矩点示意图

这一判据广泛应用于双足机器人行走步态中，也被更多的足底压力测量系统所采纳，压力测量系统在输出压力数据的同时，也能算出压力中心的位置。

第四节 鞋垫式足底压力测试系统

足底压力测试平板和测力台的面积有限，只能测定站立或者步行一步的压力参数。为了记录实验对象日常活动的足部载荷，研究者设计了鞋内的压力测试装置，将传感器安置在鞋和鞋垫中，克服了测力板和测力台的不足，它可以将传感器放置在需要测量的部位，由于鞋和鞋垫与足底贴服，因此它可以连续测定足底压力、时间等参数，并可以进行实时监测和反馈。测力鞋垫系统除了可测量行进中的足底压力分布外，还可对足部与鞋的接触性作出评价，对设计具有特殊功能的鞋也有较高的实用价值。目前，运用最多的是鞋垫式足底压力测量技术，它可以根据研究需要调整压力鞋垫的大小，并可以在不同种类的鞋上进行测量。这些薄而柔软的鞋内压力测试仪器，使各种场地上的运动测试成为可能。

一、四种压力鞋垫系统性能简介

较为著名的测力鞋垫系统主要有美国的TEKSCAN F-scan系统，德国的NOVEL Pedar-x 系统，比利时的 RSscan 系统，还有较新的方便实用的英国 Walkinsense 系统（图 7-4-1）。

四种压力鞋垫的系统性能各有不同（表 7-4-1）。

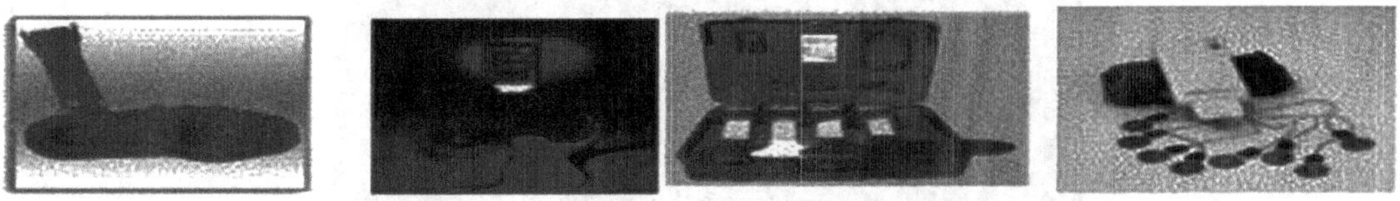

美国TEKSCAN F-scan　德国NOVEL Pedar-x　比利时RSscan　英国Walkinsense

图 7-4-1 四种压力鞋垫系统

表 7-4-1　四种系统性能比较

	TEKSCAN F-scan	NOVEL Pedar-x	RSscan	Walkinsense
数据采集时间	无限	无限	8 秒	无限
传感器密度	低	高	高	可任意安装传感器位置
定标方法	简单	复杂	简单	简单
鞋垫可重复使用	一次或几次	重复使用	重复使用	重复使用
适用范围	速度适中、时间适中	速度较慢、时间较长	速度较快、时间较短	速度快、时间较长
产地	美国	德国	比利时	英国

压力鞋垫所用传感器大概有三种：电容式、压阻式、压电晶体式。电容式压力传感器由 2 个隔开的电极板组成，通过非接触式感应引起电容变化，从而获得相应的电信号。其优点是可用于静态或长时间负荷连续监测，但其灵敏度较低，信号标定和电路设计比较复杂。压阻式传感器多采用半导体材料制成，当受到压力时，会产生施加的力成比例的电信号，优点是灵敏度高、精度高，缺点是温度特性差，量程小工艺复杂，适合于缓慢变化力的测量。压电晶体式传感器虽具有精度高、动态性好、灵敏度高等优点，但会产生电荷泄漏，因此适用于冲击力的测量，不适用静态和准静态力的测量。

20 世纪 80 年代，美国宾夕法尼亚大学利用高精压电陶瓷力传感器制成压敏鞋垫，将 499 个传感器镶入到一块 3～4mm 的高弹性硅橡胶里面，组成的传感器可接收 1～1000Hz 的压力变化脉冲，应力峰值可达 1500kPa，精度可达百分之几。

美国 TEKSCAN 公司于 20 世纪 90 年代研制出一套 F-scan 测力鞋垫系统（图 7-4-2），它使用 TEKSCAN 专利传感器，传感器的面积为 $5mm^2$，厚度为 0.18mm，最大承载压力为 $100N/cm^2$，鞋垫内安装 960 个传感器，每个传感器每秒扫描 100 次，尺寸可调，安装在受试者的鞋袜中，不干扰其正常步态。系统可实时显示足底压力的峰值、压力中心及力随时间改变的动态数值。

图 7-4-2　美国 TEKSCAN 公司研制的 F-scan 测力鞋垫系统

德国 NOVEL 公司生产的 Pedar-x 高质量鞋垫式足底动态压力分布测量系统（图 7-4-3）可应用于：步态分析、康复评估、鞋履的研制与开发、辅助改良鞋和矫形鞋的设计、各种体育现场的测试、自由步态的运动分析以及长期运动负荷监测等。该系统可实现足部压力的准确测量，根据测量需要任意选择传感器的数量及配置；可与影像和肌电同步测量、记录和重放。其测量分析内容如下：足底动态压力分布；播放力量的测量过程；显示每个传感器上的绝对力值和步态线；显示最大压力值；瞬时力值和包含的区域；压力数值区域内的二维、三维和等压力线的彩色显示；最大压力图和平均值压力图；三个附加的模拟数据通道显示；屏幕硬拷贝功能；鞋垫原始尺寸的打印输出功能；压力值、所有力值都能转化为 ACSII 码和步态坐标；可选择单个传感器进行受力测试；可改变采样频率；鞋垫的标准化；同步信号的输入和输出；每个单步的时程分析；数据的采集编辑等。

图 7-4-3　德国 NOVEL 公司生产 Pedar-x 便携系统

比利时的 RSscan 研制的 footscan® insole 系统（图 7-4-4）包括测试鞋垫、压力数据存储器、遥控触发器、界面卡（SCSI）及读卡器、4MB 记忆卡和配套软件。其主要用于研究测试足与鞋之间的压力压强特点，侧重于动作分析、鞋内压力分布、鞋和鞋垫对足底压力分布的影响；测试在真实环境下各种运动的足底压力分布；分析竞技体育中的动作，研究脚在不同运动项目中的发力特点，如田径、球类、自行车、速滑、极限运动等，同时对不同运动员，进行下肢运动技术特点分析。

其软件输出的图像可显示压力中心在两足之间的移动情况、位置情况、对称情况，可输出轨迹的长度、不同步子之间压力中心的位置等数据，可以应用于对运动装备的测试，如鞋垫系统，分析不同雪橇、滑雪板及冰鞋对足底压力分布以及缓冲减震的影响，据此改进或重新选择装备，利于运动员技术水平的发挥。个性化矫形鞋垫，运动鞋的功能评价和鞋垫系统是研究鞋科技的必要工具。

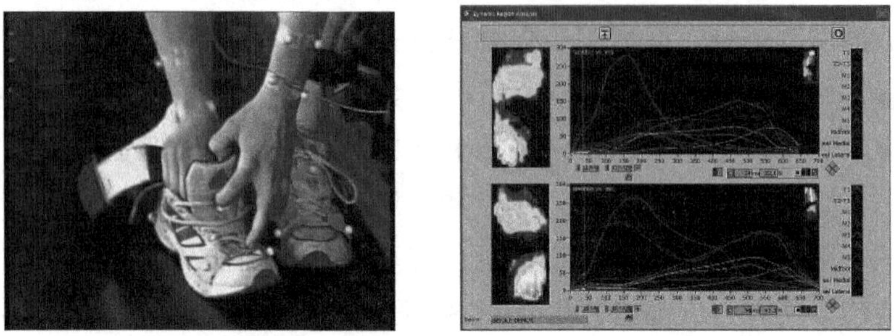

图 7-4-4 比利时的 footscan® insole 系统

二、国内压力鞋垫系统发展现状

国内对测力鞋和测力鞋垫也进行了探索和研究。人民解放军 208 医院及北京军区总医院中心生物力学实验室自 1978 年以来研制开发了靴式步态分析系统，该系统由三维测力靴、多通道放大器和微机系统组成。在鞋底的三个生理负重区分别安装一组三维力传感器，用来测量行走过程中力在足底的分布规律和足与地面的接触顺序。在靴筒上相对于髋、膝、踝关节外侧各安装一个角度传感器，用来测量行走过程中髋、膝、踝关节在步态中的运动规律。

鞋垫式足底压力技术在国外发展迅速，但在国内至今尚未见到三维测力鞋垫，这对分析足底压力分布仍有一定困难。因测力鞋垫成本较高，不像测力平台那样普及，所以还不能取代测力平台，不过测力鞋垫方便实用，必定成为今后主要的发展方向。

CHAPTER 08 第八章

人体运动动作技术

【内容提要】

本章简单阐述运动生物力学动作技术分析的基本要素及其意义；分析研究动作技术的方法和一般步骤；走、跑、跳及自由式滑雪空中技巧动作的基本理论及技术分析。

【教学重点】

1. 运动技术生物力学要素及其意义；
2. 走、跑、跳及自由式滑雪空中技巧动作的基本理论及技术分析。

【教学难点】

走、跑、跳及自由式滑雪空中技巧动作的基本理论及技术分析。

【教学要求】

1. 掌握运动技术生物力学要素及其意义；
2. 熟悉基本体育动作的分析方法。

第一节　运动生物力学动作技术分析

运动生物力学的动作技术分析就是运用生物力学理论和研究手段对动作技术的结构组成、动作技术特征、运动效果及其影响因素进行研究，从而提出动作技术的生物力学原理，为运动训练和体育教学提供科学依据。运动技术分析可分为三个方面：运动结构组成分析；动作技术控制特征；动作技术要素与优化。

一、运动生物力学的动作技术分析概论

运动技术生物力学分析目的是给出运动技术各个项目的运动生物力学原理。由于运动项目不同，运动项目的动作结构也不同，各运动项目都有其各自的运动技术生物力学原理。运动技术生物力学分析的几个方面既揭示了力学研究过程中由浅入深的层面关系，也体现了运动技术分析理论从建立到深化的自然发展过程。

人体运动是复杂的运动，既包括复杂的机械运动，又包括控制人体机能代谢的过程。目前人们对人体力学性质的认识虽然有一些，但是还较少，运动技术分析的判断依据是现有的经验和知识，这其中有的结论是正确的，有的结论是相对正确的。这是因为，如果分析所用的依据都是已有的正确知识且分析应用无误，所得的结论就是正确的；如果分析所用的依据中有推断因素，那么所得的结论就可能是相对正确的。推断的因素是创造性思维的结果，要用实验证实，如果被证实，人们就会获得知识创新，把认识向前推进。

（一）运动结构组成分析

进行运动结构组成分析，需要将具体运动项目完成动作全过程分几个阶段，如空中飞脚动作，可分为助跑、起跳、空中飞脚、落地等几个阶段，这是根据各阶段动作特征不同划分的；根据动作阶段目的不同做进一步细分，助跑阶段又可分成两个阶段，前一阶段目的是获得身体水平速度增加，后一阶段调整步伐是为了进入预定位置。动作阶段划分的根本目的是能研究清楚运动过程本身的结构和动作目的。

动作阶段划分完成后，研究此阶段动作的特点和动作目的十分重要。动作特点和动作目的的统一是我们研究运动结构的目的。

有时两个运动过程中间是有过渡过程的，如助跑最后一步和起跳就是过渡过程，它是两个不同运动目的的中间实现过程。过渡过程很短，但作用十分重要，它是两个阶段运动目的实现好坏的决定因素。

（二）动作技术控制特征

动作技术控制特征是运动技术实现过程中，为实现各阶段运动目的、任务中间过渡所采用的人体运动姿态变化的时空特点及动力特点。这些特点构成运动技术的控制特征。各体育运动项目中的人体运动是多运动环节的复杂机械运动，研究明确运动项目运动实现过程中，各中间阶段运动目的、任务及过渡过程的目的、任务及其实现的合理方式是运动生物力学的重要任务之一，它是在研究运动项目运动结构的基础上利用人体已有的生物学知识、力学知识进一步研究运动技术是否合理的研究过程和理论化过程。

（三）动作技术要素与技术优化

动作技术要素与技术优化，是指在研究运动项目结构与动作技术控制特征的基础上利用已有的生物学知识、力学知识进一步研究运动技术实现过程中的关键因素。如自由式滑雪空中技巧运动中的后空翻类动作，运动过程分助滑加速、出台起跳、空中动作、落地几个阶段。助滑加速的目的和任务是为完成出台起跳所需的速度而必须具有的动作阶段；出台起跳是助滑加速阶段和空中动作阶段的过渡过程，时间很短，但作用十分重要，它的目的和任务是把人体助滑加速产生的平动通过圆弧跳台转变成人体平动与转动的复合运动，为空中高飘和翻转动作的完成准备条件；空中动作阶段的目的和任务是规范地完成空中指定动作，为落地做好准备；落地阶段的目的和任务是使人体沿着陆坡顺利滑下无倾倒且手、臀、背不触雪地。

各运动动作阶段的目的和任务确定后，找出各运动阶段的技术要素是很重要的。出台起跳的技术要素要保证出台的人体重心速度和出台角度，达到出台后人体空中飞行高飘，同时还要保证人体获得必要的初始动量矩，来完成出台后的空中指定动作。人体空中飞行抛物线的形状取决于出台时人体重心速度的大小和出台角度，人体重心速度的大小主要由助滑阶段决定，出台角度主要由上台时的人体姿态控制情况决定，尤其是膝、髋、腰角度的控制与出台角度关系最大。人体重心速度是由多个运动环节的运动速度合成的，上体占人体质量大部分，膝、髋角度在上台时发生变化必定会使上体产生向上或向下的速度分量，伸膝产生向上的速度分量会使出台速度角度变大，屈膝产生向下的速度分量会使出台速度角度变小，控制不住髋、腰的角度，不但会使出台速度的腾起角变小，而且会严重影响人体出台初始动量矩的大小和方向。为了使控制量尽量少，上台的后半程采用近乎直体，要梗住头、竖脊肌、腰、腹肌群、股直肌群、臀大肌、股内、外肌群，同时做等长收缩的控制措施使人体与雪板垂直，由助滑速度来决定出台速度大小，由跳台头倾角决定出台速度的方向角，由体后向前上方摆臂来做人体出台动量和动量矩的微调整。

人体出台初始动量矩的获得主要由两方面的因素决定：一方面是人体助滑后上台的速度，另一方面是人体足底支撑反力对人体重心额状轴的力矩冲量。由于跳台滑道是竖立圆弧的一部分，人体在台面滑道上滑行时只要有滑行速度，就会获得绕额状轴转的动量矩，滑速越快，获得的动量矩越大。此外，人体在滑道上滑行时，足底受台面的支撑反力对人体重心额状轴也会产生力矩。由于支撑反力中与雪板前后向平行的摩擦力很小，可不考虑垂直于雪板的支撑力才是主要的对人体重心额状轴的力矩，这个力矩是起增加人体动量矩还是减少人体动量矩的作用取决于人体重心相对雪板支撑力作用线的位置。人体重心移到支撑反力作用线前，支撑反力矩起减小人体动量矩作用，人体重心移到支撑反力作用线后，支撑反力矩起增加人体动量矩作用。所以，上台起跳过程中人体向前跟进会减小人体动量矩，人体向后屈会加大人体动量矩。调控上台起跳的速度和动量矩是起跳过程的主因素。运动过程中利用生物学和力学理论分析动作技术实现的过程既是主因素的分析过程也是认定过程。

运动各阶段技术实现的主因素认定后，在运动训练过程中，用对比、反馈、调控的方法可以使运动技术不断提高，运动项目各阶段的运动技术不断提高的过程也是技术优化的过程。运动技术整体优化过程往往给出各运动阶段调控依据的原理、方法和相互关系及技术达到的指标分布的范围。运动技术优化理论的完成远远不够，只有运动者完美实现运动技术才算完成了一个全过程。

二、运动技术的生物力学要素及其意义

体育动作丰富多样，仅奥运竞技项目就有几十大类几百项，每个项目又由若干个技术动作组成，那么如何着手进行动作技术分析呢？我们知道，各体育项目的目的和任务不同，它们的动作技术的生物力学原理也不尽相同，甚至具有截然不同的生物力学特征。然而，人们只能提出具体动作技术的生物力学原理，而不能提出一个适用于所有运动项目的动作技术生物力学原理，这就决定了动作技术分析通常是逐项目具体进行的。种类繁多的体育动作技术有无规律可循呢？观察和分析告诉我们，在各项体育动作技术中，无论动作技术简单或复杂，都有表征动作技术特征的生物力学要素存在，人体运动的各种动作技术的生物力学原理通常是用力学原理、生物学原理对这些要素的合理性给予论证并揭示出其内部联系。因此动作技术的生物力学原理分析，就是用力学原理和生物学原理对该项动作技术的生物力学要素及要素的匹配的研究。只要掌握了这些要素，就可以通过对这些要素的研究，达到对人体运动动作技术做全面、定量描述的目的。那么什么是动作技术的生物力学要素呢？人体的体育运动形式属于机械运动范畴，人体自身完成的一切动作都是通过大脑的活动由肌肉收缩引起的外部表现形式，是一种有目的有意识的运动行为，不仅运动员自身的身体位移或特定的动作是通过自身肢体与外界相互作用而产生，就连器械的各种运动也是通过运动员身体及其环节的活动对器械作用而引起的。因而人体的体育运动要遵循机械运动的基本规律，同时又要遵循生命运动的内在规律。在运动生物力学分析中，人体各环节的运动学的、动力学的、神经肌肉工作的特征变量、参量及其相互联系、相互影响为生物力学动作技术要素。通常我们会采用运动学参量、动力学参量、神经肌肉工作参量来表征动作技术特征。

（一）动作技术的生物力学基本要素

人体动作技术的生物力学基本要素可以归纳为身体的姿位、关节角度；身体及肢体运动的位移、时间、速度及加速度；用力大小、方向、稳定性及动态力的变化率；运动时身体各环节的相互配合、增加动力利用率及减少阻力等几个方面。

（二）动作技术的生物力学基本要素的意义

1. 身体姿位

身体姿位是指运动中人体整体运动的姿态、环节运动姿态，人体与相应的运动媒

介（如场地、游泳池等）、运动器械（如单杠、鞍马、跳台、标枪、篮球等）的位置关系，人体与运动对手、同伴（如双人技巧中底座运动员与尖子运动员）的位置关系，人体各环节的空间位置状态、关节角度的大小等生物力学参量。身体姿位要素的具体参数值可以通过各种测量如高速摄影与解析、关节角度的电测量、红外光点摄影等方法得到。

不同的身体姿位及关节角度对肌力的发挥有很大的差异。在用最大跑速跑步时，脚掌着地的一刹那，新手与高手的关节角度仅差4°~6°，这时肌肉的拉力臂可差1.3~1.4倍。原地纵跳动作中，半蹲姿势起跳所达到的高度要比深蹲跳得高，因为半蹲时膝角约为100°~110°，伸膝肌的肌力矩最大。人体在水或空气中高速运动时，身体姿位不同也会产生完全不同的流体动力学效果。在速滑运动中，为了减小空气阻力的影响，充分发挥人体下肢有效蹬冰的作用，世界优秀运动员的滑行姿势一般是上体呈基本水平位，膝角为90°，踝角保持在65°~70°，即滑行时始终保持着合理的流线型姿势。游泳的划水动作，手相对于水的姿位发生变化时，将会对手所受到的水的作用力以及手的升力和阻力系数产生很大的影响，划水时手相对于水保持合理的掠角和迎角，可以产生较大的划水推进力。

2. 身体和肢体运动的位移、轨迹、时间、速度及加速度

位移、轨迹、时间、速度、加速度等指标是表征人体运动的时间、空间特征的运动生物力学要素，我们通常采用高速摄影及解析、高速录像与解析等手段获取上述运动学参数。

位移、速度、加速度、时间不仅仅是很多体育项目衡量运动成绩的依据，完成体育动作中的人体重心轨迹的变化、各环节运动的速度和加速度往往更是动作技术质量和运动效果的决定因素。如提高投掷时器械的出手速度会直接影响投掷成绩；足球凌空射门的效果与摆腿、转体的速度、力量有密切关系；排球空中击球的威力取决于向前挥臂时肩、肘、腕、手依次加速的速度和节奏；完成跳高起跳及各种跳跃动作时，肢体的摆动的幅度、摆动方向及摆动的加速度大小，对增大起跳力量，提高起跳效果和改善质量均有着重要影响。

3. 用力大小、方向、稳定性及动态力的变化速率

体育运动中人体和器械运动状态的变化，是人体通过内力与其他媒介相互作用引起的，在完成每个动作技术中，用力的方向、大小、力的变化速率、用力的稳定性以及各有关肌群的协调配合情况是影响人体运动效果的动力学和肌肉力学要素。

例如，对大量短跑运动员蹬踏力的测试我们可以得出，蹬地正压力的峰值可达体重的4倍，动力极值可达体重的5~8倍，蹬地正压力与动作技术密切相关，故通常用来作为短跑技术诊断的一个指标，而跳高、跳远项目则用蹬地正压力的冲量作为起跳技术的诊断标准。投掷标枪时，运动员凭借风向及风力大小决定最后用力的方向，以求获得合理的升力、阻力和飞行稳定性。在需要精细控制的动作技术中，如射箭，肌肉用力的稳定性与技术水平以及最终的运动成绩直接相关。

动作技术中的蹬踏力、支撑力、推进力、阻力等通常采用三维测力台和其他专门的测力装置进行测量，其他如冲量、力矩、力矩冲量、做功大小等动力学指标可以通过计算导出。表面肌电图的测试可以给出有关肌群用力的顺序、用力稳定性及肌群间的协调配合等结果，据此可以判定技术动作的正误、肌肉的工作特点等。

4. 运动时身体各环节的相互配合

运动时尽管身体不同部位在一个整体动作中承担的任务不同，但合理的技术动作一定具有身体各部位相互协调配合的特点，因此身体各环节的相互配合状况也是评价动作技术的一个要素。如跳高运动中支撑腿进行起跳动作时，两臂及摆动腿要配合起跳腿做摆动动作，可见起跳腿为工作环节，两臂和摆动腿为配合环节。分析研究表明，配合环节的活动对动作技术的完成和效果起着重要作用。跳高摆动动作可使身体重心相对高度升高 18 cm 左右，占重心腾起高度的 25%~30%，摆动动作所增加的起跳力可达 17~48 kg。此外，运动实践中也十分讲究身体各环节的配合形式及用力顺序，协调有序的动作技术是把身体各环节产生的力量与运动传递集中到工作环节、作用于器械或地面的基本保证。如推铅球时，身体各环节的活动是按下肢、躯干、投掷臂的顺序依次加速，器械出手前的一瞬间又表现出全身各环节同时集中二次用力的特点。

5. 增加动力利用率及减少阻力

在一定的运动时期内，运动员所能产生的肌肉力及获得的外力大小是一定的，但对于它们的利用率则可以有很大的不同。同样，他们也可以使阻力的作用效果发生一定的变化。合理的动作技术在于最大限度地增加动力利用率及减少阻力。例如起跳动作的惯性力，可促使起跳腿肌肉收缩力增加，从而增大起跳力。做原地纵跳练习，当下蹲到适宜位置时，不停地做蹬伸动作所跳起的高度比稍停片刻再跳的高度要高，这是利用了肌肉的弹性力学特性，增大了肌肉收缩力的缘故。运动实践中，增大动力利用率、减少阻力又与采用合理的动作技术、身体各环节的合理配合、利用肌肉力学性质等要素相联系。

三、要素的组合与匹配原则

体育动作技术种类繁多，但任何动作的技术特征都是由有限的要素之间适当组合与匹配体现出来的。在不同的动作技术中，起主要作用的要素不尽相同，要素的组合与匹配也各异，诸要素的最佳组合便构成了优化技术。所以在动作技术的生物力学分析中，认真分析与选择对动作技术有重要影响的要素及将其合理组合使研究建立在正确有效的基础上。动作技术生物力学要素的组合与配合应遵循如下原则：

（一）依据动作技术特征及其任务来选择要素

在短跑的动作技术分析中，步长、步频指数是依据跑步动作特征与任务提出的，运用了身体与肢体的位移、速度及加速度的要素，另外，采用小的后蹬角度，减小着地时足相对于地面的速度是服从于增大动力的利用率和减少阻力的要素，而在投掷动作技术的分析中，则是利用了人体各环节相互配合及增大动力利用率的要素。

射箭的任务是使箭射向靶心，动作技术要准确、一致。根据这一要求，射箭动作技术的要素是拉弓力是否准确而平稳，每射一支箭的用力是否高度一致，重复性是否强，其研究通常采用肌电测试方法。结果表明，在瞄准阶段，尤其是撒放前，高水平运动员肌电活动的平均值曲线波动小，而且标准差也小，这说明射箭用力平稳准确性高，且各次射箭时的用力比较一致。

（二）应突出与任务有密切关系的要素

竞技游泳技术动作包括运动员出台入水、途中游及转身。以途中游技术为例，影响途中游技术水平的主要因素是游泳推进力、用力的方向与阻力。在实际的游泳运动中，几乎不可能存在连续的向前推进力，所以，推进效率是影响途中游技术水平的主要要素。此外，阻力与速度的平方成正比，因此速度波动的大小对运动成绩产生也有较大的影响，是影响途中游的另一个要素。

（三）要素组合应力求取得最佳效果

动作技术的合理化与优化不仅取决于主要要素，还取决于各要素之间的相互作用与相互联系。一方面各要素间相互联系，形成相应的技术特征，并促使其完善；另一方面各要素间不可避免地存在相互制约，只有达到各要素之间的统一协调，才有可能取得优化运动的效果。

我们知道，在不考虑空气阻力时，抛体的最佳抛射角是45°，这时可以达到最大的飞行远度、最大的腾空时间与最高的腾起高度。然而，优秀跳远运动员的起跳角均在21°~24°，统计表明，21°~24°的起跳角可使助跑速度利用率达到90%以上，产生最大的起跳初速度和最好的跳远成绩。能否通过起跳角的进一步加大来提高跳远成绩，这需要分析影响跳远成绩的两个主要要素是如何相互联系又相互制约的。人体跳远时必然遵循抛体的运动学规律，在不降低起跳速度的前提下，加大起跳角度是可以提高远度的，但是人体在起跳过程中，人体与地面的相互作用受用力方向、用力效果及动力的利用率等要素制约，也就是说，起跳角这一要素受肌肉用力这个要素的制约。因为，人体起跳的动力来源于运动员快速助跑上板时总重心经过支撑点的垂线前后15°角时肌肉的支撑力量和蹬伸力量，肌肉力量小，就不会产生更大的起跳角；而刻意追求起跳角的加大，在自身一定肌肉用力条件下，势必会以牺牲水平速度为代价，最终导致成绩的下降，所以要素的组合应以求得最佳效果为目的。

四、分析研究动作技术的方法和一般步骤

在掌握了要素的概念之后，下面我们进一步介绍动作技术的生物力学分析方法和一般步骤。

（一）明确动作技术结构组成，依据研究任务及目的划分动作技术阶段

体育运动的各种项目都是由一系列技术动作所组成，着手研究之前应明确该项动作技术的结构组成，了解该项运动的目的任务，划分出该项运动的动作技术阶段。

一个完整复杂的动作是由不同形式的简单的基本动作组成的，把它们相互区分开来，有利于对完整的动作进行分析。例如，排球强攻时的扣球动作技术由助跑、起跳、空中击球及落地等技术环节组成，其中空中击球动作技术环节又可分为空中背弓与向后引臂、向前屈体与向前挥臂、击球等动作技术阶段。

把动作技术结构组成划分到怎样的精细程度要视研究任务的需要而定。例如，在研究跑的周期节律时，通常把跑的一个单步分为腾空和支撑两个动作技术阶段。如果需要研究如何提高跑速的问题时，则通常把支撑阶段进一步区分为前支撑和后支撑两个阶段，然后对跑步周期中速率及各技术阶段的动作技术质量综合加以研究。

（二）明确各动作技术阶段的目的及相互影响

在明确了动作技术结构组成之后，还应了解每个技术组成成分在完成整个技术动作中所起的作用，并找出对整个技术动作起重要作用、有决定影响的动作阶段，通常称关键技术或关键环节。例如，推铅球项目要求运动员用单手在肩上锁骨窝处持铅球，通过滑步或旋转，由肩上推出，以投掷远度计算成绩。可见，推铅球整体动作技术的目的在于使铅球获得最大水平位移，其中滑步动作的技术目的：一是使铅球获得预先的加速度，并使这种速度尽量多地转移到最后用力推铅球中去，二是为最后用力推铅球创造良好的预备姿势。左摆右蹬动作的速度、幅度和技术的巧妙配合是提高滑步速度的重要技术环节。虽然组成完整动作的不同技术阶段有其各自的动作形式和要求，但它们都属于一个完整动作的有机组成部分，都是为完成整体动作技术服务的，之间也必然存在着内在的联系。如排球强攻动作技术的四个组成部分中，助跑的任务是使身体适时地移动到合适的起跳点并获得一定的水平速度；起跳的任务是通过合理的技术动作，有效地将水平助跑速度转变为垂直速度，使人体获得最大腾空高度，并做好

空中击球前的有利动作；空中击球的任务是集助跑、起跳之大成，通过充分的背弓、快速有力的挥臂动作完成凌空一击。落地动作是扣球动作的结束，其任务是缓冲落地时受到的冲击力，防止损伤，并为下一个技术动作的快速移动做准备。强攻扣球的总的目的是通过击球点高度、击球力量、击球速度及击球时间的变化，击出威力大的重磅扣球，各动作技术阶段的任务都是与这一目的相联系的。

（三）依据研究任务选择要素，并确定具体的实验方法进行测试

在搞清楚待研究的动作技术的结构组成及其目的任务之后，下面的工作就是依据研究任务和目的，选择对该项动作技术有重要影响的要素，并据此确定具体的研究方法和测试内容。

实验方法的确定包括确定受试对象、实验地点、测试内容与实际测试方法、数据处理方法等。如果是对运动员做技术诊断，则受试对象就是运动员本人，或者取同一专项最优秀的运动员。如要研究某一个技术动作的生物力学基本规律，通常挑选动作技术规范、运动成绩好的一些运动员作为研究对象。实验测试地点一般分为实验室、训练场和比赛现场。其中，实验室测试的方便之处在于实验条件可控，便于实现重复测试；训练场的测试真实，运动员对环境熟悉，动作技术不容易走样。此外，很多项目不具备实验室条件，如速滑、赛艇、球类、体操等研究通常只能在训练场地进行。为了获得国内外最优秀的运动员创纪录时的动作技术特征，有时候测试要在比赛现场完成。到目前为止，在国际和国内的重大比赛中，允许进入比赛现场的测试方法是高速摄影和录像。

测试内容和测试方法依据研究目的及选择的要素确定，以研究跳远起跳动作技术的生物力学特征为例，其目的在于全面地揭示跳远起跳动作技术的生物力学原理。为达此目的，我们选择起跳的动作姿位，起跳阶段的速度，蹬地用力的方向、大小、冲量以及各有关肌群的协调用力特征等要素进行研究。为了获取上述诸要素的参数值，我们可以选择摄影与解析、测力、肌电三者同步的测试方法，通过高速摄影及解析得到起跳的缓冲阶段支撑腿各关节角度、身体的后倾角度、起跳腾起角，制动过程和起跳蹬伸阶段的垂直速度、水平速度，起跳离地时的起跳速度，起跳缓冲阶段动能的损失等运动学的特征值；通过三维力的测试获得起跳蹬地时垂直、左右和前后方向的冲力、冲量等动力学参数；采用多道肌电仪测得起跳时各有关肌群的表面肌电图。如果计划研究跳远起跳的不同空中姿态与跳远成绩的关系，选用高速摄影的方法便可以达到研究目的。由此可见，实际测试方法的确定是与研究目的及要素的选择相联系的。

（四）数据处理与数据分析

生物力学测试之后，应对原始数据进行整理、分类、计算或统计处理。高速摄影

的直接结果是动作技术的连续影片，经过解析，可以得到人体运动的空间位移、速度、加速度、关节角度、角速度以及各种动作曲线、图线、单线图等。六维力测试的直接数据结果是垂直、水平、侧向作用力的力值及其轴向力矩，测力鞋垫得到的是足底压力特征的分布情况和运动的时间分布特征。在做动作技术分析时，需要分析力的冲量、动量、冲量矩、做功等，这些指标则要经过计算才可以得到。动作技术的表面肌电图的处理主要是作肌电积分、频谱分析及功率谱分析等。经过上述整理、分类和计算后，我们得到一些数据表格和图形曲线，即通常所说的实验结果。

另一种常用的数据处理方法是统计学方法，即对共性技术的研究采用相同的方法测得一定样本数据，然后按性别、年龄或不同水平分为若干组，进行数据统计处理。用相同指标、不同年龄或不同水平间的比较方法，从中发现组间的相关及差异趋向，这种趋向可反映不同运动水平的技术特征。如对途中跑技术研究时，可测量途中跑阶段的步长，然后按照不同运动水平，对运动员的步长进行分组统计，统计结果表明运动成绩与步长呈显著相关。由此可以得到有益的启示：短跑运动成绩的提高，应加大步长，而人体测量表明，我国短跑运动员腿长较短，结合动作技术研究，应加强髋关节的灵活性。又如，通过测量跳高、跳远、三级跳的最后三步、五步步长的变化，进行大数量的材料统计，找出步长变化的关系，据此总结出不同水平、不同成绩运动员的步长变化的规律。

（五）揭示动作技术的生物力学特征

数据处理所得结果是动作技术生物力学分析的定量依据。通过对测试结果的分析研究，寻求各测试数据之间的内在联系和相互影响，并在此基础上归纳出完成动作技术的生物力学原理，提出完成动作技术的合理方法。

例如，对短跑的研究表明，步频、步长两个基本指标反映短跑成绩的优劣，欲达到世界高水平，男子100m跑的步频×身高指数为8.14，步长/身高指数为1.14。支撑腿着地时，为了减少足着地时的阻力和速度损失，跑步技术原理要求着地时足与地面之间的相对速度要小。因此，当跑速很快时，支撑腿膝关节缓冲程度应相应增大，后蹬角应相应减小。又如，塑胶跑道的弹性大大高于煤渣跑道，导致蹬地技术发生变化，运动员在快速蹬伸时出现膝关节不充分伸展，蹬离地面时膝关节角度在165°±8°的范围内。采取这样的技术，可以提高步频，同时又不影响蹬地效果。

五、动作技术的生物力学原理对技术训练的指导作用

技术训练的目的旨在使运动员学习和掌握合理、先进的技术，充分发挥身体潜能，提高运动成绩。生物力学的技术分析对技术训练的指导作用主要有以下几方面：

（一）建立运动技术模式，提高专项训练水平和教学效果

结合运动实践需要，将运动员按不同水平、不同技术特点分组，选择若干要素，运用生物力学测试方法，获取动作技术数据，经统计学处理，再运用生物力学原理分析，找出动作技术的一般规律和完成动作技术的合理方法，建立起动作技术模式，并将其运用于一般专项运动训练和体育教学，以利于专项技术和教学水平的提高。

（二）进行动作技术诊断

技术诊断工作在国际上非常普及，许多体育强国都在他们的训练基地装备了生物力学测试仪器，进行经常性的技术改进工作并取得了显著的成绩。我国也正在开展这一工作，生物力学技术诊断将逐渐成为教练员和运动员科学训练的得力工具。

动作技术诊断的一般步骤是：首先，了解和掌握国内外顶尖水平运动员的技术数据，从中得到某些技术指标的发展变化规律，明确哪些指标对判断技术最敏感，这是诊断技术的基础。其次，对诊断对象的身体形态及运动素质进行详细的测试，依据运动生物力学原理和测试方法，收集比赛中不同成绩时的各项动作技术指标，结合影片的观察，进行技术数据的对比分析，找出差异与存在的问题，提出改进动作技术的建议。

（三）实施有针对性的技术训练

在运用动作技术的生物力学原理指导技术训练的过程中，教练员还应重视运动员的个人特点。运动技术的生物力学原理只是从生物力学角度反映了各项动作技术带有共性的普遍规律，而每个运动员的身体形态和身体素质不同，因此在技术训练过程中，教练员应通过实践逐步摸索出适于运动员个人身体素质及心理特点的合理技术，实施有针对性的训练，这是用运动生物力学动作技术原理指导训练的生命力所在。以举重的提铃技术为例，从一般原理来说臀位太低不利于发力，但不是绝对的，要视运动员的身体特点而定。腿短躯干长、腿部力量强者，应采用臀位相对较低的提铃技术，这样才能扬长避短，充分发挥其腿部力量强的优势，避免腰部负担过重而造成失败或受伤；腿长躯干短、腰部力量强、腿部力量弱者，则应采用臀位相对较高的提铃技术，这样才能充分发挥腰部伸肌力量，避免腿部负担过重造成失败或损伤。

第二节　步态分析

直立行走是人类最基本的运动行为方式，是人类赖以生存的基础，也是人类与其他动物区别的关键特征之一。人类正常步行并不需要思考，但控制过程却十分复杂，

包括中枢命令、身体平衡和协调控制，涉及足、踝、膝、髋、躯干、颈、肩、臂的肌肉和关节协同运动，任何环节的失调都可能影响正常步行活动的进行。人类的步行有其基本规律和特点，通常用步态对其进行描述，因此对步行基本动作的分析也称为步态分析。

一、步态分析常见术语

步长：走步时左右足跟或足趾之间的距离。

步宽：当足完全接触地后，两足的长轴线和两踝关节连线交点之间的垂直距离。

步幅：同一侧足跟或足趾间两次着地之间的距离。

一个步态周期：在行走时当左（右）足跟着地至左（右）足跟再一次着地之间的距离。

步频：单位时间内所进行的步数。

行走速度（步速）：每秒钟所走的平均距离。

足角：足的长轴与前进方向的夹角。

活动相：在行走时某肌肉出现肌电活动的时限占步态周期的百分比。

垂直力：通常是指人处于站立姿势，由测力系统测得的垂直方向的地面反作用力。

前后剪力：作用于行进方向上的地面水平反作用力。

侧向剪力：作用于垂直行进方向上的地面水平反作用力。

压力中心：指地面反作用力合力作用线的起点。

踝地距离：摆动相中期踝关节中心离地面的高度。

二、步态分析方法

步态分析是用运动生物力学的概念、处理手段和已经掌握的人体解剖、生理学知识，对人体行走的功能状态进行分析的一种生物力学研究方法。随着科学技术的发展，由先进的传感器、高速摄像机、微型计算机等组成的综合步态分析系统，使步态分析得以在康复医学研究中越来越深入地开展。该系统可不受外界干扰，同时提供行走时人体重心的空间位移、速度、加速度、地面支撑反作用力、肌肉及关节活动情况、关节内力及力矩的变化等多种人体运动的信息，一个人的步态将会像体温、血压那样，侧面反映人体的健康状况和病态特征。

（一）步态的描述和周期划分

步态是指人体步行时的姿态，人体通过髋、膝、踝、足趾的一系列连续活动，使身体沿着一定方向移动的过程。步行是周期性动作，在一个动作周期中，根据足与地面是否接触及腿部动作的特征，可分为支撑阶段和摆动阶段。

从一侧足跟着地，到此侧足跟再次着地，为一个步行周期或称为一复步，其间每一足都经历一个与地面接触的支撑期及离地挪动的摆动期。支撑期包括五个环节，依次为足跟着地、趾着地、支撑中期、足跟离地、足趾离地。摆动期则包括三个环节：经加速期、摆动中期（此时下肢处于垂直位），再经减速期，终止于足跟着地。步行周期中两足的支撑期长于摆动期，自一侧足跟着地至对侧足趾离地，约有 15%的时间两足都处于支撑期，称为双侧支撑期。双侧支撑期的存在为步行的特征，如果此期消失，出现双足离地则为跑步的特征。一个步态周期可划分为两个阶段 8 个时期（图 8-2-1）。

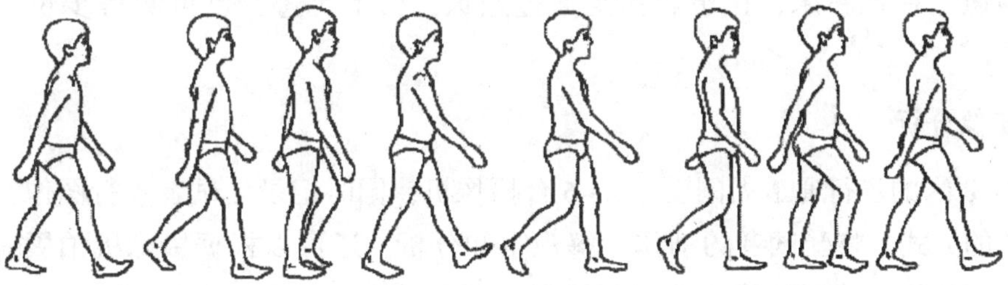

图 8-2-1　支撑摆动阶段

1. 支撑阶段

支撑阶段由五个时期组成。

初始着地期：从足跟着地到足趾着地前（从足跟着地至足放平期间）。

支撑反应期：从足趾着地到重心移至支撑脚中心前，足（脚）底平行。

中点支撑期：从中点支撑到足跟离地前。

支撑后期：从足跟离地到足趾离地前。

摆动前期（推离期）：足趾离地阶段。

2. 摆动阶段

摆动阶段由三个时期组成。

摆动早期：腿加速摆动阶段，这个阶段从足趾离地开始到摆动中期，即腿摆动通过）支撑腿（平足摆动）时结束。

摆动中期或足平摆期：继摆动前期后，膝、踝屈度不断减小，而髋关节继续屈曲，下肢和足底尽可能平行的情况下前摆，此期结束时髋关节达到最大屈度。

摆动后期：腿减速摆动阶段（足下落），这个阶段从摆动中期开始到足跟着地结束。下肢因重力和肌肉力的作用摆动不断减小并逐渐停止，于足跟着地时结束整个步态周期。

（二）步态的运动学分析方法

运动学是研究步行时肢体运动时间和空间变化规律的科学方法，主要包括步行整体时间与空间测定和肢体节段性运动方向测定，并围绕影响步态的六大因素进行运动学分析。

1. 足印法

足印法是步态分析最早期简易的方法之一。在足底涂上墨汁，在步行通道（一般为4~6米）铺上白纸，受试者走过白纸，留下足迹，便可以测量距离。或者在黑色通道上均匀撒上白色粉末，让患者赤足通过通道，留下足迹，也可测得步长、步宽等数据。

2. 摄像分析

在4~8米的步行通道周围设置2~6台摄像机，同时记录受试者步行图像，并采用同步慢放的方式，将受试者的动作分解观察和分析，还可以根据摄像机拍摄速度，获得相关时间数据，从而计算出步行过程的参数：步长、步长时间、步幅、步行周期、步频、步速、步宽、足偏角等。

3. 三维数字化分析

通过2~6台检测仪（数字化检测仪或特殊摄像机）（图8-2-2）连续获取受试者步行时关节标记物（图8-2-3）的信号，通过计算机转换为数字信号，分析受试者的三维运动特征。同一标记物被两台以上的检测仪同时获取时，即可进行三维图像重建和分析。输出结果包括数字化重建的三维步态、各关节三维角度变化、速率和时相。在影响步态的六大因素中，有关骨盆的转动、下肢在平面中的转动等参数，都必须通过三维数字化分析方法才能得到。

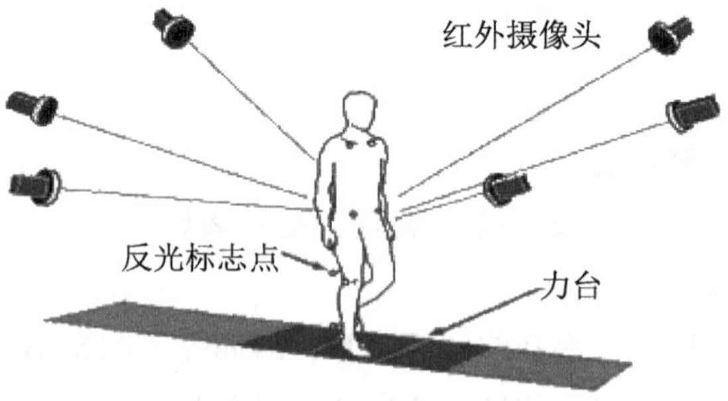

图8-2-2　步态三维数字化分析

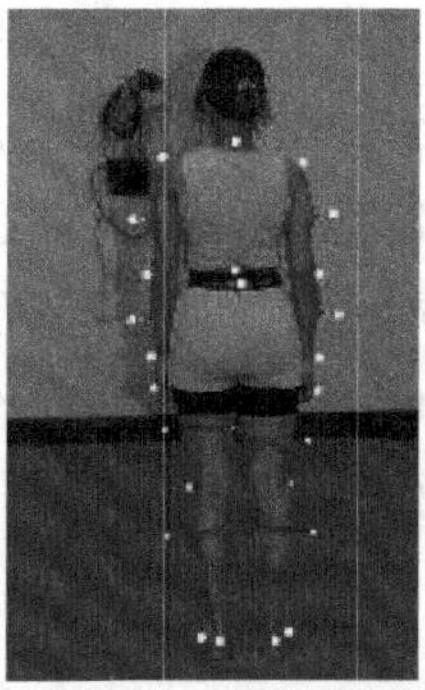

图 8-2-3　关节标记物

（三）步态的动力学分析方法

1. 测力平台

步行时人体受地面反力可以通过测力平台记录，以分析力的强度、方向和时间。

测力平台一般设置在步行通道的中间，可以平行或前后放置，关键是保证连续记录一个步行周期的压力。

测力平台测定身体运动时的垂直力和剪力。垂直力是体重施加给测力平台的垂直压力，而剪力是肢体行进时产生的前后/左右方向的力，两者与运动学参数结合可以分析内力，即肌肉、肌腱、韧带和关节所产生的控制外力的动力，结果一般以力矩表示。

2. 足底压力分布测力板

力板是用一块平板做支撑面，下面将电阻应变片按一定的方向排列。台面受压后，应变片因拉伸或受压引起电阻值变化，变化所产生的微弱电信号输入动态应变仪，经放大后由计算机处理。

随着科学技术的发展，人们已不再满足于足底整体分布压力的研究，更希望知道足底压力的分布研究，由此足底压力分布测试方法应运而生。他们开始研制多个传感器的测力平台，大小不等，最小是 300mm×280mm 或 360mm×190mm，最大的有 582mm×340mm，在这个范围内安装的传感器的个数也不等，由几十个到几千个，有的设备最多达 4000 个，典型的产品为美国的 AMTI 测力台和瑞典的 KISTKER 测力板，这类测力板的优点在于能测量力的三个分量。

3. 测力鞋垫

我们采用特制超薄的压力分布测力板或者鞋垫式测力垫直接插入到受试者鞋内，测定站立或步行时足底受力分布及重心移动的静态或动态变化情况，根据测试结果对受试者的步态进行分析，协助设计合适的矫形鞋。

近 20 年来随着传感技术的发展及计算机技术的普及，出现了新型的足底压力测量设备，借此能实现测量连续的足底压力分布。传感器有直接贴于足底的，也有做成鞋状的，还有做成鞋垫放于鞋内的（图 8-2-4）。鞋垫式传感器轻薄、可重复使用安置在受试者的鞋内，可将足部压力完整地记录下来。它在人体行进中记录使用者的足底压力分布状态，根据足的解剖位置与鞋垫上面传感器的对应关系，将足底分为足前、足中、足后三个区域，通过这三个区域的信息反映整个足底压力分布特征，同时它还可根据研究需要把足底分成不同的区域，通过足底不同区域反映足底不同解剖位置的压强（图 8-2-5）。

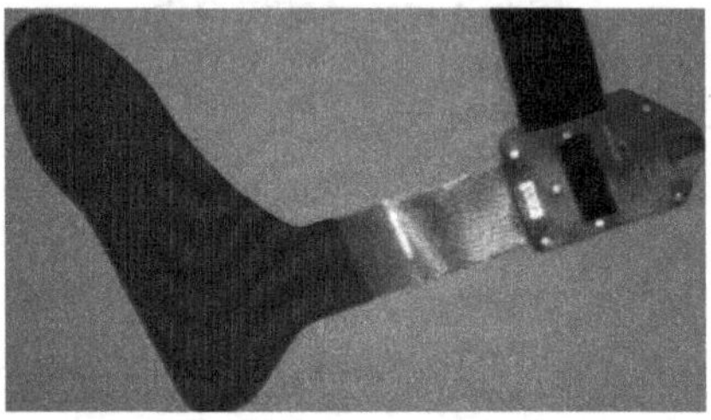

图 8-2-4　测力鞋垫示意图

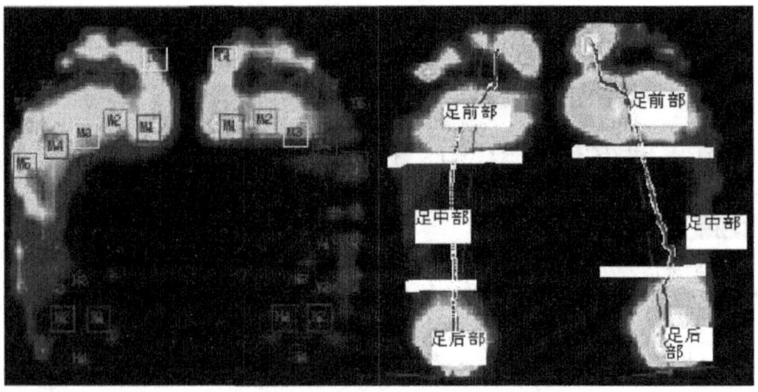

图 8-2-5　用测力鞋垫测量足底压力分布

4. 计算机模拟

建立人体步行的多体系统动力学方程，把从影像解析获得的有关步行的运动学参数和人体惯性参数代入动力学方程组，即可计算出人体步行过程中各个关节的力和力矩。我们把力和力矩代入动力学方程组，通过积分可以获得速度、位移等数据，根据这些数据可以确定人体的位置和姿势，实现对人体步行过程的计算机模拟。

（四）正常步态的运动学参数特征

步行是涉及全身众多关节和肌群的一种周期性运动，正常步行是高度自动化的协调、对称、匀称、稳定的运动，也是高度节约能耗的运动。步态分析的目的主要有异常障碍的诊断、异常步态的程度和评定假肢或支具的可行性，这些均以正常步态为参考依据。

1. 步长

行走时左右足跟（或趾尖）间的纵向距离称为步长（图 8-2-6），而同侧足跟（或趾尖）两次着地间的距离称为步周长或周期跨距。步长与身高有关，身高相同的男、女性，其步长无显著性差异，且步长随着年龄的增长而下降。

步长一般正常为 150~160cm，跨步长为一侧足跟到对侧足跟之间的距离（图 8-2-6），正常为 75~83cm。中国青年男性的跨步长约为 55.0~77.5cm，女性跨步长约为 50.0~70.0cm。

2. 步宽

步宽是指人们在行走时，两侧足内侧弓之间的距离（图 8-2-6），正常为 5~10cm。骨骼及神经肌肉功能改变时步宽可受影响。

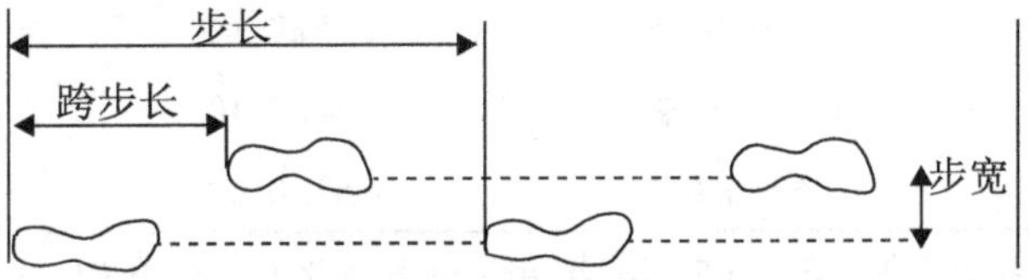

图 8-2-6　步长、跨步长与步宽示意图

3. 步频或步速

步频或步速是指行走时每分钟迈出的步数，正常一般为 95~125 步/分钟。步长与步频及身高等因素有关。

4. 步行周期

行走时一侧足跟着地到该侧足跟再次着地的过程被称为一个步行周期，通常用时间秒（s）表示。一般成人的步行周期约为 1~1.32 s。

5. 足角

足的长轴与前进方向的夹角。足角平均为 6°~7°，其值与年龄有关，老年人的足角大于年轻人。在行走速度不同时，足角将随之调节，增大足角可提高侧向稳定性。速度快时，对侧向稳定性要求小，足角随之减小；速度慢时，对侧向稳定性要求大，足角随之增大。

6. 髋、膝、踝关节在行走中的角度变化

髋、膝、踝关节在行走中的角度变化，主要以步态周期中的角度-时间关系曲线为表征，单一的角度数值变化意义不大。通过对研究对象各关节在不同平面上活动的角度-时间关系曲线与正常人或左右脚之间或治疗前与治疗后不同时期的角度-时间关系曲线的比较，可以反映研究对象各关节的功能情况和治疗效果。角度-角度曲线可以形象地表现行走中两个关节间的协调关系，当神经、肌肉功能异常时，角度-角度曲线也出现异常，这表明两侧下肢的协调性差。

胡雪艳等在《正常成人步态特征研究》一文中对不同年龄段正常成人的步态特征分析中给出明确的步态时空参数（表 8-2-1 和表 8-2-2）。

表 8-2-1 正常成人时空参数结果（$\bar{X}\pm S$）

时空参数	20~39 岁组	40~59 岁组	60~70 岁组
跨步周期（s）	29.16±5.94[a,c]	48.31±5.91	63.78±3.69
跨步长（m）	1.03±0.07	1.11±0.11	1.15±0.15
跨步/身高	0.76±0.06[a,d]	0.70±0.07	0.66±0.11
步频（步/s）	1.94±0.12[a,c]	1.81±0.17	1.76±0.21
步速（m/s）	1.26±0.16	1.05±0.14	0.95±0.24
步速/身高	0.74±0.09[d]	0.64±0.10	0.59±0.11
站立时间（%）	0.62±0.02[a,c]	0.63±0.02	0.64±0.02

注：a. 与 40~59 岁组比较，$P<0.05$；b. 与 40~59 岁组比较，$P<0.01$；c. 与 60~70 岁组比较，$P<0.05$；d. 与 60~70 岁组比较，$P<0.01$。

表 8-2-2 正常成人关节角度参数（$\bar{X}\pm S$） （单位：°）

关节	角度		
	20~39 岁组	40~59 岁组	60~70 岁组
踝关节	23.32±4.16[a]	19.05±4.23	16.36±3.59
膝关节	58.85±6.26[a]	55.84±5.17	50.22±5.67
髋关节	35.73±6.87	40.12±7.66	44.61±7.01

注：a. 与 60~70 岁组比较，$P<0.05$。

步行时，最显著的运动是髋、膝、踝关节的屈伸运动。正常步行时，这些关节的屈伸发生时机及幅度相对稳定。步行中身体的重心沿复杂的螺旋形曲线向前运动，在矢状面及水平面上的投影呈正弦曲线，其幅度分别为 3cm 和 2cm，有交替的加速与减速运动。为了减少重心上下及侧向移动，以使运动更为平稳并降低能耗，骨盆也配合步行周期而做左右旋转、左右倾斜及侧向移动。最大前旋见于同侧足跟着地时，最大后旋见于同侧支撑中期，幅度均约 8°。左右倾斜见于右足及左足的摆动中期，幅度约为 5°，最大左右移动见于同侧支撑中期，幅度约为 4.5cm，骨盆向前旋转时，同侧股骨及胫骨也分别内旋 8°~9°，使足跟着地时下肢内旋 25°左右，在支撑期结束时恢复外旋。步行周期中上肢做下肢相反方向的摆动。步行周期中多组肌肉的协调收缩，起到平衡身体、加速、减速及吸收震动的作用。

7. 骨盆的运动

骨盆前后倾斜，摆动侧的髋关节前向速度高于支撑侧，造成骨盆前倾；骨盆左右倾斜，摆动侧骨盆平面低于支撑侧；骨盆侧移，支撑相骨盆向支撑腿的方向侧移；骨盆移动可以被认为是重心的移动。正常成人在步行时身体重心的位置在骨盆的正中线上，男性约为身高的55%，女性约为50%。步行时重心的上下移动为正弦曲线，在一个步行周期中出现两次，振幅约4.5cm，最高点是支撑中期，最低点是足跟着地；骨盆的侧方移动也是正弦曲线，在一个步行周期内左、右各出现一次，振幅约3cm，在左、右足处于支撑中期时最大移动度出现，在双足支撑期重心位于中间。骨盆在水平面内沿垂直轴旋转角度单侧为4°，双侧为8°，这种旋转可以减少骨盆的上下移动，最大内旋位发生在足跟着地后期，最大外旋位发生在摆动早期。骨盆在矢状面内沿冠状轴的倾斜运动范围约5°，双足支撑相骨盆几乎成水平，支撑中期时处于摆动相的骨盆倾斜角度最大，在一个步行周期中左右各倾斜一次，它可以减少重心的上下移动。

8. 人体重心

人体重心位于第二骶骨前缘，两髋关节中央。直线运动时该中心是身体上下和左右摆动度最小的部位。行走时，人体重心不仅在水平方向而且在垂直方向上不断改变着位置和速度，其中身体重心在垂直方向的速度变化与各关节及其活动肌肉的力学状况有密切关系。重心高度变化直接反映人体行走时稳定性的优劣，重心起伏幅度越小，人体行走时的稳定性越高，重心起伏幅度越大，人体行走的稳定性越差。一个健康成人正常行走时质心起伏的幅度约为4.4cm，若强令其下肢僵直，骨盆不旋转，则质心起伏的幅度达到9.5cm，并且行走十分吃力。纵向摆动重力中心在单支撑相时最高，双支撑相时最低。支撑侧早期在趾屈肌的作用下体重由足跟转移到全足，步行时减少重心摆动是降低能耗的关键。

（五）步行的动力学特征

人体行走时身体重力和惯性力全部由着地足承受，在一个站立相即将结束，以及下一个站立相即将来到时，着地足所受的垂直约束力最大，除身体重力外还包括向下的惯性力，此时身体要有向上的加速度，以使另一只脚能抬起做摆动。在即将进入摆动相时，踝关节向后的蹬力逐渐增大，考虑到摆动相时踝关节仅受很小的惯性力，故可认为后蹬力促使了摆动，而足离地后腿的摆动完全由惯性实现。由于摆动腿的关节受力很小，地面对足的反作用力主要用于产生身体和着地足的加速度，实现人体向前移动，但这些水平方向的约束力时而为正、时而为负，也表明人体行走实际上是一连串失去平衡和恢复平衡的过程，一条腿支撑，一条腿摆动，失去平衡后紧接着恢复平衡，如此循环往复，使得人体的大部分肌肉在步行中呈放松状态。

1. 足–地接触力

足–地接触力通常可按垂直、前后和左右方向做三维记录。临床应用时，主要观察力–时间曲线的特征，即谷峰值、谷值的出现时间和幅度的变化。行走时足–地接触力在垂直方向上的分力最大，在每个步行周期转折点出现极值，足跟着地时有一极大值，随足部逐渐放平，受力面积逐渐增大，受力减小，足部完全放平时，受力最小，至足跟离地，足趾蹬地时出现另一极大值，即在整个步行周期中，垂直方向受力曲线具有典型的对称双峰性质（图 8–2–7）。正常人足–地接触力在水平、前后方向受力较小，且基本对称。研究认为，不同年龄人体的足–地接触力无显著性差异。

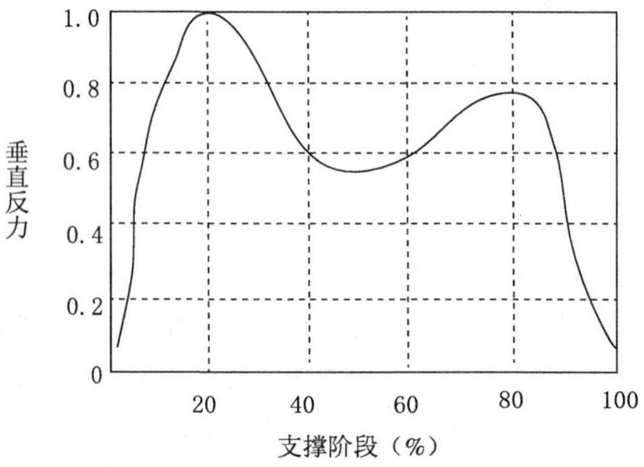

图 8–2–7　典型步态的双峰曲线

①垂直重力（GRF）：垂直重力呈双峰形，即首次触地时支撑反作用力超过体重，表现为第一次高峰；在身体重心越过重力线时，体重向对侧下肢转移，至对侧下肢首次触地并进入承重期时 GRF 降低到最低点；然后由于蹬离的反作用力，GRF 增加，一般与承重期的应力相似；在足离地时压力降低到零，进入摆动相。在下肢承重能力降低时，可以减慢步行速度，减轻关节承重，此时 GRF 的双高峰曲线消失，表现为与体重一致的单峰波形。

②剪力：剪力在首次触地时向前，越过重心线时剪力向后。表现为前后反向的尖峰图形。左右（内外）剪力形态相似，但幅度较小。

③力矩：力矩是机体外力与内力作用的综合，是动力学与运动学的结合，受肌肉力量、关节稳定度和运动方向的影响。

2. 踝关节力

布瑞斯勒（Bresler）和弗兰卡尔（Frankel）于 1950 年曾估算踝关节力超过 2 倍体

重。塞雷哥（Seireg）等在 1975 年采用数学模型方法，测定踝关节力为 5.2 倍体重。斯托夫（Stauffer）等在 1977 年测算的踝关节力约为 5 倍体重。沃克（Walker）于 1977 年估算踝关节力为 3.59~6 倍体重。汤荣光等人对单肢负重期踝关节力进行了测定，测得在单肢负重期踝关节力出现最大值，约 4.67 倍体重。因此，可以确定人体踝关节力约为 5 倍体重，比较男、女踝关节力，经检验无显著性差异。

第三节　跑的运动技术生物力学分析

跑是人类活动的基本动作之一，是很多体育项目的基础。如果将体育运动的动作分为周期性和非周期性两大类，则跑为周期性运动动作，即人体下肢双腿做蹬摆运动，摆动腿快速前摆，支撑腿蹬伸获得人体移动的动力，支撑腿离地后进入腾空阶段，腾空结束摆动腿着地后进入支撑缓冲，再后蹬离地，而上肢一直是配合下肢做屈臂前后摆动。图 8-3-1 是跑步动作的三个阶段。跑步的目的是使人体快速移动，最具有代表性的是田径运动中的短距离跑。由于规定跑的距离较短，要求运动员用最好的跑动技术在最短的时间内跑完规定的距离。体育运动实践已证明，人体达到最大跑动速度是短跑技术动作，因此讨论短跑技术动作的生物力学特征和原理具有普遍意义。

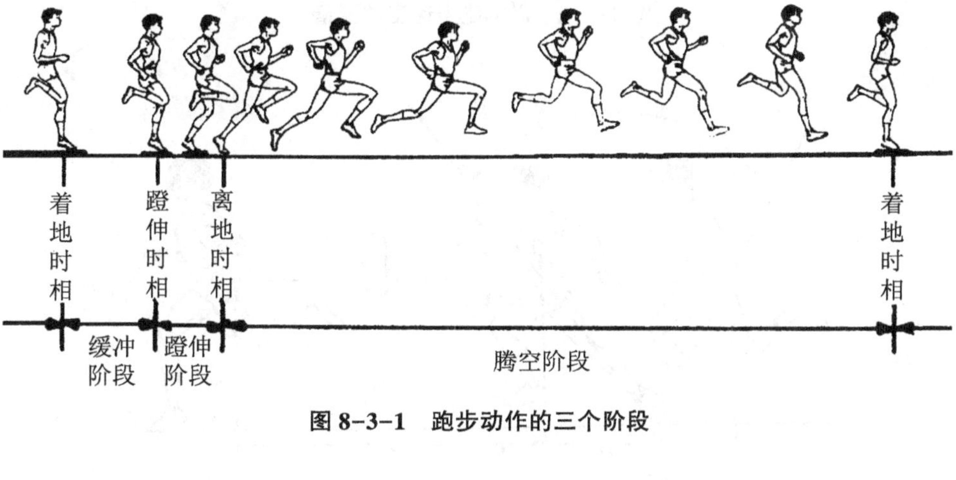

图 8-3-1　跑步动作的三个阶段

一、影响跑步速度的要素

既然跑步的主要目的是使人体快速移动，那么跑步速度就成为讨论问题的核心。从图 8-3-2 可以了解到构成跑速的要素及相互之间的关系。众所周知，跑步速度是由步长和步频决定的，而步长又是由着地距离、腾空距离、后蹬距离三部分组成的(图 8-3-3)。其中，着地距离受缓冲技术的影响，后蹬距离受制于脚底摩擦力和后蹬技术，腾空距离由离地速度和角度决定。有专家对这三个距离做过测试，着地距离最短，腾空距离最长（表 8-3-1）。步频主要是由支撑时间和腾空时间构成。步长和步频是一对矛盾的统一体，它们的统一性在于步长和步频决定了跑速，矛盾性在于一味追求步长，步频必然减小；不切实际地提高步频，步长一定会缩短。所以运动员应在增大步长的基础上加快步频。

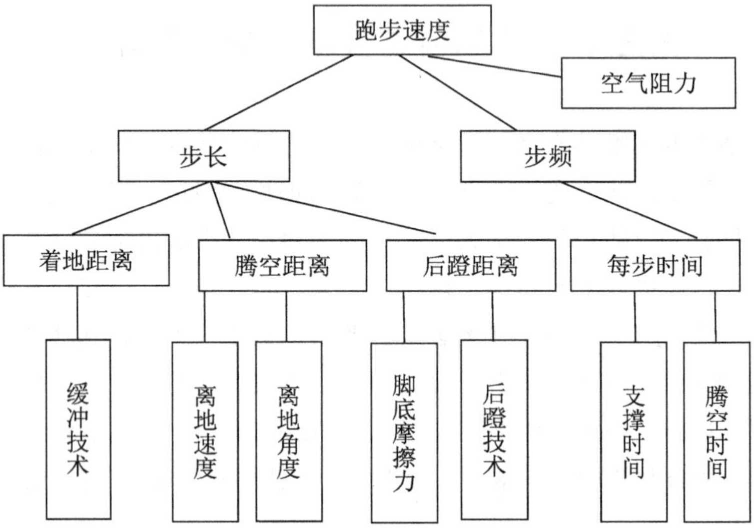

图 8-3-2　影响跑步速度的要素

图 8-3-3　步长的组成

表 8-3-1　男、女短跑运动员步长结构　（单位：m）

性别	着地距离（L_1）及占步长百分比	后蹬距离（L_2）及占步长百分比	腾空距离（L_3）及占步长百分比	步长（L）
男	0. 351/16. 3%	0. 690/30. 1%	1. 112/51. 6%	2. 153

续表

性别	着地距离（L_1）及占步长百分比	后蹬距离（L_2）及占步长百分比	腾空距离（L_3）及占步长百分比	步长（L）
女	0.308/16.1%	0.618/32.2%	0.991/51.7%	1.917

二、短跑动作技术的结构构成

为了讨论技术动作的方便，我们把短跑途中一个单步分为三个阶段、三个时相来分析（图 8-3-1）。

缓冲阶段：着地时相（摆动腿着地瞬间）到蹬伸时相（人体重心在支撑点垂线时刻）；

蹬伸阶段：蹬伸时相到离地时相（支撑腿离地瞬时）；

腾空阶段：离地时相到着地时相。

三、短跑动作的运动学分析

前面介绍过影响跑步速度的要素，其中有关运动学的要素，有专家做过较深入的研究，从表 8-3-2 中可知，100 m 跑男女运动员蹬伸阶段时间是缓冲阶段时间的两倍多，而腾空时间几乎是蹬伸阶段时间的两倍。男女运动员的步频相近，但单步重心水平位移距离和速度，男子比女子大；其余几项参数男女运动员都相差无几。

运动员腾空着地不可能没有阻力，但如果缩短了着地距离就起到了减小阻力的作用，有利于跑速的发挥。优秀运动员在比赛距离增长时，跑速相对减慢，而着地距离相应增大（表 8-3-3）。

我国高水平运动员一个单步时间约为 0.216 s，其中支撑时间为 0.088 s，占单步总时间的 40.7%；腾空时间为 0.128 s，占单步总时间的 59.3%。支撑与腾空时间之比为 1∶1.46。有学者研究报道，当跑步速度从最大速度的 40%（3.9±0.7 $m \cdot s^{-1}$）增到最大跑速（9.3±0.3 $m \cdot s^{-1}$）时，一个单步时间由 0.38± 0.1 s 降到 0.24±0.1 s，支撑时间和腾空时间都随跑速的提高而缩短，但并不按同一比例变化。在低速跑时，腾空时间比支撑时间短，随着跑速的增加，则腾空时间比支撑时间长，缓冲与后蹬的时间随跑速的提高而缩短，但它们占支撑时间的比例基本不变（1∶3），如图 8-3-4 所示。

表 8-3-2　男、女短跑运动员的主要运动学参数（取统计平均值）

	男 100 m	女 100 m	男 200 m	女 200 m
缓冲阶段时间（ms）	29.8	31.3	34.5	52.8

续表

	男 100 m	女 100 m	男 200 m	女 200 m
蹬伸阶段时间（ms）	69. 2	74. 6	78. 4	100. 6
腾空阶段时间（ms）	124. 0	122. 0	139. 3	128. 4
步频（步·s^{-1}）	4. 495	4. 407	3. 963	3. 559
单步重心水平位移距离（mm）	2120	1943	2062	1979
单步重心水平速度（m·s^{-1}）	9. 504	8. 553	8. 178	7. 025
重心腾空波动最大高度（mm）	18. 8	18. 2	23. 8	20. 2
蹬离地瞬时重心速度腾起角	1°50′	2°0′	2°23′	1°49′
支撑时期躯干与水平面夹角	79°~82°	80°~83°	61°~83°	83°~86°
着地时重心与支撑点连线与运动方向的前夹角	107°	107. 7°	108. 0°	111. 0°
蹬离地瞬时重心与支撑点连线对运动方向的夹角	61. 4°	61. 0°	62. 4°	60. 4°

表 8-3-3　第 23 届奥运会男子 200 m 决赛步长材料

	第一名	第二名	第三名
着地距离（m）	0. 217/0. 276	0. 284/0286	0. 327/0. 309
脚着地速度（m/s）	-7. 93/-7. 18	-5. 34/-5. 22	-6. 67/-7. 20

注：表 8-3-3 中的结果至少是两个复步的平均值，前面数据为 125 m 处数据，后面数据为 185 m 处数据。

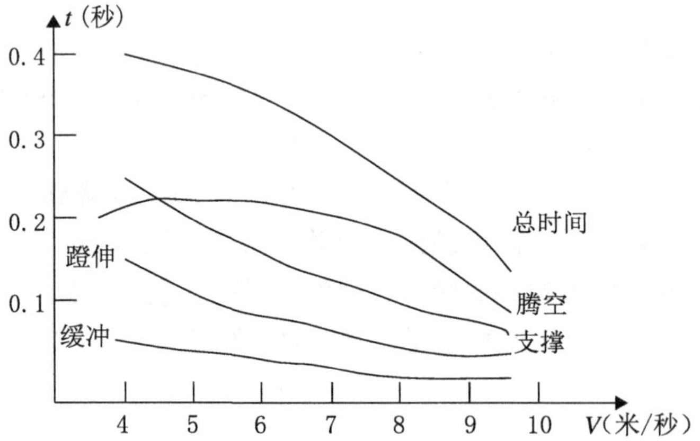

图 8-3-4　不同跑速时步时构成的变化（P. F. Komi）

运动员脚着地后，适当延长缓冲阶段时间，可以增大膝关节活动幅度，减小后蹬角，提高蹬地效率。我国短跑运动员与美国运动员相比较，着地缓冲时间短，为 0. 026 s，占总支撑时期百分比较小，为 29. 5%，美国短跑运动员这两个参数分别是仅 0. 34 s

和 35.8%（图 8-3-5）。

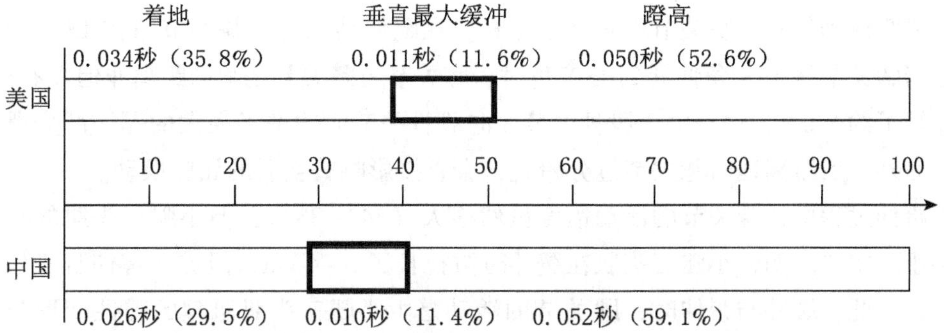

图 8-3-5　支撑腿各动作阶段的时间比例

步长和步频一般随跑速的增大而提高，但并不是呈线性关系。从图 8-3-6 可以看出，当跑速初始增大时，步长增加值比步频大，当达到一定速度时（约 9 m·s^{-1}），步长不再增大，并有减小趋势，步频还在继续增大，对一个运动员来说，步长和步频存在着最佳搭配的问题，这里可以用步长和步频衍生的数据来说明。卡列尔·霍夫曼通过对国际重大比赛的实测材料研究指出欲达到男子短跑世界水平，其步长指数：平均步长/身高>1.15，最大步长/身高>1.24，平均步长/腿长≥2.16，最大步长/腿长≥2.24；其步频指数：身高×步频≥8.1，身高×腿长> 4.34。

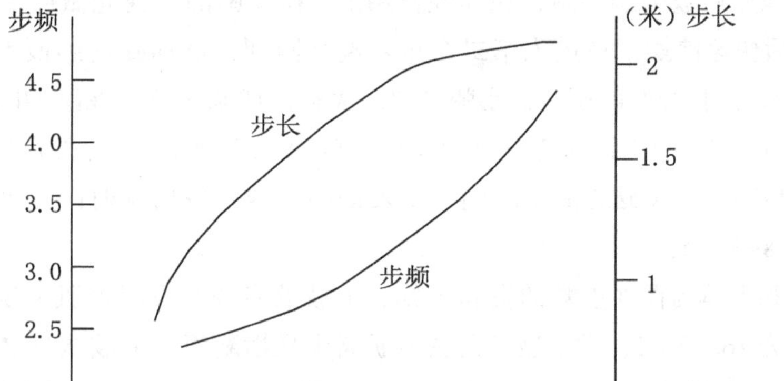

图 8-3-6　不同跑速时步长、步频的变化（P. F. Komi）

跑步腾空后着地的缓冲，主要由踝关节做负功完成。缓冲阶段踝关节角度变化为 34°~38°，膝关节仅为 4°~10°，髋关节基本未参与缓冲动作。现代短跑技术要求着地前，摆动腿的髋、膝、踝关节做积极蹬伸，使人体保持较稳定的重心高度并前移。整个支撑时期在促进身体前移方面，各关节的活动所起的作用大致相同；但它们发挥作用的动作时相不同，即在缓冲阶段髋关节的伸展活动起着主要作用，在蹬伸阶段膝、踝关节的蹬伸起着重要作用。

在腿蹬伸离地时，膝关节伸展到何种程度更好，目前比较一致的认识是短跑运动员在完成蹬伸动作时，膝关节不必充分伸直。在蹬伸结束时，膝关节角在 150°~165°，原因是当膝关节从 165°角伸展到 180°角时，膝关节与髓关节之间的距离非但没有增加，反而缩短了约 8 mm，这是由于股骨关节面向股骨关节面曲率半径大的那一部分滑动的原因。另外，后蹬离地时膝关节过分蹬直，会直接影响腾空后的屈膝摆动。

在蹬伸过程中，踝关节的活动幅度虽然很大（34°~38°），但小腿三头肌的收缩幅度却很小。实验表明，小腿三头肌在缓冲时被拉长了 3~4 cm，但进入蹬伸阶段长度几乎不变。因此，缓冲与蹬伸时，踝关节的活动是由小腿三头肌肌腱的弹性变形与复原完成的，这是踝关节利用非代谢能工作要求踝关节的肌腱有非常好的弹性和强度，弹性好在缓冲阶段可储存更多的能量，强度大在蹬伸阶段可支撑住髋膝关节肌肉的蹬伸力。踝关节结构功能的生物力学特点对于跑步能力具有重要意义。

跑步动作技术原理中非常重视摆动腿和两臂的摆动、躯干的扭转的结合，这些动作的意义有：①摆动动作的方向、幅度和速度直接影响跑步的步幅和步频；②在进入缓冲阶段时，摆动腿的鞭打动作可减小着地碰撞力，从而减小阻力；③在整个蹬伸阶段摆动动作增加了支撑腿的负荷，提高了蹬地效果；④上肢质量相对小，可以快节奏摆动，对下肢快速相向运动——蹬伸起到了促进作用；⑤摆动动作维持了人体的动态平衡。

蹬伸腿离地后就成为摆动腿，在惯性作用下，摆动腿的大腿先做后伸（约 0.025±0.007 s），然后快速前摆，在进入第二个单步离地瞬间，摆动腿达到最大摆幅，约为 163.7°±10.60°。大腿开始前摆后，小腿迅速向大腿做屈膝折叠，在蹬伸时相达到最大屈曲程度（29.8°±2.8°）。膝关节的屈曲时间（0.15±0.004 s）与伸展时间（0.15±0.01 s）几乎相等，但大腿的前摆时间（0.22±0.008 s）较后摆时间（0.11±0.01 s）约长一倍（图 8-3-7）。

从解剖学和人体的惯性参数的资料可知，上肢的肩关节及肩带肌肉生理横断面与上肢质量之比为 16.60：1，而下肢的髋关节肌肉生理横断面与下肢质量之比为 8.94：1。也就是说，与下肢相比，上肢质量较小，相对肌肉力量较强，摆动时比下肢更容易加速，且能维持高的摆动频率。因此，上肢的快速摆动可促进下肢的相向运动，从而提高跑动频率。

在跑步中，躯干协同上下肢的摆动而形成的扭转有利于提高上下肢的蹬摆效果。当右支撑腿蹬伸时，右肩和左髋向前形成了躯干的扭动，增大了上下肢的摆动幅度，再通过良好的“送髋”技术增大步幅。

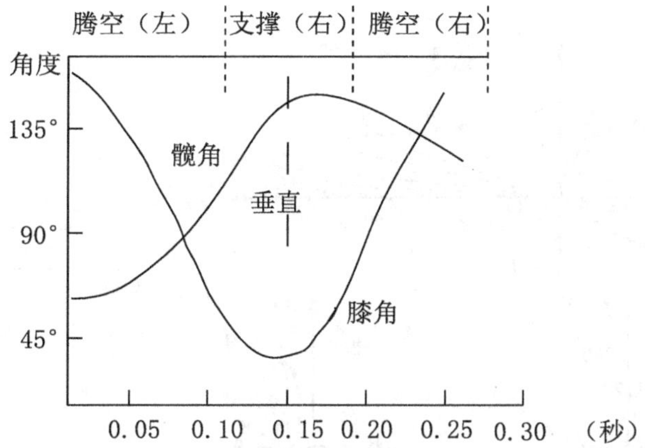

图 8-3-7　摆动腿角度随时间变化

四、动作的动力学分析

运动员从着地时相到离地时相，经过了缓冲阶段和蹬伸阶段，这段时间人体受到地面的支撑反作用力，用三维测力台测得的数据制图，并与缓冲、蹬伸阶段进行对应分析，可知在支撑时相的两个阶段地面作用于人体的外力的大小、方向及性质以及与人体（重心）的关系（图 8-3-8a）。其中，F_z分量代表垂直方向的力，F_y分量代表前后方向的力，F_x分量代表左右方向的力。

支撑反作用力 F_z分量极值最大，为 278 kg（图 8-3-8），约为人体体重的四倍，之所以最大是因为要抵抗人体的重力和腾空落下来的势能。F_x分量在人体支撑中只起着维持平衡的作用，从理论上讲越小越好，越小就越能减小人体的左右晃动。

支撑反作用力 F_y分量是影响速度的主要因素，人体从着地时相开始进入缓冲阶段，最小极值可达到-51 kg（图 8-3-8b）。短跑技术要求人体在腾空阶段摆动腿未着地之前要积极伸髋，带动小腿做鞭打动作进入缓冲。测试材料表明，使用这种技术动作的结果是着地时脚相对于跑道的速度在 0.1～0.5 $m \cdot s^{-1}$，同时增大了人体着地角，减小了水平阻力及作用时间，最终减小了阻力冲量。另外，这个技术动作还有利于后续的伸展髋、膝关节动作。

人体腾空后一着地，此时水平分力 F_y是人体前进的阻力对人体产生向前翻转的力矩（$M=F \cdot h$，h 为人体重心高度）；F_z分力对人体重心产生向后翻转的力矩（$M'=F_z \cdot L$，L 为人体重心垂线与着地点的水平距离）（图 8-3-9a）。人体由缓冲阶段向蹬伸阶段的过渡，实际上是人体围绕足支点的向前转动。因此，力矩 $M>M'$。然而，人体又必须依靠上肢摆臂、躯干扭转以及摆腿动作，才能保持动态平衡和迅速位移。

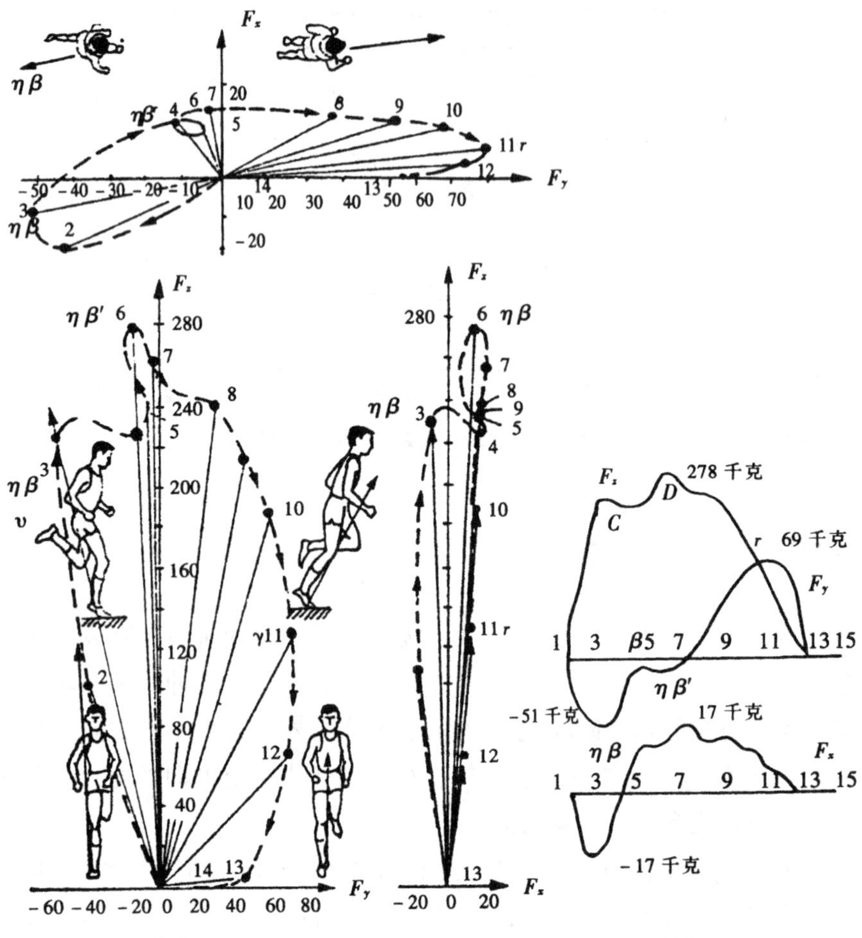

图 8-3-8　用三维测力台测得运动员从着地时相到离地力的作用图

我们从测力台测得支撑反作用力的矢量图（图 8-3-8），可看到缓冲阶段支撑反作用力的合力是从人体重心的后下方通过的。因此，缓冲阶段人体受到的水平分力必然是阻力，否则人体在 F_z分力产生力矩的作用下会向后倾倒，在理论上要求摆动腿的鞭打动作完全消除 F_y水平阻力是不符合实际的。蹬伸阶段人体重心投影点处于支点的前方，此时水平分力是动力，垂直分力 F_z使人体产生竖直方向的加速运动，同时水平分力 F_y使人体产生向后翻转的力矩，垂直分力 F_z使人体产生向前翻转的力矩（图 8-3-9），这两个力矩在躯干及上肢动作配合下，维持着人体动态平衡向前运动，也就是说，蹬伸阶段支撑腿除了支撑人体维持平衡，重要的是产生后蹬力，增加蹬地效果。

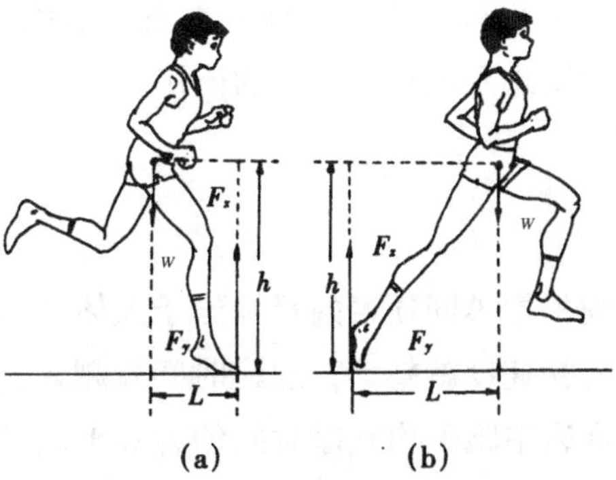

图 8-3-9　跑时受力图

第四节　跳的生物力学分析

各种跳的运动项目的目标是使身体在空间产生位移，达到最大远度（如跳远、三级跳）或最大高度（如跳高、撑竿跳高），或者同时要求远度及高度（体操的跳马），并且依据有关竞赛规则，使已经获得的位移得到最有利的承认。如在远度的着地动作中，运动员应力求在身体不后倒的情况下使两腿尽可能远地着地；在高度跳跃中，运动员应力求使身体越过的高度接近或超过身体重心所达到的最大高度的横杆。

一、跳的一般原理

各项跳跃有其共同的规律与原理，首先我们来论述它们的共性，然后逐项分析具体项目的生物力学原理。

运动员身体总质心在腾空时所能达到的远度 S 和高度 h 由下式确定：

$$S= v_{0X}\cdot T =v_0\cos\theta\cdot T$$

$$=v_0\cos\theta\cdot\frac{1}{g}\left(v_0\sin\theta+\sqrt{v_0^2\sin^2\theta+2gh}\right)$$

$$=\frac{1}{g}\left({v_0}^2\cos\theta\cdot\sin\theta+v_0\cos\theta\cdot\sqrt{{v_0}^2\sin^2\theta+2gh}\right)$$

$$h=\frac{v_0^2\sin^2\theta}{2g}$$

其中，v_0为腾起的初速度，θ 为腾起角（腾起时开始时刻速度矢量与水平面的夹角），g 为重心加速度，h 为离地和落地时刻总质心的高度差（落点低于离地点 h 为正值，反之为负值）。由上面二式可知，高度仅取决于 v_0和 θ 两个因素，远度取决于 v_0、θ 和 h 三个因素，而其中 v_0和 θ 的影响尤为显著。总质心的初速度产生于起跳前的准备和起跳动作。通常跳跃动作过程可分为起跳前的准备、起跳、腾空和落地缓冲四个阶段，而起跳前的准备又包括助跑及助跑与起跳的衔接。

二、助跑

助跑的作用在于起跳前根据不同项目的目标给予人体适宜的运动速度。一般来讲，助跑速度越快，起跳时腾起初速度就越大，起跳时间就越短，如跳高平均约为 0. 18 s、跳远平均约为 0. 12 s、百米途中跑平均支撑时间约为 0. 1 s。这就要求运动员在更短的起跳时间里完成缓冲和充分向上蹬伸的动作，具备足够强的起跳能力，从而获得较大的腾起角。一般而言，助跑速度越快，腾起角就越小。不同的项目有其特有的助跑速度的要求，较大的助跑速度有利于在起跳的缓冲阶段更多地将一部分水平动能转化为肌肉的弹性势能，为增大蹬地力创造更好的条件。由于跳跃项目的助跑速度比运动员本身所能达到的极限速度为低，因此提高运动员的起跳能力是挖掘这一潜力的关键所在。

三、助跑与起跳的衔接

助跑与起跳的衔接是跳跃完整技术中十分重要的环节，起着承上启下的作用，它对正确地完成动作、提高跳跃效果具有直接影响。助跑与起跳的衔接从运动生物力学的观点来看，有以下要求：快速或加速向起跳点跑进，使之能与快速起跳相适应；在最后的两三步或三四步时，适当降低重心。降低重心的目的一方面使起跳具有更大的向上蹬伸空间，有利于增大起跳力的垂直冲量，从而增大起跳垂直初速度和腾起角；另一方面使起跳着地时刻人体重心向下的速度降低较大（接近于零）。这样可以使起跳时所获得的起跳力的垂直冲量更少地用以克服向下的运动，从而能更有效地增大向上的垂直速度。

四、起跳

起跳是跳跃技术中的关键环节，可分为着地、缓冲和蹬伸三个阶段，它依靠起跳腿的着地、缓冲、蹬伸以及全身整体动作（肢体的摆动和躯干的伸展）来完成。起跳时应充分利用助跑所获得的速度，在较短的时间里，创造尽可能大的腾起角（仅对跳高和跳远而言），使人体获得适宜的动量矩。需要说明的是，这里并没有强调创造尽可能大的腾起初速度，是因为腾起速度来源于助跑速度，而起跳是完成将部分水平速度转化为垂直速度的过程。由起跳力冲量图（图 8-4-1）可知，人体起跳过程在 X 方向的冲量为负值，在 Y 方向的冲量为正值，因此不论是跳高还是跳远的起跳动作，其结果都是使人体的水平速度下降、垂直速度增加。研究表明，在起跳这一短暂的时间里，

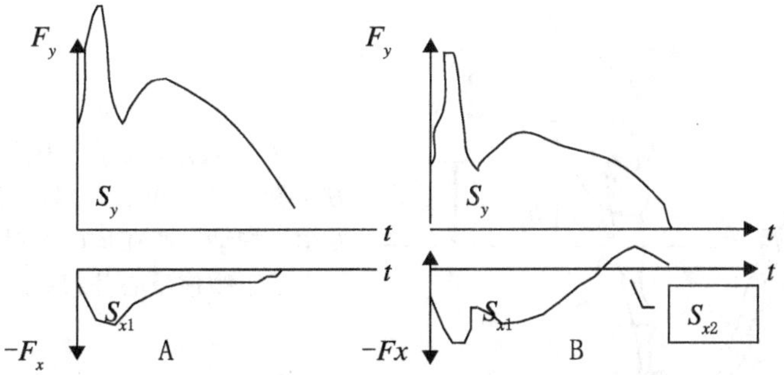

图 8-4-1　跳高（A）与跳远（B）起跳垂直力（F）和水平力（F_x）冲量图

如能将更多的水平速度有效地转化为垂直速度（虽然存在着能量的损失），那么所得到的利将大于弊。但不要误认为可以用降低助跑速度的方法来换取腾起角的增大，这不是积极有效的方法。在起跳过程中，假设人体质心于垂直方向上做匀加速运动，并且在起跳开始时刻人体垂直速度为零，那么有：

$$h=\frac{1}{2}at^2$$

$$V=at=\frac{2h}{t}$$

在这里 h 为起跳过程中身体质心升起的高度，t 为质心做竖直加速运动的时间，V 为起跳结束时人体质心竖直方向运动的速度。

由以上二式可知，起跳时加大质心向上升起的高度或缩短起跳时间，均能增大质心向上腾起的速度。

（一）增大重心上升的高度

①缓冲阶段起跳腿屈曲下蹲，使身体重心下降，或者在起跳时的最后一步助跑中使身体重心适度下降，都可以增加起跳过程中身体重心垂直位移的高度（图 8-4-2）。

②肢体的摆动可大幅度地提高身体重心高度。

③起跳腿的提踵（伸展踝关节）对身体重心升起高度起重要作用。

上述分析尚未考虑在起跳过程中人体重心的快速前移。当重心超过垂直位置时，由蹬伸所引起的伸展幅度对于提高重心位置的作用将随着重心的前移而下降，因此应在重心于垂直位置以前就开始蹬伸，这不仅在跳远是如此，跳高更是如此。

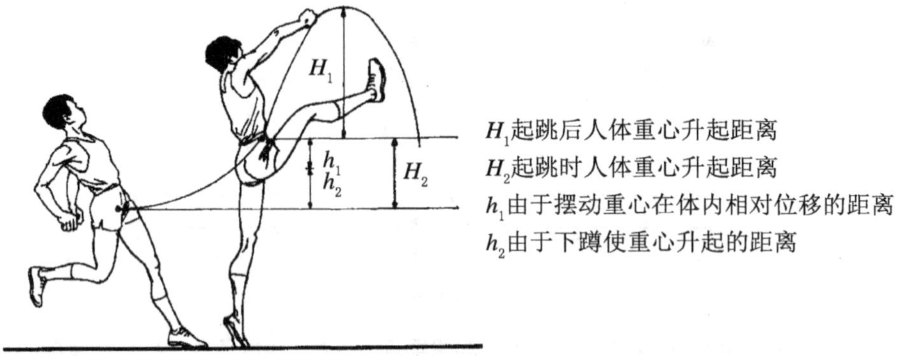

图 8-4-2　跳高身体重心垂直位移示意图

（二）缩短起跳时间

缩短起跳时间主要取决于运动员本身的起跳能力，即抗缓冲的能力和快速蹬伸的爆发能力。从上述公式中可以看出，在重心蹬起高度 H 不变的情况下，加速度 $a_y=2H/t^2$，根据牛顿第二定律：$F=ma_y=2mH/t^2$（m 为人体的质量），可知垂直冲量 $S_y=F\cdot t=2mH/t$。起跳时间的缩短，增加了起跳力（当然增加了起跳腿的负荷），同时也增加了起跳力的垂直冲量，从而提高了向上的垂直速度。下面引用两个实验材料加以佐证（表 8-4-1 和表 8-4-2）。

表 8-4-1　李某两次起跳成绩和时间

	第一次	第二次
成绩	1.85 m	2.03 m
起跳时间	0.18 s	0.15 s

表 8-4-2　张某四次起跳成绩和时间

	第一次	第二次	第三次	第四次
成绩	1.50 m	1.60 m	1.70 m	1.80 m
起跳时间	0.30 s	0.28 s	0.26 s	0.22 s

起跳时间缩短，反过来又为提高助跑速度创造了条件。这再一次表明，提高跳跃的起跳能力始终是根本问题。

第五节　自由式滑雪空中技巧动作技术的生物力学分析

一、自由式滑雪空中技巧动作的结构划分

自由式滑雪空中技巧运动是体操翻腾技术和滑雪技术的完美结合，动作的完成过程中追求高、飘、美，是一项技术性很强具有很高的观赏性的体育运动项目，要求在特定的场地内完成，自由式滑雪空中技巧场地参数及示意图如图 8-5-1 所示。自由式滑雪空中技巧动作主要由助滑、起跳、腾空、着陆四部分组成。助滑阶段指运动员在助滑坡上助滑开始到进入到过渡曲线时止；起跳阶段指运动员开始做准备起跳动作，即进入跳台过渡曲线至双板尾离跳台瞬时；腾空阶段指运动员双板尾离跳台瞬时至雪板落地前瞬时；着陆阶段指雪板落地前瞬时到运动员安全滑行到过渡区止。动作过程如图8-5-2 所示。

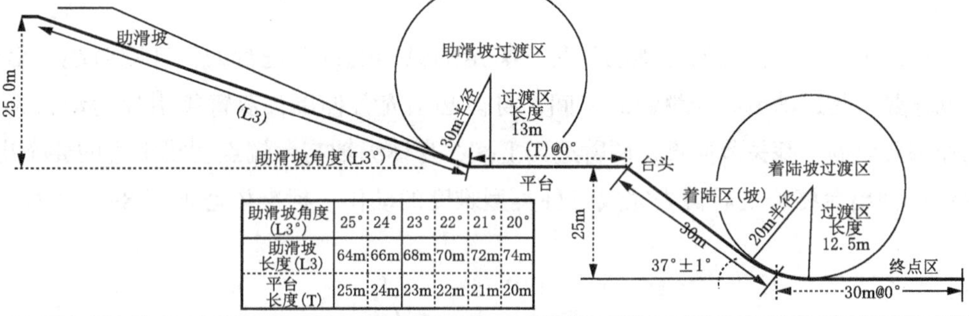

图 8-5-1　自由式滑雪空中技巧场地参数及示意图

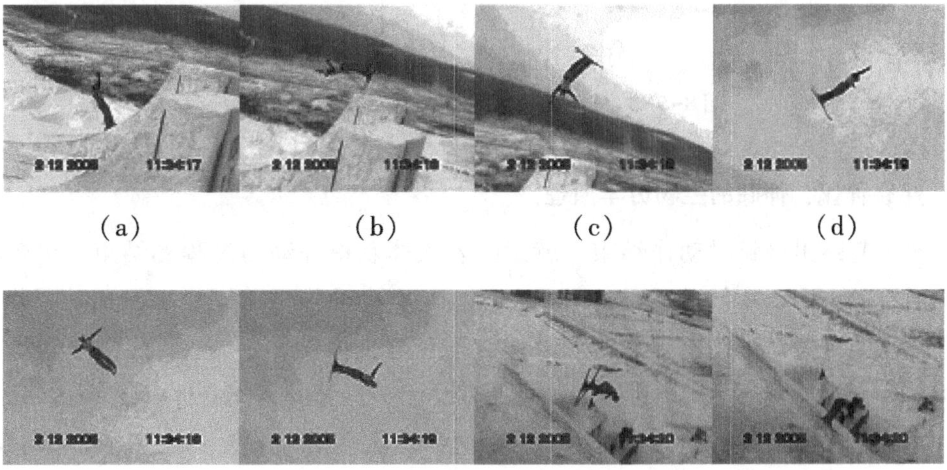

(a)　(b)　(c)　(d)

(e)　(f)　(g)　(h)

图 8-5-2　自由式滑雪空中技巧冬季跳台动作组图（bFdFF）

二、自由式滑雪空中技巧动作结构的内在力学规律

（一）助滑阶段的生物力学原理

观察国内外优秀运动员的助滑距离可以发现：自由式滑雪空中技巧运动员会根据不同的跳台高度、不同的雪质、不同的风向风速、不同的室外温度选择不同的助滑高度，原因是上述诸多因素会对运动员的出台速度产生影响，而只有助滑高度可进行人为控制，运动员会通过助滑高度的改变弥补其他因素对出台速度产生的影响，保证在完成空中动作时需要的合适出台速度。例如在气温较高、雪质较黏时，运动员的助滑高度应适当增加，同时对雪板进行打蜡以减少雪板和地面的摩擦。因此运动员在平时的训练中应注意积累这方面的经验，进行速度的测试，并根据场地及环境条件选择合理的助滑高度。

（二）起跳阶段的生物力学原理

自由式滑雪空中技巧的起跳动作是在特定的弧形跳台上进行的，规则对起跳出台瞬时的动作要求是运动员离开跳台的瞬间，身体必须充分伸展，双臂须引导运动，无论什么动作都要以髋、膝关节伸直，两臂适当上摆，身体纵轴与台端点切线垂直的姿态出台，在保证这种出台姿势之后再去完成各种类型难度的动作。标准姿态如图 8-5-3 所示。

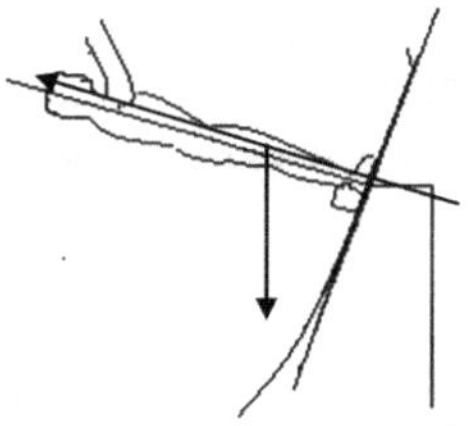

图 8-5-3　符合规则要求的起跳出台瞬时动作

1. 起跳伸髋、伸膝的生物力学原理

事实上起跳出台瞬时动作结束，就意味着人体获得外动力过程的结束，出台瞬时能否为后续的空中动作创设适宜的时空条件，是空中动作得以完成的保证，因此出台动作至关重要。运动员在出台瞬时如果伸膝不充分，将导致上体后仰，减小对台面的作用力，反作用力减小的同时，其重心会在身体上方通过并远离身体（图 8-5-4）。地面反作用力减小，将导致抛射角度小，重心抛物线轨迹相对低缓，腾空时间相对缩短；另外，出台瞬时获得的翻转动量矩增加，会使人体绕横轴的翻转速度加快，导致空中动作界限不清，从动作完成的结果看，运动员在相对短的时间完成动作，将影响动作

的完成质量和动作的美感。所以出台瞬间要求身体充分伸展，髋、膝关节伸直，使人体获得合理的抛物线，以满足动作的美度要求。

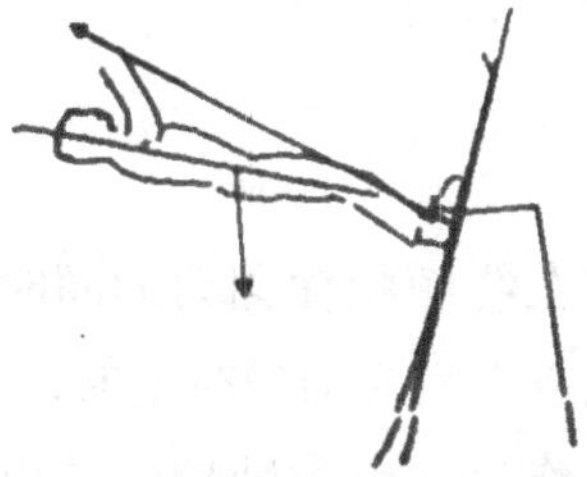

图 8-5-4 不符合规则要求的起跳出台瞬时动作

2. 摆臂技术生物力学原理

从能量守恒的角度出发，运动员为完成动作所需的能量主要由助滑起点的高低来决定。然而在实际完成动作时，影响这种能量变化的因素又是多方面的，诸如风速、摩擦等。“带臂式”摆臂技术通过合理的摆臂以及身体其他部位的配合，使动作协调、自然，手臂加速挥摆产生的惯性力，能增大起跳的力量，使运动员在垂直起跳速度相对不足的情况下，获得额外的垂直速度，进而获得较大的抛射角度，增加身体的滞空高度获得足够的腾空时间，以更好地完成空中技巧动作，所以运动员应充分意识到摆臂的重要性。

以 dF 类动作开始的动作组合是第一周人体要完成绕横轴约 270°（360°减助滑区曲线 90°）绕纵轴 720°的空翻转体动作，即横轴一周配纵轴两周的空中动作要求绕纵轴具有较快的转速，因此该动作起跳技术应为单臂式摆动。因为单臂式摆动使人体单侧肢体产生加速度，导致地面对人体的反力不通过人体质心，人体获得了初始的绕人体纵轴的动量矩，再叠加质量分布不对称产生的转动效应，人体获得较大的初始动量矩，所以，单臂式摆动能提高绕纵轴转动的速度。因此 dF 类动作在起跳时建议采用单臂式摆动技术起跳，以增加绕人体纵轴初始动量矩，从而增加人体绕纵轴的转动速度，并且上体要前跟，减小绕横轴的翻转，使 dF 阶段结束在合理的时相。

3. 出台速度的分布与动作质量的关系

适宜的出台速度是空中动作得以完成的保证。从运动学的观点分析，腾空阶段的空中技巧动作由两个运动合成，一个是人体的抛物运动，另一个是人体的翻转运动。人体抛物运动的时空存在即人体出台瞬时获得的动量矩，构成人体在腾空阶段完成翻转动作的条件。实践证明，腾空阶段完成动作的条件及翻腾动作的技术水平决定着该阶段的动作质量。根据沈阳体育学院闫红光对第 19～21 届冬奥会的跟踪反馈研究数据统计的结果，两周台速度大小分布范围为 11～13 $m \cdot s^{-1}$，速度角度分布范围为 61°～

69°；三周台速度大小为 13~15 m·s^{-1}，角度为 67°~71°。不论两周还是三周，速度和角度偏大的动作完成的质量相对较好。

（三）腾空阶段的生物力学原理

1. 转体动作的生物力学原理

所谓空翻转体动作是指人体在绕额状轴翻动的同时还绕垂直轴转动的复合翻转动作。空中技巧规则中，运动员在空中完成动作时要有动作间的规定界限，具体要求是：在出台瞬间不能有明显的转体动作，一个横轴翻转结束时要能判明运动员已经完成了什么动作，然后才能进入下一个动作的翻转。其中规定，横轴翻转至头向上，身体纵轴呈垂直位时的前后 30°范围内开始的转体动作视为合乎要求，在此范围之外开始的转体动作视为技术错误；头向上身体呈垂直位时的后 30°之前结束的转体动作视为合乎要求，否则视为技术错误，如图 8-5-5 所示。

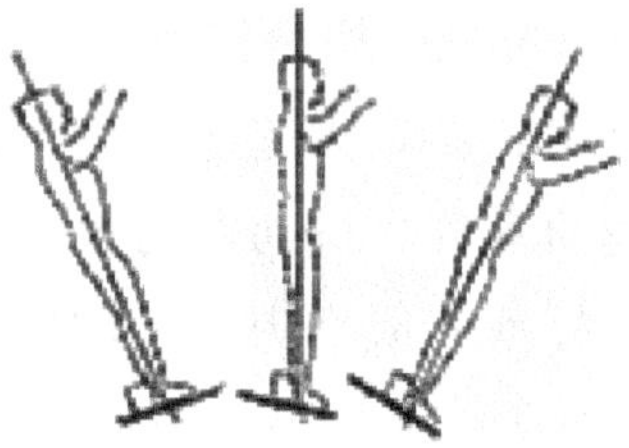

（a）（b）（c）

图 8-5-5　运动员腾空相邻动作裁判得分要求

在一个动作组合完成后，运动员如果处于图 8-5-5（a）到（c）的位置之间，视为合乎要求的动作，相应的动作将得到高分，否则将被扣分。由于参赛动作的空中技术多分为 F、dF 类组合，在空中动作中人体绕横轴与纵轴周数的匹配不同，因此运动员在完成空中动作时要改变人体绕横轴与纵轴的速度。人体在空中总动量矩近似守衡，运动员必须通过身体质量的分布改变达到动量矩的重新分配，进而实现人体绕横轴与纵轴速度的重新分配。动量矩重新分配的原则应遵循动量矩守衡原理：$I_1\omega_1=I_2\omega_2$（I 为转动惯量，ω 为人体转动角速度），根据公式可知，无论人体是绕横轴翻转，还是绕纵轴旋转，均可通过改变转动惯量达到改变转动角速度的目的。增加转速应尽量减小身体的转动惯量，转动惯量的减小通过转动半径的减小来实现，反之减小转速应增加身体转动半径。通常运动员通过上臂的摆动来实现转动半径的改变。

通过大量的技术分析发现，运动员在完成 dF 类动作时，均在出台瞬时有早转现象，出台时右脚的雪板比左脚的略靠前。为了避免早转现象的发生，应从提高运动员空中转体能力入手，增加身体核心区域力量的训练，增加手臂的回转速度，减少躯体的弯曲，达到提高身体绕纵轴转体的能力。

2. 腾空阶段速度的分布规律

根据大量的测量结果，分析发现，无论是哪类动作，腾空阶段的速度在水平方向和垂直方向均呈现有规律的变化，其变化趋势如图 8-5-6、图 8-5-7 所示。腾空阶段的速度在水平方向上的变化见表 8-5-1。

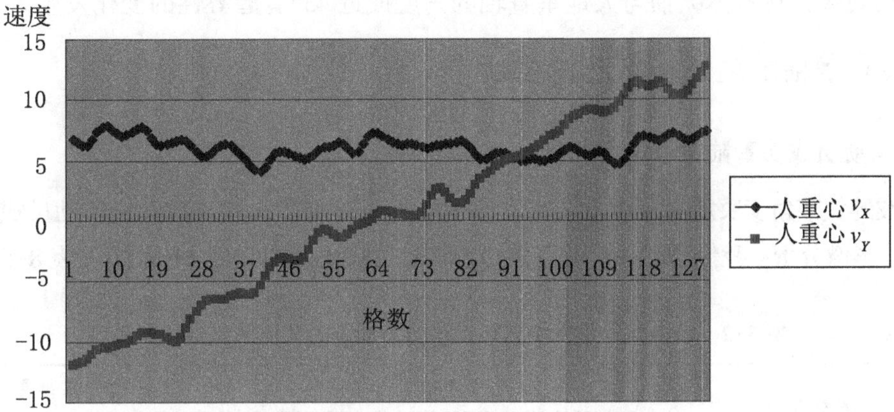

图 8-5-6　人体重心 v_X、v_Y-时间曲线

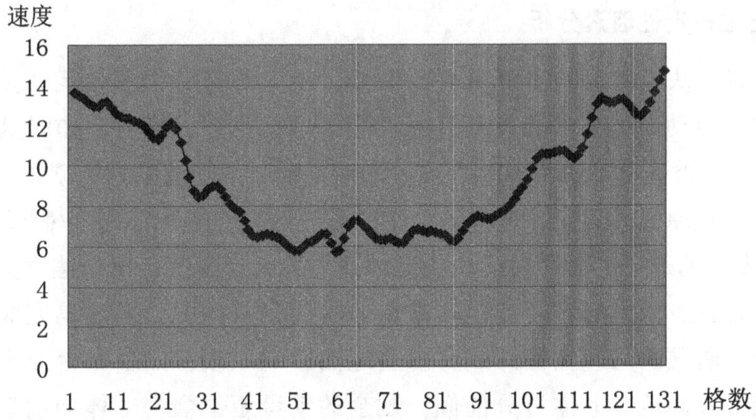

图 8-5-7　人体重心合速度-时间曲线

表 8-5-1　某运动员 dFFF 空中身体纵轴与大地垂直轴的夹角与速度的关系

角度（°）	≤45	≥45	≤45	≥45	≤45	≥45
格数	3～17	17～30	30～35	35～43	43～66	66～86
时间（s）	0.12～0.36	0.38～0.66	0.68～0.84	0.86～1.18	1.20～1.44	1.46～1.82
水平速度（$m\cdot s^{-1}$）	6.8～7.8↑	7.8～5.2↓	5.2～6.3↑	6.3～5.0↓	5.0～6.9↑	6.9～5.5↓

图 8-5-6、图 8-5-7 是某运动员在做 dFFF 动作时空中飞行时的速度-时间曲线。其他动作如 FdFF、dFF、FdF、LdFF、LTF 等速度-时间图形均有此特征。通过图 8-5-6 可知，运动员在空中飞行时水平速度为非匀速过程，速度的变化在一定的区间内波动，同时垂直速度的变化也是一非匀变速的过程，观察垂直速度与水平速度的变化，在无风的情况下，运动员完成水池动作时，人体在空中的飞行速度与人体的方位密切相关，测量结果见表 8-5-1。这说明运动员在空中的运动轨迹虽近似抛物线，但有自身的运动规律，在身体纵轴与大地垂直轴的角度成近 45°有趋势性的变化发生。

（四）着陆阶段的生物力学原理

1. 运动员成功着陆关节角度分析

下肢的关节角度决定了人体重心在支撑面的投影范围，通过对数百例运动员成功着陆时的运动影像分析，我们给出了运动员成功着陆时的髋膝关节角度分布范围（表 8-5-2）。

表 8-5-2　自由式滑雪空中技巧运动员落地瞬时最佳髋、膝关节角度

角度（°）	膝关节分布范围	髋关节分布范围
	120. 44～144. 49	119. 61～148. 28

2. 影响落地稳定性因素分析

落地稳定性是决定胜负的十分重要的因素，稳定的着陆技术是运动员成功完成动作的标志，也是运动训练追求的最高目标。但运动员在完成难度动作时其成功率多半在 50%～70%，优秀选手可达到 80%左右。影响运动员成功着陆的因素很多，如果从动作结构逆向循序找原因，其顺序是着陆动作本身-准备着陆动作-空中翻转-起跳出台-助滑上台-出发点的选择。助滑为运动员提供适宜的出台速度，出台速度为空中动作的完成提供时空保证，因此出台速度是非常重要的因素。空中如果过早完成翻转动作会导致翻转过度，着陆瞬间产生臀部或背部着地而影响成绩；如果出台速度和空中翻转速度不够，会导致落地时上体过分前倾，剩余的动量矩也会使上体向前速度过大。适宜的出台速度可以为运动员提供适宜的落地时的体位角（体位角是人体躯干与着陆坡面垂线的夹角），减小人体剩余动量矩，并使重力矩、反作用力力矩的总和最小，使下肢的关节角度易于控制，达到平稳着陆顺利滑出的效果。反之会导致运动员落地时的体位角过大或过小，人体剩余动量矩增加，且 bF 类动作落地时身体仍在转动，此时运动员要想平稳着陆必须由重力矩及下肢的肌肉力矩来克服人体剩余动量矩，尤其是当落地时体位角较大时，要通过髋膝关节的屈伸来调控重心的位置使其落在着陆坡面的垂线的上方。所以运动员的下肢肌群的抗冲击能力、制动髋、膝肌群快速收缩力，对落地稳定性的实现是有重要意义的。通过对成功动作的冲击力统计分析，定点解析出三周台绝对腾空高度的取值范围为 13. 59～15. 71 m。在限定高度范围内，其指数函数回归方程为：

$Y=c\times b^x$　（其中 $b=1.069$，$c=27.938$），拟合的曲线如图 8-5-8 所示：

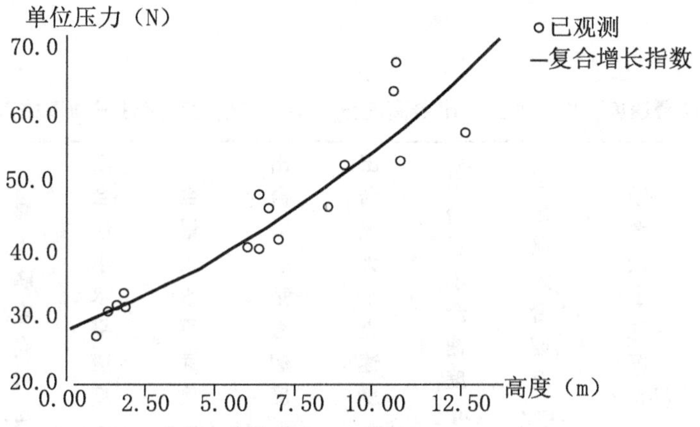

图 8-5-8　腾空高度与单位体重压力曲线拟合

计算结果如下：

最大体重均力：

$Y=27.938\times1.069^x=27.938\times1.069^{15.7}=27.938\times2.853=79.707$（$N\cdot kg^{-1}$）

最小体重均力：

$Y=27.938\times1.069^x=27.938\times1.069^{13.59}=27.938\times2.476=69.183$（$N\cdot kg^{-1}$）

把冲击力的单位转换成千克力，转换后三周台的单位体重均力大约是人体体重的 7. 06～8. 13 倍，为正常人体能承受的安全范围。

除受上述技术因素影响之外，场地、天气（风向、风速）以及教练员指挥等非技术因素也直接决定着陆的成功率。

三、运动员出台技术与落地稳定性的关系

1. 助滑速度、出台速度、出台高度分布范围与落地稳定性的关系

通过影响分析系统对我国优秀运动员在阿尔山场地完成三周台动作进行解析，得出三周台不同动作的助滑速度、出台速度、腾空高度、人体体位角度、落地距离的分布范围（阿尔山场地宽度为 20～25 m，着陆坡度 38°，助滑坡度 22°～25°）。

由表 8-5-3 可知，运动员在做 LTF 动作中，出台瞬间的速度最大值为 15. 7 $m\cdot s^{-1}$，腾空高度分布为 15. 94～11. 02 m；LFF 动作出台瞬间的速度最大值为 16. 17 $m\cdot s^{-1}$，腾空高度分布为 16. 63～11. 45 m；FFF 动作出台瞬间的速度最大值为 16. 54 $m\cdot s^{-1}$，最大垂直速度为 14. 52 $m\cdot s^{-1}$，腾空高度分布为 17. 05～12. 01 m；LFF 动作台瞬间的速度最

大值为 16.61 m·s⁻¹，腾空高度分布为 17.07～12.44 m；FdFF 动作出台瞬间的速度最大值为 16.78 m·s⁻¹，最大垂直速度为 14.70 m·s⁻¹，腾空高度分布为 17.43～12.44 m；dFFF 动作出台瞬间的速度最大值为 16.85 m·s⁻¹，最大垂直速度为 14.82 m·s⁻¹，腾空高度分布为 17.61～12.72 m。在以上速度内加上合理的出台技术均能达到稳定的落地动作。

表 8-5-3 助滑速度、出台速度、出台高度分布范围与落地稳定性成功率关系（三周台）

动作	助滑最大速度 ($km \cdot h^{-1}$)	助滑最小速度 ($km \cdot h^{-1}$)	出台最大合速度 ($m \cdot s^{-1}$)	出台最小合速度 ($m \cdot s^{-1}$)	出台最大垂直速度 ($m \cdot s^{-1}$)	出台最小垂直速度 ($m \cdot s^{-1}$)	出台最大水平速度 ($m \cdot s^{-1}$)	出台最小水平速度 ($m \cdot s^{-1}$)	最大腾空高度 (m)	最小腾空高度 (m)	落地成功率 (%)
LTF	65.39	53.71	15.7	11.87	13.53	9.52	4.51	3.86	15.94	11.02	96.0
LFF	67.85	56.12	16.17	12.55	14.16	9.81	4.72	4.14	16.63	11.45	94.5
FFF	68.82	54.80	16.54	11.96	14.52	10.4	5.15	4.53	17.05	12.01	92.0
LdFF	69.31	56.27	16.61	12.62	14.46	10.88	5.31	4.61	17.07	12.44	95.0
FdFF	71.57	55.38	16.78	12.70	14.70	10.97	5.65	4.76	17.43	12.47	92.5
dFFF	72.23	58.89	16.85	13.14	14.82	11.13	5.80	4.81	17.61	12.72	93.0

2. 出台体位角、着陆距离分布范围与落地稳定性的关系

落地稳定性不仅和助滑速度、出台速度和腾空高度有关，还与运动员出台瞬间的体位角和着陆距离有关。体位角大小决定了运动员出台后空翻中绕横轴转动速度的大小，体位角大，运动员出台后将获得较大的横轴转动速度，反之则较小。通过表 8-5-4 可以看出，在 FdFF 动作中，体位角的分布范围最小，最大为 178°，最小为 175.5°；dFFF 动作体位角分布范围最大，最大为 186.5°，最小为 182°。

表 8-5-4 出台体位角、着陆距离分布范围与落地稳定性关系

动作	最大出台体位角（°）	最小出台体位角（°）	着陆最大距离（m）	着陆最小距离（m）	落地成功率（%）
LTF	183.5	179.0	4.53	2.04	96.0
LFF	182.5	178.0	4.89	2.29	94.0
FFF	181.0	177.0	5.34	2.57	95.5

续表

动作	最大出台体位角（°）	最小出台体位角（°）	着陆最大距离（m）	着陆最小距离（m）	落地成功率（%）
LdFF	181. 5	178. 5	5. 25	2. 73	95. 0
FdFF	178. 0	175. 5	5. 68	2. 85	94. 5
dFFF	186. 5	182. 0	5. 77	2. 94	93. 0

着陆距离也是影响落地稳定性的一个较为重要的因素，着陆距离较大时，水平方向速度和腾空时间较大，势必会使垂直速度变小，腾空高度降低，从而影响空中动作的质量，导致落地失败；同时，水平速度增大，水平飞行距离也随之增大，使落地的高度增大，这样就增加了运动员着陆时受到的冲击力，更容易造成运动损伤。

四、动作结构的优化

自由式滑雪空中技巧运动最终的评分原则为出台动作 20%，空中动作 50% ，着陆动作 30% 。裁判员根据 FIS 自由式滑雪裁判手册 6004 款确立的标准独立评定运动员的技术表现，每跳的分数乘以难度系数决定该跳的总分，运动员两次跳跃的最终得分由每跳总分相加决定。因此自由式滑雪空中技巧运动项目的目标要求运动员完成事先选定的动作，空中动作要求完成得高飘舒展，着陆时要求无手臂、臀及背部触雪并平稳滑下着陆坡。级别较高的运动员往往在落地稳定性上出问题，这是影响运动项目指标的因素，和落地动作的具体情况有关。对后空翻的空中动作，如果是落地前倾失稳，说明空翻速度不够；如果落地时手在体后触雪或臀触雪，则说明空翻转动速度较快。影响空翻转速的因素在起跳，影响起跳空翻速度的因素有立腰稳度、摆臂、腿蹬伸强度、滑行速度等。在诸多因素中，我们主要是施加生物力学因素来减小影响；如起跳时对颈头、立腰、伸膝、屈踝等动作的对抗肌群同时进行施力控制，使这些运动偶角度不变就可减少控制因素，使控制变得简单易实现；滑行速度可用助滑高度来控制，使控制因素变为只有摆臂和腿蹬伸强度。出台起跳腿蹬伸时有展髋动作会增大后空翻转速，蹬伸时有收髋动作会减少后空翻转速，这是因为展髋能增加支撑力的力臂，从而增加支撑力对人体重心的力矩，使后空翻转速加快，反之减慢，因此，我们在给出了运动技术的生物力学原理的同时，也给出了技术优化的方法。

CHAPTER 09 第九章

体育运动技术分析实验方案设计与案例

【内容提要】

本章阐述运动生物力学动作技术分析实验方案的设计及部分案例。

【教学重点】

1. 运动生物力学动作技术分析实验方案的设计；
2. 实验方案的撰写设计。

【教学难点】

1. 实验方案的设计；
2. 实验中获得的运动生物力学参量的分析方法。

【教学要求】

1. 掌握实验方案的设计；
2. 熟悉基本体育动作的分析方法。

第一节　体育运动技术分析实验方案的设计

在进行体育运动技术分析时，我们通常首先要进行实验方案的设计，以确保实验过程的科学性和可控性，实验方案设计时有相关基本原则。

一、实验方案的设计原则

（一）科学性原则

实验是一种人为控制条件下研究事物并对实验变量进行捕获、分析的具有方法，为了使获得的实验数据真实可靠，实验设计必须具有科学性。

（二）可行性原则

实验设计时，从实验原理、实验实施到实验结果的产生都要实际可行、可操作。

(三) 简便性原则

实验设计时，要考虑到实验材料、实验对象容易获得，实验器材操作简单、实验步骤较少、实验用时较短的原则。

(四) 可重复性原则

实验设计时，要考虑到实验结果重复，只有可重复，才能保证实验结果的准确性。

二、实验方案的设计程序

在完成实验方案的设计时，要保证实验方案的科学性和可行性原则，一般可参照以下基本程序：

(一) 明确实验目的

在进行实验设计时，我们首先应清楚实验目的，只有清楚实验目的，才能明确我们所要解决的问题。

(二) 选择恰当的评价指标

在明确实验目的的基础上，我们选择恰当的评价指标来达成实验目的，即哪些指标能客观地反映我们所要解决的问题。

(三) 选择合适的实验仪器

在选择恰当的评价指标的基础上，去选择能够获得相关指标的实验设备，并通过实验测量获得所需指标。

(四) 清楚实验设备的工作原理及使用方法

在选择实验设备的基础上，我们应该学习实验设备的使用方法和测量原理，只有知晓测量原理，我们才能更好地理解设备的测量过程和测量方法，清楚测量指标的生成过程，理解指标的数学物理意义，并对指标的误差进行客观的评价和分析。

(五) 明确实验步骤和测试流程

在前面几步的基础上，详细撰写测试实验步骤和测试流程，以备实验测试时参考，在必要可以进行预实验。

（六）获取实验数据

根据设备的使用方法，提取所需评价指标。

（七）评价实验数据的误差

在获取实验数据的基础上，对实验数据的误差做出合理的评价和分析，以去伪存真，使实验数据科学可信。

三、运动影像分析的基本流程

在影像分析时，不论我们使用哪款分析软件，其基本操作流程大体相同，其主要包含如下几个步骤：获取运动技术图像；剪辑运动技术图像；空间坐标标定；选定人体模型；运动过程测量；构造变量；计算输出变量；分析变量；误差分析与处理；动作技术评价。

第二节　体育运动技术分析案例

一、空中技巧运动员起跳与着陆足底压力实验测量方案

（一）问题的提出

空中技巧项目自进入冬奥会赛事以来，以其惊险性、娱乐性、观赏性和挑战性深受世界各地人们的喜爱。20 世纪 80 年代末，我国首次引入空中技巧项目，历经三届冬奥会的洗礼，它已经成为我国参加冬奥会滑雪项目的先锋和榜样。1998 年日本长野冬奥会上，中国女子空中技巧队勇夺银牌，一举实现了我国冬奥会雪上项目奖牌“零”的突破；2006 年意大利都灵冬奥会上，中国男子空中技巧选手最终为我国冬奥会雪上项目实现了金牌“零”的突破。短短 10 余年时间，中国空中技巧项目从无到有，从弱到强，并以集团优势屹立于世界滑雪项目领先之列，优异成绩的取得与国家体育总局领导的重点扶植、全体运动员和教练员的共同努力以及相关科研人员的鼎力相助密不可分。调查资料显示，目前国际上关于空中技巧项目的研究文献基本集中在中国，这是因为我国的体育项目科研人员主要围绕着“奥运会金牌战略”的宏伟目标，对其进行全方位探究的结果，但由于受场地和实验仪器等客观条件的制约，现阶段对于空中技巧动作技术的研究停留在摄像解析与理论分析的运动学层面，从动力学角度对动作技术重要组成部分的起跳和着陆阶段的研究尚无人问津。

（二）研究的目的、意义

空中技巧项目的发展面临着众多问题，需要从动力学角度进行有效的解释。例如，空中技巧项目产生漂移的根本原因在哪里？运动员起跳蹬伸效果到底如何评价？运动员着陆稳定性与着陆足底所受压力的关系是什么？此类问题一直困扰着我国空中技巧领域的教练、科研人员，由于无法进行数据的量化研究，针对空中技巧动作技术的动力学研究只能停留在相关理论的推导层面。此研究从填补理论研究空白和为我国空中技巧队备战2010年冬奥会科技攻关服务的角度出发，首次将足底压力鞋垫测试系统应用到空中技巧的雪上实际训练中，力求为教练员和运动员提供科学、客观的实验数据，以达到促进该项目全方位发展的目的。足底压力鞋垫测试系统在自由式滑雪空中技巧运动中的实际应用，将从动力学角度探讨自由式滑雪空中技巧运动员不同动作足底压力变化情况、探讨两足底压力与技术动作之间的关系、研究空中产生横向的动力学因素、研究运动员着陆稳定性与着陆足底所受压力的关系。本研究将丰富我国自由式滑雪空中技巧项目的科研内容及方法手段，为运动训练实践提供了相应的指导依据。

（三）研究对象

无伤病、足部解剖结构和机能正常、身体运动能力良好的国家空中技巧二队队员6人（表9-2-1）。

表9-2-1　实验对象基本情况（$\bar{X}\pm S$）

	身高（cm）	体重（kg）	年龄（岁）	鞋码（号）	训练（年）
研究对象	161.54±3.46	51.25±9.65	17.55±1.83	38	8±1.03

（四）实验设备及过程

1. 实验设备

实验所用仪器设备包括三台SONY DXC-637摄像机（采样频率50Hz/s，分辨率为640×480）；比利时生产的足底压力分布测试系统（footscan insole system），主要包括测力鞋垫、压力数据存储卡、遥控触发器、读卡器、记忆卡和配套软件（采样频率500Hz，测量时间8s），1.22m长木板、米尺及医用绷带。

2. 实验过程

2008年11月，内蒙阿尔山首次把压力鞋垫应用到空中技巧运动员鞋内做预实验。首先，在室内对运动员带雪板和不带雪板进行两种测试（图9-2-1和图9-2-2），比较两种测试数据的差异以及在运动员鞋内垫有鞋垫后的感觉；之后，将测试移到运动员实际训练中，总结测试过程中存在的问题，进行合理分析和处理。通过预实验，我们发现运动员在实际雪场训练过程中把鞋垫应用在运动员的鞋内，完全没有影响运动员正常完成动作，这也为正式实验的可行性提供了依据。

图 9-2-1　带雪板测试

图 9-2-2　不带雪板测试

正式实验于 2009 年 3 月实施，首先对实验对象进行身高、体重、训练年限及有无疾病史的询问、测量和统计。测试前 30min，要求测试对象正常训练，进行身体预热；选择符合受试者鞋内底尺码的测试鞋垫，将测力鞋垫平整地放置到鞋中，确保测试鞋垫边缘无折痕，鞋垫大小与鞋底边缘吻合；整个拍摄场地和摄像机现场摆放如图 9-2-3 和图 9-2-4 所示。佩戴测试设备后，受试者进行 10min 左右适应性练习；正式实验开始后，运动员按要求完成规定动作，操作人员开始摄像并掌握遥控器（图 9-2-5）；运动员进入过渡区时打开压力鞋垫测试系统，每个动作做 3 次，分别测试平台、一周台、两周台的动作，每次实验后将压力鞋垫数据从储存卡中转存到笔记本电脑中进行数据保存。空中技巧场地示意图如图 9-2-6 所示。

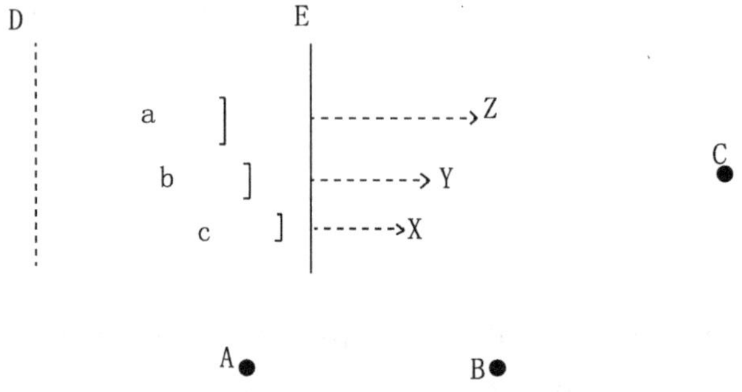

图 9-2-3　拍摄场地俯视示意图

注：●：摄像机；D：过渡区起点线；E：着陆坡起点线；

a：平台；b：一周台；c：二周台；

X、Y、Z 是运动员着陆中线方向。

图 9-2-4　摄像机的摆放

图 9-2-5　鞋垫遥控器操作人员

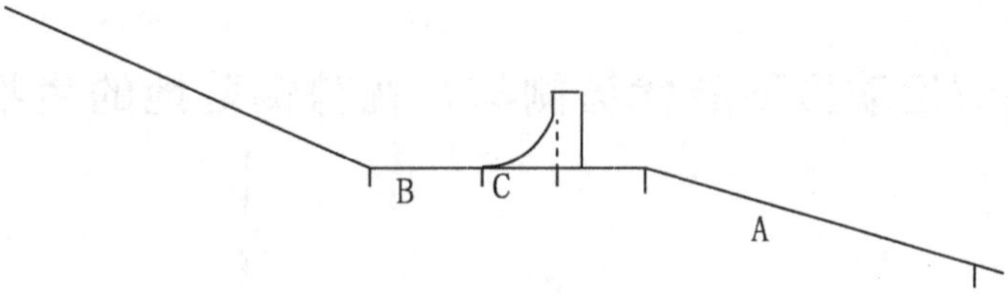

图 9-2-6　空中技巧场地示意图

注：A 区：着陆坡；B 区：过渡区；C 区：台上阶段。

3. 实验指标选取

研究指标分两大类：运动学指标和动力学指标。

动力学指标主要选用：足底压力、压力峰值。

运动学指标主要选用：运动员进入台前初始速度、运动员着陆的横向飘移距离。

有关概念界定如下：

台上阶段：指足底中心离开过渡区终端后到足底中心离开跳台终端前。

起跳阶段：运动员足底压力显示蹬伸开始到足底中心离开台端瞬时。

着陆阶段：足底（雪板）在着陆坡触雪瞬时到稳定滑出。

合压力：指整个人体的左右脚最大压力之和，即左右脚的最大压力求和。

平均压力：人体所受合压力的平均值。

高度范围：人体整个动作中绝对高度的最小值与最大值的取值范围。

压力范围：人体整个动作中合压力的最小值与最大值的取值范围。

各指标定义的内容见表 9-2-2。

表 9-2-2　主要测试指标

指标名称	具体内容
足底压力峰值（N）	左右脚在测试阶段受到的最大力
运动员上台前初始速度（m/s）	运动员上台前的初始速度
运动员着陆横向飘移距离（m/s）	运动员着陆偏离中心线的距离

（五）实验结果分析

①平台阶段足底压力情况分析；
②起跳阶段足底压力情况分析；
③落地阶段足底压力情况分析；
④出台速度分析；
⑤起跳阶段足底压力情况与着陆横向飘移相关性分析；
⑥落地阶段足底压力情况与落地成功率相关分析。

二、羽毛球运动员下肢优势侧与非优势侧落地的生物力学分析实验方案

（一）选题背景

1. 偏侧性落地的研究现状

跳跃后落地是人们日常生活中最为常见的功能性动作之一，无论采取哪种落地技术（双脚或单脚），较大的冲击负载超过其承载范围都会致使下肢肌肉骨骼系统出现损伤。可见，人在着地方式上的选择将影响人体肌肉骨骼系统对负荷的缓冲效果。体育比赛中落地阶段尤为重要，落地时运动员往往存在较高的伤病发生率，因此落地阶段越来越受到教练员和科研人员的关注。从落地安全性来说，双腿落地较单腿落地更安全、损伤风险更低，而单腿落地时，人体下落的负荷完全附加于单侧肢体，加之双侧下肢本身就存在的优势侧和非优势侧的关系，这样就更容易造成损伤，尤其是在篮球、排球和羽毛球等运动项目中。

偏侧性在其他科学领域如神经生理学和运动控制研究已久，但在与下肢落地相关的损伤研究中并未引起学者们的普遍关注。一些学者只选择优势侧进行研究，或是将损伤者与无损伤者进行对比，也有学者将两侧的数据进行平均化。同时他们在临床上将健侧肢体视为患侧肢体康复的标准，没有考虑到优势侧与非优势侧之间的差异，这在一定程度上就默认了优势侧与非优势侧肢体生物力学特征的对称性。目前已有研究表明，在人体在落地过程中下肢存在偏侧性，一些学者在进行下肢落地的偏侧性研究中，采用前跳落地、垂直落地和急停起跳落地这几种不同的落地形式，但落地方式都选取了双脚落地。双侧落地过程时下肢的偏侧性表现在上述研究中的部分指标中得到证实，但在单侧下肢参与的落地任务中，有关下肢优势侧和非优势侧落地的生物力学特征差异性研究较少，值得引起学者们的关注。

2. 女子羽毛球项目下肢落地损伤问题的提出

1964年7月16—28日，国家体委在北京召开第一次全国羽毛球训练工作会议，明确提出我国羽毛球“快、狠、准、活”的技术风格，规定“以我为主、以快为主、以攻为主”的发展方向。经过几代新老球员的交替，后来我国羽毛球项目涌现出一批处于世界顶尖的女子运动员，如谢杏芳、张宁、王仪涵、李雪芮、陈雨菲。2008年8月，第29届北京奥运会上，我国羽毛球健儿在总教练李永波的带领下，取得了三金、两银、三铜的好成绩。2012年伦敦奥运会更是取得了5金的好成绩，堪称传奇。但在2016年里约奥运会，金牌锐减到2枚，传统优势项目女单和女双，因伤病和新老更替等因素，备受困扰。

伤病一直是导致运动员运动生涯缩短的重要原因。相关报道表明，大多数羽毛球运动员受伤主要发生在下肢，占比63.1%，其中膝关节占37.1%、踝关节占28.3%、大腿占13.2%、脚跟占11.2%、脚趾占5.7%和其他占4.5%。在羽毛球运动中，击球者在每一回合中都需要通过不停的跑动来击球，在跑动过程中膝关节会不停地承受压力，当膝关节周围的肌肉不足以支撑时，就容易造成运动损伤，同时在长期的训练比赛过程中，髌骨、股骨以及股骨与胫骨之间的半月板也会发生磨损，导致膝关节损伤。

2010年羽毛球巴黎世锦赛女单冠军王琳被认为是当时“女单一姐”的最有力竞争者，但在中国常州大师赛上，她意外受伤，十字韧带内侧副韧带断裂，在之后的新加坡超级赛上，半月板和脚踝骨也产生了损伤。在这两次伤病的影响下，她最终错过伦敦奥运会。休养一段时间后，王琳在2012年全国羽毛球团体锦标赛上，左膝前交叉韧带断裂。经历了3次重伤之后，年仅24岁，处于羽毛球黄金巅峰年龄的王琳在2013年选择退役。2012年伦敦奥运女单铜牌战，当时国羽“外战女皇”汪鑫在对阵内维尔时，因扭伤左膝被迫退赛，赛后经确诊为左膝前十字韧带断裂。2013年，汪鑫28岁，她将无法在里约奥运周期和王适娴、李雪芮等人的竞争中保持优势，这位创下“379天外战不败”传奇纪录的选手最终选择悲情退役。里约奥运女单半决赛中，李雪芮回球时膝盖受伤，赛后经核磁共振检查，诊断为前十字韧带断裂，这对她的竞技水平造成极大影响，直到2018年初她才回归赛场，2019年10月退役。里约奥运羽毛球女单冠军卡罗列娜·马林在2019印尼大师赛女单决赛对战印度名将内瓦尔时发生意外，跌倒在地后她试图继续比赛，但跑动受到严重影响，因此，不得不含泪退赛。回到西班牙后经过确诊，马林的右膝前十字交叉韧带部分断裂，东京奥运周期将至，这对她来说不是一个好消息。

鉴于女子羽毛球运动员下落动作的不对称性和落地损伤的易发性，为此对落地阶段的偏侧性进行研究更有意义。

（二）相关研究综述

1. 不同落地方式的研究现状

李蜀东模拟前掌在3种不同触地角度下的落地过程，发现前掌外侧跖骨的应力在整个落地过程中明显高于内侧；当前掌落地角度小于5°时，会造成各跖骨之间的应力分布不均衡，第1跖骨应力要明显小于其他跖骨；当前掌触地角度大于15°时，即使在下肢低载荷情况下，各跖骨的应力也会出现明显的集中现象。德里克（Derrick）对全脚掌着地和脚尖过渡落地两种着地方式的动力学指标进行研究，发现全脚掌着地时地面反作用力峰值可达到人体重量的6倍，到达峰值力的时间为着地时的第12ms；而在脚尖过渡落地时地面反作用力呈双波峰型，第一峰值约为体重的1.3倍，出现在着地时的第10ms；第二峰值约为体重的1.4倍，出现在着地时的第37ms。他得出结论：全脚掌着地时，各关节在缓冲阶段参与度较低，缓冲效果较差。娄彦涛研究了自由式滑雪空中技巧男子运动员的正常姿势和全脚掌姿势两种落地动作，在正常姿势落地时，人体重心在前后、左右方向移动的幅度和移动速度均较大，足部最大冲击载荷集中于足前区内侧；在出现峰值力的时刻，矢状面下的髋、膝、踝关节变化幅度均大于全脚掌落地；而全脚掌落地的足底最大载荷集中于足后区。这说明正常姿势落地缓冲效果较好，全脚掌姿势落地稳定性较好。王丽宜（Li-I Wang）选取10名受试者分别进行单腿和双腿的起跳测试，发现单腿起跳落地后垂直地面的最大反作用力及胫骨近端前、外侧切削力峰值呈显著性变化。单腿起跳时髋、膝关节屈曲角较小，足部与地面初始接触时的膝关节屈曲角速度较小，较双腿起跳而言，非接触性前交叉韧带（ACL）损伤风险更高。伯克哈特（Burkhart）在关于ACL损伤的前瞻性研究中发现，足跟着地技术的运动员在比赛中产生ACL损伤的可能性更大，足跟着地增加了着地时的外部屈膝力矩，需要更大的股四头肌力，从而造成ACL负荷增加。尾泽俊也（Junya Aizawa）让受试者从20cm的高度完成横向距离为60cm的单腿跳跃。研究发现在单腿横向跳跃着地时，下肢会承受较大的地面反作用力，尤其在侧向，非优势腿的侧向力峰值和地面反作用力大于优势腿。有研究表明在下肢损伤的康复和调理阶段，要重点关注下肢的非优势腿，加强非优势侧的练习。

综上所述，人体无论以哪种方式落地都需要下肢关节完成屈曲活动来减弱落地时产生的冲击力，此时人体肌肉、骨骼的形变都将有效传递冲击力，保障人体落地后的安全性，当其冲击超过下肢负载时，就容易造成下肢损伤。落地阶段因其在比赛中的重要性和伤病高发率，逐渐受到越来越多的教练员和科研人员的关注。

2. 不同高度落地的研究现状

袁金风选取23名健康男性，进行舟骨跌落试验和无初速度左、右单腿落地实验的测试，落地高度为 15cm 和 30cm。研究发现，落地承受载荷越大，人们就会倾向于协调肢体各关节运动来缓冲冲击力，维持人体平衡，而着地肢体更倾向于外倾，从而导致肢体外侧负重较高，造成踝内翻等损伤。舟骨低和舟骨跌落较高者，往往采用增大足跌落程度和踝关节内旋角度的策略来缓冲地面反作用力，而舟骨高和舟骨跌落较小者，则采用屈髋降低重心的方式吸收冲击力。李旭鸿选择 18 名在校大学生（10 男 8 女）站在 0.25 m 或 0.50 m 的台上，进行单脚足底落地测试，他发现女性采取更为硬式的落地方式，即使下肢各关节角速度要大于男性，却承受着更大的地面反作用力。单脚足底落地过程中，男、女均以踝关节跖屈肌为主、髋关节伸肌为辅的耗散能量策略来抵抗冲击负荷。随着落地高度的增加，男、女踝关节跖屈肌的耗散能量比增加，而髋关节伸肌的耗散能量比却减少。王丽宜选取 40cm、60cm 和 80cm 的高度进行双脚落地动作的研究，观察不同冲击载荷下的下肢刚度变化以及内在联系。研究表明当冲击载荷增大时，下肢刚度的减小可以使下肢受伤的风险降低。在 80cm 的高度下落地，下肢的高冲击载荷会明显增加膝关节刚度，使膝关节的损伤风险增大，尤其是前交叉韧带的损伤。成万祥安排受试者依次从 8 个不同高度（30cm、35cm、40cm、45cm、50cm、55cm、60cm、65cm）落地。研究表明在垂直落地过程中，地面反作用力整体趋势为“山”形，下肢首先进行被动缓冲，其次才是主动缓冲。第一、第二波峰峰值与高度的差异呈显著性，髋、膝、踝关节处的关节肌力矩第一波峰峰值及出现时间与落地高度的差异呈显著性，但第二波峰的差异并不显著。约翰·克雷格加里森（J. Craig Garrison）指出运动学分析有助于描述性别之间的运动差异，而动力学数据可以进一步解释运动员落地时运动损伤的诱发因素，例如选取 16 名男女足球运动员，从 60cm 高度完成 5 次单腿落地实验。研究表明单腿落地时，男性膝关节内翻力矩值大于女性，男性膝关节产生内翻力矩的平均时间比女性高 31%，这对前交叉韧带损伤的临床治疗和预防方案具有一定的参考价值。

综上所述，下落高度的增加会导致落地后地面反作用力、冲击载荷和各关节力矩明显增大，当落地峰值力作用时间过早或下肢肌肉募集速度与落地冲击力传播速度不一致时，就会造成下肢肌肉承载能力不足。如果此时人体重心发生一定的偏移，会导致落地后下肢扭转力矩增大，进而加大下肢落地的稳定角度与控制难度。人体对地面冲击力的吸收能力是有限的，当超过人体下肢所能承受的载荷时，就会造成下肢关节、肌肉损伤。

3. 下肢优势侧与非优势侧的研究现状

张英媛指出目前所采用的下肢优势侧和非优势侧的评定方法并不统一，主要包括主观感觉评定法、量表法、踢球法（力量评定和协调性评定）、单腿跳法（单腿前跳和单腿纵跳）、单腿连跳法。研究中将评定方法归纳为 5 种，分别为踢球法、力量法评定法、单腿前跳法、单腿纵跳法、10 米连跳法，她发现 5 种评定方法在进行下肢优势侧和非优势侧的评定时均具有有效性，但要依据不同的运动项目或动作姿态来选取最合适的评定方法。邱龙园选取健康男性受试者从三个高度上三种不同落地方式（左脚落地，右脚落地，双脚落地）进行测试。研究发现对称性肢体左右肢的落地稳定性、缓冲能力及身体的控制能力之间的差异与非对称性肢体相比并没有显著性区别。从不同高度单脚落地时，左右下肢缓冲能力及动态稳定性之间的差异随着高度的增加而加大。刘海瑞选取女子足球运动员在40cm高度完成下肢优势腿和非优势腿单腿落地实验，发现女子足球运动员下肢优势侧与非优势侧之间确实存在偏侧性效应。观察女子足球运动员单腿落地过程，他发现与下肢优势侧落地相比，矢状面内非优势侧髋、膝关节的活动范围较小，在内外侧方向存在较大的压力中心（COP）移动，但两侧的最大地面发作用力（GRF）和冲击率基本相同，这表明女子足球运动员在完成单侧下肢运动模式时，非优势腿存在较高的损伤风险。马克·席尔茨（Marc Schiltz）指出目前对于运动员下肢损伤率的研究很多，但对优势侧的研究中往往都忽略了损伤史，通过功能测试发现有膝关节损伤史的职业球员未能达到正常的膝关节伸肌强度，几乎所有关于下肢等速变量的不对称率均大于10%。运动医学专家布克特（Bucket）的研究也表明如果左右两腿肌肉的力量不平衡程度达到10%，则存在受伤的风险。他对37名足球运动员进行测试，发现其中有6名队员的膝关节存在不平衡现象，且这种程度大于10%，对这6名运动员进行追踪，结果表现为在此后的三周内，其中4名运动员腿部肌肉产生损伤，受伤部位在膝关节。凯瑟琳兰沙马尔（Katharina Lanshammar）选取20~39岁的女性，测试她们膝关节运动时肌肉力量，研究发现屈膝时非优势腿的力量比优势腿的强8.6%。伸膝时非优势腿的力量比优势腿弱5.3%，优势腿膝关节的屈伸比（H：Q）为0.4，而非优势腿为0.53，这表明女性优势腿膝关节的屈伸比值较低，下肢两侧的肌肉力量存在明显的不对称性，这种不对称有利于非优势腿的屈和优势腿的伸。

综上所述，人体结构的特殊性和身体上下肢的使用惯性，使人体上下肢容易出现优势侧与非优势侧的力量效果，绝大多数人为右侧优势者。人体的许多器官在分布上呈对称性，但在体育运动项目中，专项性的日常训练和技术动作都会不断对某一侧进行强化，出现优势侧和非优势侧，使运动员能力出现差异化。

4. 有关性别差异的下肢生物力学研究现状

许颖丽研究中测量了下肢膝关节运动时生物力学特征数据，测量了动、静态时的膝关节最大运动范围以及参与膝关节运动的各肌肉长度、力臂的变化，结果表明膝关节在本身的力学结构上并不存在性别之间的差异。郑荣强指出，非接触性前交叉韧带损伤占前交叉韧带损伤的80%，且受伤对象多为青春期女性，原因可能是青春期男性在力量、爆发力、身体协调性等方面的提升程度明显大于女性，而女性的神经肌肉控制能力较差，在青春期时下肢长度和身体质量会出现明显增大，且增长幅度大于男性，这些不平衡都是导致膝关节发生损伤的重要因素。男女性在落地机制、力量缓冲、肌肉募集能力和关节稳定性等方面上的差异，是可以通过加强神经控制能力和肌肉力量改变的。任峰观察男女性在急停起跳落地阶段的下肢生物力学特征，发现女性受试者在落地阶段的膝、髋关节最大屈曲角度、前后方向上摩擦力峰值及膝关节屈伸峰值力矩均明显小于男性。苏玉林对男女普通大学生进行急停起跳、侧切和垂直落地前冲三种动作测试，对下肢的运动学和动力学指标进行分析，研究证明三种运动形式在前交叉韧带损伤机制上存在明显差异，但在落地阶段的力学指标上并不存在性别之间的差异。努利（Nunley）提出在相同膝关节屈角下女性的髌腱-胫骨纵轴夹角大于男性。考虑其他条件相同，女性运动员较男性运动员需要更大的膝关节屈角来使 ACL 负荷小于其负荷极限，而在相同的膝关节屈角和向后地面反作用力下，女性 ACL 负荷大于男性。智善龙（JISeon Ryu）选择有跑步习惯的 12 名男性和 10 名女性，比较男性和女性在适宜速度跑步周期中下肢承受的冲击力及相关参数，分析频域中的冲击参数之间是否存在性别差异，研究发现冲击力和胫骨加速度大小不存在显著的性别差异，但是胫骨冲击峰值的单位做功次数存在显著差异。男性和女性跑步者在 12~20Hz 的冲击范围内跑步可减弱胫骨和髌骨之间的碰撞程度，女性跑步者表现出在冲击峰值的传递中更容易向高频带移动。Mark A 通过比较男性和女性足球运动员的 LED（动态控制能力测试）表现和单肢落地的生物力学指标，他发现女性运动员的 LED 测试表现较差，落地时肢体僵硬度较高，下肢灵活性较差，机体代偿性加强，女性运动员在落地前表现出更大的膝、踝关节角度，但在矢状面内下的关节角度和足部触底时刻的质心速度均不存在性别差异。斯泰普尔顿（Stapleton）对男性和女性运动员通过蒙特卡罗模拟完成 10 万次试跳，当女性 ACL 负荷超过 1800N，男性超过 2250N 时，则记录为一次 ACL 损伤，结果显示女性损伤次数是男性的 5.67 倍。

综上所述，男性和女性在落地策略上的选择通常是不同的，这样就会导致在落地阶段中的膝关节屈曲、外展角度及肌肉激活水平也是不同的。女性倾向于利用膝关节和踝关节来缓冲较大的地面反作用力，而男性更倾向于利用髋关节和膝关节协调缓冲，安全性更高。

（三）研究目的与意义

当前有关下肢落地的生物力学研究仍是运动生物力学领域的研究热点之一。从解剖结构上看，矢状面将人的身体分为左右两侧，两侧的身体结构和体成分相同，但在运动中存在显著差异。羽毛球运动具有极强的竞技性、对抗性、高强度等特性，在羽毛球运动中，前场、后场快速移动击球，中后场的大力扣杀球，被动时的扑救球等都需要运动员有较高的力量素质、速度素质、耐力素质、灵敏素质、柔韧素质。运动员在特定情况下往往用一侧肢体作为起跳腿来完成技术动作，落地阶段也是一侧肢体先行着地，日积月累使得这侧肢体在力量、形态、神经支配和运动单位募集等方面比另一侧肢体具有更大的优势，但也承担了相应的损伤风险，而下肢非优势侧在落地阶段往往起着维持身体平衡稳定的作用。因此对羽毛球运动员下肢优势侧与非优势侧落地阶段进行研究具有重要的实践意义。

从落地方式来看，此研究选取单腿无垂直初速度的落地方式，落地后自然缓冲，模拟羽毛球运动员在日常训练或比赛中的单腿落地的动作方式。从落地高度来看，此研究选取高度为接近羽毛球运动时的跳跃高度，并结合预实验中羽毛球真实落地动作的冲击力数值，最终选取落地高度为25cm、35cm、45cm。从偏侧性来看，此研究先通过下肢优势侧评价方法来评定受试者的优势侧，再进行下肢落地实验，来对比下肢优势侧和非优势侧之间的生物力学特征差异。从性别差异来看，国内外的研究较少且所得出的结论不尽相同，而女性在落地运动表现上的劣势是值得关注的。

（四）实验设计及过程

1. 测量器材

运动学指标采集采用2台索尼常速摄像机（50帧），三维标定框架，长宽高25cm×35cm×45cm跳箱，美国APAS图像解析系统，鼠标式光电触发同步器。

动力学指标采集采用沈阳体育学院重点实验室footscan三维测力平台，测试频率1000Hz。

等速肌力指标采集采用德国生产的Isomed2000等速测试系统，最大训练扭矩500Nm。

平衡能力指标采集采用意大利TecnoBody生产的动静态平衡测试及训练系统（PK252）。

2. 测试场地和时间

测试场地为沈阳体育学院国家体育总局冬季运动项目技术评定与机能诊断重点实验室。测试时间为2019年5月13—17日。

3. 测量过程

（1）下肢优势侧和非优势侧评定测试

此实验选取力量评定法作为评定下肢优势侧的标准，力量评定法是通过等速肌肉肌力测试，测试向心、离心模式下的关节屈伸肌的最大力量，定义关节肌力矩较大的一侧为优势侧，另一侧为非优势侧。实验前利用即将测试模式下60°/s的速度让受试者熟悉仪器，适应肌肉用力感觉；实验时要求受试者进行5次最大随意收缩，每种模式间隔时间为3min；间歇时将受试者大腿部的固定带放松，以加快肌肉恢复，避免疲劳对实验产生影响。选取双侧膝关节5次最大随意收缩中3次的最大屈伸肌力量平均值作为评定标准。

(2) 下肢优势侧和非优势侧落地测试

仪器摆放：场地为沈阳体育学院重点实验室中央区域，测力平台基座高 20cm。两台索尼常速摄像机主光轴为 1.35m，1 号机与 2 号机摄像夹角约 90°，鼠标式光电触发同步器放置于 2 号机摄像范围内。三维标定框架原点到地面垂直距离 85cm，1 号机摄像头投影到原点水平距离 9.5m，2 号机摄像头投影到原点水平距离 9m，跳箱中心到测力平台中心 60cm。如图 9-2-7 所示。

空间坐标：*X* 轴为人体矢状轴-前后方向的水平线。*Y* 轴为人体额状轴-左右方向的水平线。*Z* 轴为人体垂直轴-上下方向与水平线相互垂直的垂线。如图 9-2-8 所示：

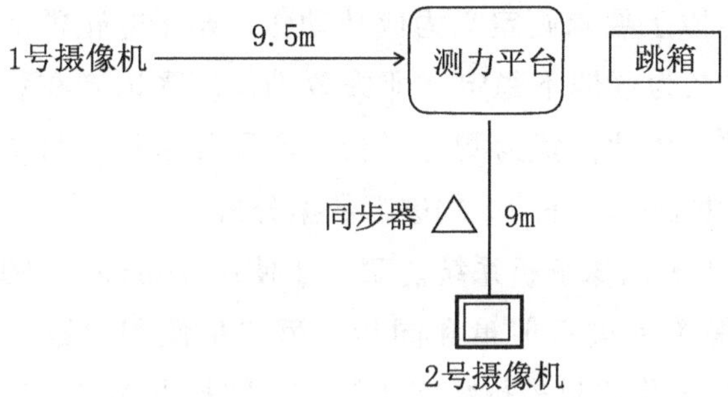

图 9-2-7　仪器摆放

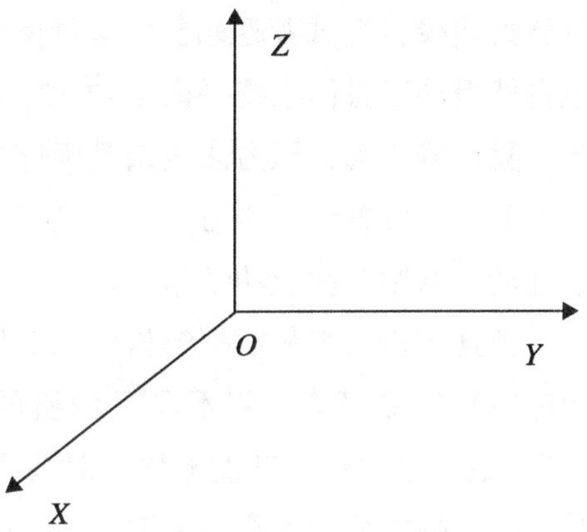

图 9-2-8　空间坐标

测试流程：测试前，受试者统一穿同一款耐克鞋在跑步机上跑步 10 分钟，速度 6.5km/h，再做下肢拉伸练习，充分活动下肢各关节。实验工作人员 4 人中，2 人负责常速摄像机拍摄工作，1 人负责指令和记录工作，1 人负责测力平台的操作和同步工作。测试内容为 25cm 优势侧落地、25cm 非优势侧落地、35cm 优势侧落地、35cm 非优势侧落地、45cm 优势侧落地、45cm 非优势侧落地，6 种测试随机进行。受试者先站立于跳箱上，要求双脚与肩同宽，双手置于髋关节两侧。负责指令的工作人员在发出“准备”口令时，1 号、2 号摄像机开始录制，受试者向前伸出落地腿，非落地腿单脚站立，维持身体平衡。在发出“开始”口令时，测力平台开始运行，鼠标式光电触发器正常亮起。受试者在听到“开始”口令后，向前迈落地腿，非落地腿快速随重心前移，尽量确保无垂直的初速下落（图 9-2-9）。落地后，落地腿支撑，非落地腿向后自然弯曲约 90°，落地自然缓冲。在发出“结束”口令时，1 号、2 号摄像机停止录制，测力平台结束运行。

图 9-2-9　落地测试

动作筛选：落地前准备动作，受试者落地腿应尽量与跳箱水平面齐平，下落动作开始时，落地腿不应出现“上挑”或“下探”动作。落地后观察摄像机视频及测力平台压力曲线，受试者落地自然，身体姿势清晰，压力曲线辨识度高且具有规律性，落地自然缓冲后身体维持平衡 1~2 秒，符合以上要求则定义为成功动作。躯干非正常前倾、晃动或移动，压力曲线杂乱无序则定义为落地不稳定，即失败动作。受试者在跳箱上的起始位置应以测力平台中心为基准，落地位置为测力平台中心原点区域。每个落地动作录制 3 次成功动作，选 3 次动作中表现较好的 1 次进行数据分析。

数据解析：视频数据解析使用美国 APAS 图像解析系统。第一步使用 Trimmer（图像剪辑）功能模块，将不同摄像机的图像资料进行剪辑和同步。第二步使用 Digitize（图像数字化解析）功能模块，对剪辑好的图像资料进行数字化解析，即打点功能，对其中每一幅画面的人物所需要的每一个关节点进行打点，人体力学模型使用系统自带的 Dempster 模型。第三步使用 Transform（数据合成与传输）功能模块，将图像数字化解析后生成的相关两个二维数据文件转化合成为三维文件。第四步使用 Filter（数据平滑）功能模块，消除由于各种误差而产生的随机错误，并对数据进行数据平滑，从而得到比较理想的数据，数字平滑分割频率选取 10Hz。第五步使用 Display（数据显示）功能模块，显示最终的数据以及相关资料。

（3）下肢优势侧和非优势侧膝关节等速屈伸肌力测试

测试前，受试者先进行 10 分钟准备活动，包括双侧膝关节屈伸和拉伸练习。测试时取坐位，上身与大腿均用固定带固定，双手自然放于两侧把手上。动力头的旋转轴对准膝关节转动中心，使关节活动轴心与仪器动力臂旋转轴心一致（图 9-2-10）。利用即将测试的角速度让受试者熟悉仪器及整个测试过程，适应肌肉用力感觉。测试中所有操作均按照 Isomed2000 等速测试系统实验手册内容进行。测试模式为向心/向心，离心/离心两种模式，向心模式测试速度为慢速（60°/s）、快速（180°/s），离心模式测试速度为慢速（60°/s）、快速（120°/s）。正式测试时每个速度重复进行 5 次最大随意收缩，组间休息 3 分钟，排除疲劳造成的干扰。数据取 5 次中 3 次的最高值，再进行平均化处理。受试者下肢优势侧和非优势侧膝关节均按照以上操作进行。

图 9-2-10　等速肌力测试

（4）下肢优势侧和非优势侧平衡能力测试

实验前采集受试者的基础信息，让受试者脱去鞋袜，站在平衡测试仪上，一只脚抬起离地面约 10cm，并使抬起脚不触碰支撑腿的任何部位，双手放于腰间，两眼平视前方 1m 处标志物。支撑足的第二拇趾在 A1A5 为中心轴上，足弓最高点位于 A3A7 轴上，保持 30s，左右腿各进行三次测试，每次时间间隔 5min。测试受试者单脚站立的静态平衡能力。同样站位将仪器调整到动态平衡状态使受试者单腿站立，开始计时测试。测试过程中，受试者双眼注视测试平面，使重心移动的轨迹移至测试平面的中心位置时间为 30s，左右腿各进行三次测试，每次时间间隔 5min，测试受试者单脚动态平衡能力（图 9-2-11）。

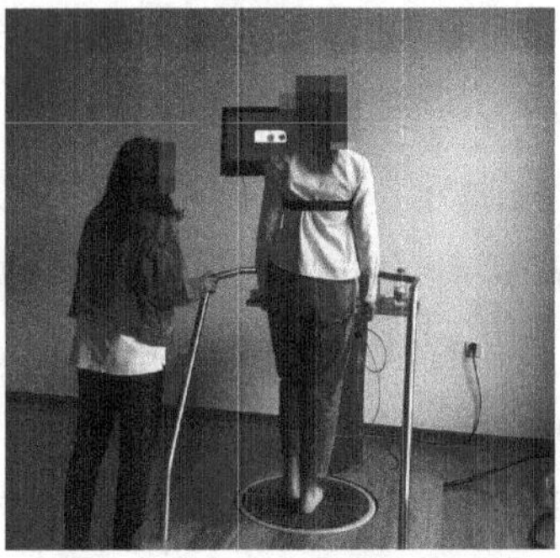

图 9-2-11　平衡能力测试

三、对不同 BMI 成年女性穿高跟鞋行走时步态的运动生物力学实验设计及分析

（一）研究目的

穿高跟鞋是女性追求美的一种方式，日常生活中我们随处可见穿着高跟鞋的女性。

穿高跟鞋能使人身体重心前移、挺胸收腹、身体自然挺拔，同时也增加了小腿长度，弥补了人身体形态的不足。美国加利福尼亚州立大学的人体工程学研究所对700多名女性的研究显示，70%以上的女性喜欢穿6~7cm高度的高跟鞋。有学者在对女性穿高跟鞋情况调查分析中指出，女性穿高跟鞋时有中度以上的不适，这表明高跟鞋对女性身体的舒适感影响较大。由于穿高跟鞋发生不适的现象很常见，且对身体有潜在的致病作用，所以我们有必要加强高跟鞋对人体损伤及生物力学机制的研究，探讨不同鞋跟高度对人体的危害程度。

萨托（Sato）等通过对高跟鞋、运动鞋、平跟鞋的运动学指标对比研究发现，鞋跟高度增加将导致步幅减小等一系列运动学指标的变化；乌恰诺克（Ucanok）发现在一个步态周期中，对比不同高度的鞋和裸足情况下的运动学指标，膝关节和踝关节弯曲角度有明显不同，且步幅、步长、最大膝屈曲角、踝关节弯曲角度都有显著变化；阿纳多蒂尔（Arnadottir）通过平底鞋、高跟鞋和裸足的3种状态比较，发现高跟鞋会明显降低人的步速、步幅等步态参数；吴剑等通过simi-motion录像解析系统对青年女性穿高跟鞋行走的步态进行运动学测量和分析，他指出穿高跟鞋步态的主要特征为步幅小、步速慢、周期长、重心起伏大和单支撑时相短。

有学者对30位18~30岁穿不同高跟鞋女性行走时步态的足底研究指出，女性穿高跟鞋行走时，支撑期前脚掌的负重时间延长，但这种变化似乎与鞋跟高度没有直接关系。当鞋后跟高度超过3.12cm时，后跟的负重时间开始缩短，与裸足状态下第五跖骨端压强峰值相比，随着鞋跟的增粗增大，第五跖骨端的压强明显下降；王力平等通过对青少年女性的裸足、平跟鞋、中跟鞋和高跟鞋状态下的足底压力分布和表面肌电信号的测量，发现穿高跟鞋行走时足底压力中心前移、步长缩短、步频降低、支撑时间长度增加，步态周期和双腿负重时间随鞋跟增高而增加；谢尔茨（Scheartz）等在对穿高跟鞋和平跟鞋人群步态的研究显示，穿高跟鞋身体负重由前脚趾向第五跖骨转移，第三、第四跖骨负重增加同时高跟鞋的鞋尖挤压足尖；顾耀东等利用有限元方法分析，发现第一跖骨、楔骨、距下关节和腱膜等处出现相对较高的应力值，从力学角度解释了提踵动作引起常见足病的部位。

对高跟鞋的研究中，多数学者在实验手段上往往只针对运动学或动力学其中的一方面。运动学指标只能给出步行时肢体运动时间和空间变化的规律，通过数字检测仪或摄像机连续获取患者步行时关节标记物的信号，通过计算机转换为数字信号，分析患者的三维步态、各关节三维角度变化、速率和时相；而动力学指标是通过对不同状态下的足底压力参数进行分析研究，揭示不同的足底压力分布特征和模式，通过正常足与病理足的足底压力参数的对比研究，分析病足成因、病程衍变以及功能评定。

有关穿着高跟鞋的运动学指标和动力学指标的综合运用报道较少，从文献资料可以发现，以往的研究对象多集中于青少年，为了探讨高跟鞋对不同身体质量指数女性的影响，此研究采用运动学和动力学相结合的方法，以 20 名沈阳体育学院在校女研究生为研究对象，根据国家体育总局网中正常成人身体质量指数划分标准，把研究对象分为两组，分别为超重组和标准组，每组 10 人。实验对象分别穿上平底鞋和不同高度的高跟鞋，采用三维录像解析系统和足底压力测试系统进行同步测试，获得不同身体质量指数女性穿不同高度的高跟鞋行走时的运动学及动力学参数，研究不同身体质量指数成年女性穿不同高度的高跟鞋行走时的步态特征，以期探索适合不同成年女性的鞋跟高度，为设计出更符合人体结构功能的高跟鞋提供理论和实验研究基础。

（二）研究对象与方法

1. 研究对象

本研究实验对象选取沈阳体育学院在校研究生女性 30 人，实验对象从未参加过系统体育训练，下肢均无损伤及任何疾病，同时也无足底疾病和足部损伤，足部解剖结构和机能正常，1 年以上穿高跟鞋史。根据国家体育总局网中国正常成人身体质量指数划分标准，从 30 名女性中筛选出 20 名女性为实验对象，其中 10 名为超重组、10 名为标准组。为了方便阐述，我们把超重组与标准组分别规定为 A 组与 B 组，实验对象的基本资料如表 9-2-3 所示。

表 9-2-3　实验对象基本资料（$\bar{X}\pm S$）

	人数	年龄	BMI	下肢/身高	鞋号	身高（cm）	体重（kg）
A 组	10	24. 3±1. 5	24. 6±0. 5	54. 0±0. 6%	37. 0±1. 0	162. 6±3. 0	64. 3±6. 3
B 组	10	25. 4±0. 6	20. 5±1. 6	54. 3%±0. 8%	38. 6±0. 6	163. 2±3. 3	54. 1±5. 2
P 值		>0. 05	<0. 05	>0. 05	>0. 05	>0. 05	<0. 05

注：国家体育总局网中国正常成人 BMI（身体质量指数=体重/身高^{2}此指数是衡量肥胖程度的标准）划分标准为：超重 24≤BMI<28、18. 5≤BMI<24 标准。

2. 实验仪器

实验中运动学指标采集所用仪器是两台 SONY DXC-637 摄像机，采样赫兹 50Hz/s，分辨率为 640×480；影像解析系统中三维比例尺使用三维 DLT 标定框架，其主要结构如图 9-2-12 所示。

方体：方体的 8 个角上有辐射杆安装孔，在“1-2-8-6”面上有方体与三脚架的安装固定孔。

八根长杆：“1-8”杆为长杆，每根长杆由装有两个球的主杆和装有一个球的副杆通过螺口组装构成。

图 9-2-12　三维 DLT 标定框架

实验中动力学指标采集所用仪器是比利时生产的足底压力分布测试系统（footscan insole system），主要包括：测力鞋垫、压力数据存储器、遥控触发器、读卡器、记忆卡和配套软件，采样频率 500vHz，测量时间 8s（图 9-2-13 和图 9-2-14）。

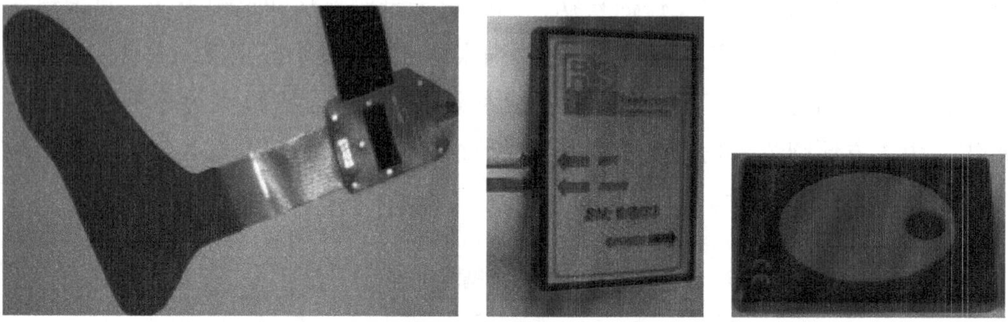

图 9-2-13　测力鞋垫结构图

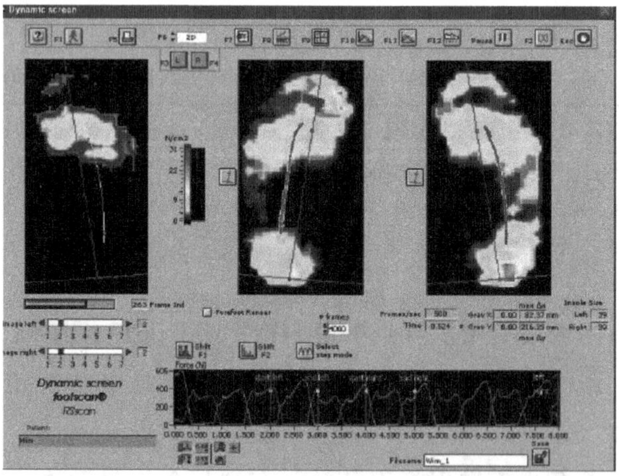

图 9-2-14　足底压力测试分析系统示意图

实验中所用鞋跟高度：平底布鞋鞋跟为 0cm，高跟鞋鞋跟高度分别为 4cm、5. 3cm、6. 5cm、8. 5cm，均为新鞋。为了方便阐述鞋跟高度分别由 G1 代表平底布鞋、G2 代表

4cm、G3 代表 5.3cm、G4 代表 6.5cm、G5 代表 8.5cm。其他物品：体重秤、不干胶 mark、透明尺 2 把、皮尺大小各一个、弹性绷带。

3. 实验过程

预实验中采用的仪器有两台摄像机和足底压力鞋垫。对实验对象进行运动学和动力学指标测量，通过预实验发现实验中容易出现的问题，及时制订合理的解决方案，使工作人员更加熟练地操作实验仪器，更加科学地安排实验时间，提高测试数据的效率及准确率，使实验结果更具代表性。

正式实验在 2008 年 5 月 13 日进行。首先，要求实验对象穿黑色紧身衣裤、裸足，进行体重、身高、下肢长的测量。其次，通过体重和身高计算出身体质量指数并依据身体质量指数分组。

测试前两组实验对象穿所有高度的鞋子以正常步速行走，适应 5 分钟，并在两侧下肢髋关节、膝关节、踝关节及两侧上肢肩关节、肘关节、腕关节等关节点粘贴标志点，以便解析时能够准确判断各关节的位置。

实验开始时，两台摄像机分别放置于人体行走方向的正面和正侧面，调整摄像机的俯仰角度，使其平视运动范围，对实验对象进行定点拍摄。两台摄像机主光轴与地面垂直高度 1.4 米，主光轴之间成 120°。A 机放置实验对象的矢状面，距运动平面 15.3 米；B 机放置实验对象的额状面，距运动平面 16.5 米。A 机和 B 机之间的距离为 27.3 米（实验场地布置见图 9-2-15）。然后，在运动区内放置三维 DLT 标定框架，调整框架的 *XY* 轴，*Z* 轴为垂直轴，*X* 轴指向运动方向，框架完全稳定后拍摄一分钟，画出框架像平面简图。测力鞋垫放入实验鞋中，要求鞋垫在鞋内平整无折叠，实验对象目视前方，按日常习惯步速行走。实验开始后，在起点线统一先迈右腿出发，沿直线向前行走，所有设备在开始行走时开启并测量左右各一个完整的步态周期。

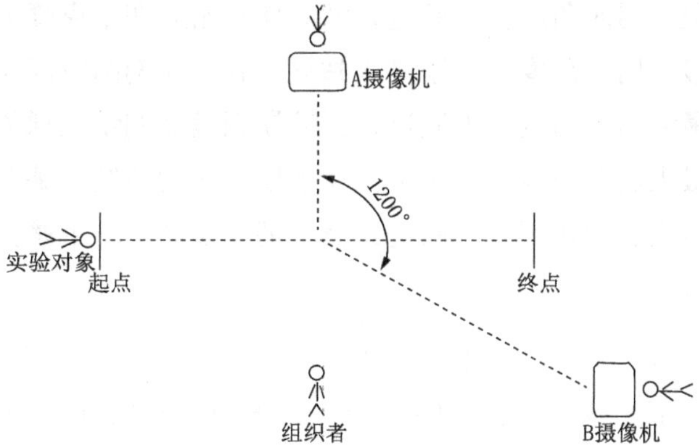

图 9-2-15 实验场地平面示意图

4. 实验指标选取及定义

研究指标分两大类：运动学指标和动力学指标。各指标单位定义如下：长度：毫米（mm）、时间：毫秒（ms）、角度：度（°）、速度：厘米/秒（cm/s）、力：牛（N）、压强：牛/厘米^2（N/cm^2）。

（1）运动学指标

步态周期：从一侧足跟着地开始到该侧足跟再次着地为一个完整步态周期，包括站立相和迈步相。

站立相：又称支撑相，为足底与地面接触的时期。

双支撑期：一侧足跟着地至对侧足趾离地前双腿与地面接触的时期。

单支撑期：仅有一条腿与地面接触时称为单支撑期。

双支撑期占总百分比：双足支撑时期占整个步态百分比。

足放平时间：足跟着地直至全脚掌着地的时间。

步长：行走时左右足跟或足尖先后着地时两点间的纵向直线距离。

Avg 步速：单位时间内行走的距离。

$MaxCOP_y$：指足底压力中心在整个支撑时相中沿脚纵轴方向移动最大距离。

$MaxCOP_x$：指足底压力中心在整个支撑时相中沿脚横轴方向移动最大距离。

足跟着地踝关节角度：双足支撑期内着地足足跟着地瞬间足与小腿之间的夹角。

足跟着地膝关节角度：双足支撑期内着地足足跟着地瞬间小腿与大腿之间的夹角。

足跟着地髋关节角度：双足支撑期内着地足足跟着地瞬间大腿与躯干之间的夹角。

足尖离地踝关节角度：双足支撑期内离地足足尖离地瞬间足与小腿之间的夹角。

足尖离地膝关节角度：双足支撑期内离地足足尖离地瞬间小腿与大腿之间的夹角。

足尖离地髋关节角度：双足支撑期内离地足足尖离地瞬间大腿与躯干之间的夹角。

站立相踝关节最大屈曲角度：下肢进入站立期到站立期结束踝关节的最大屈曲角。

站立相膝关节最大屈曲角度：下肢进入站立期到站立期结束膝关节的最大屈曲角。

站立相髋关节最大屈曲角度：下肢进入站立期到站立期结束髋关节的最大屈曲角。

迈步相踝关节最大屈曲角度：下肢进入摆动期到摆动期结束踝关节的最大屈曲角。

迈步相膝关节最大屈曲角度：下肢进入摆动期到摆动期结束膝关节的最大屈曲角。

迈步相髋关节最大屈曲角度：下肢进入摆动期到摆动期结束髋关节的最大屈曲角。

（2）动力学指标

根据足的解剖位置与鞋垫上面传感器的对应关系，将足底分为足前、足中、足后三个区域，通过这三个区域的信息反映整个足底压力分布特征，同时根据研究需要把足底分为七个解剖位置，分别为：HM、HL 代表足后跟内侧与外侧，M5、M4、M3、M2、M1 代表第五、第四、第三、第二、第一跖骨处（图 9-2-16）。通过足底七个区域反映足底不同解剖位置的压强。

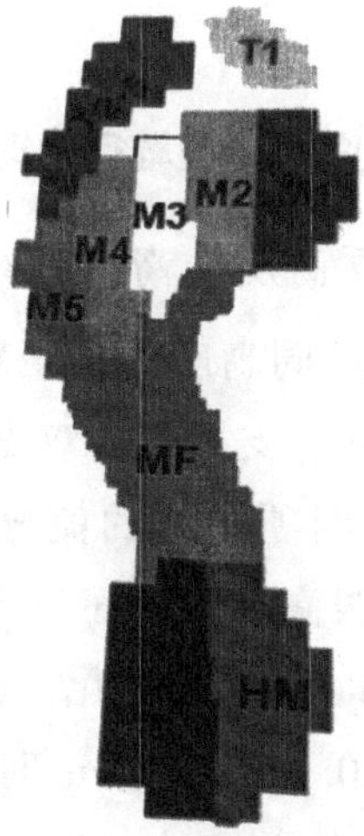

图 9-2-16 足分区位置图

全足 Max 压力：指在一个步态周期内整个足所出现的最大压力（图 9-2-17）。

HM 的 Max 压强：指在一个步态周期内足跟内侧的最大压强。

HL 的 Max 压强：指在一个步态周期内足跟外侧的最大压强。

M5 的 Max 压强：指在一个步态周期内第五跖骨处最大压强。

M4 的 Max 压强：指在一个步态周期内第四跖骨处最大压强。

M3 的 Max 压强：指在一个步态周期内第三跖骨处最大压强。

M2 的 Max 压强：指在一个步态周期内第二跖骨处最大压强。

M1 的 Max 压强：指在一个步态周期内第一跖骨处最大压强。

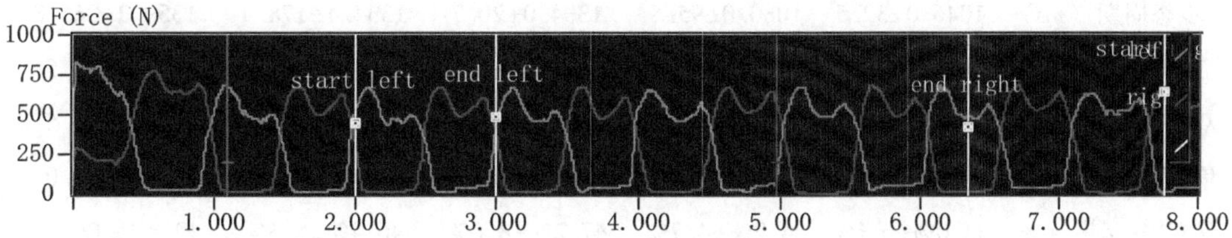

图 9-2-17 步态周期图

5. 实验指标处理

运动学指标采用美国 Ariel 公司的 APAS 运动录像解析系统对动作进行数字化处理与分析。动力学指标采用 Foot Scan Insole 2.40 分析系统对一个完整步态周期原始数据进行常规分析，并利用 Excel 工具软件进一步处理数据。在数据处理过程中采用 spss10.0 For Windows 社会学统计软件对数据进行单因素方差检验和相关分析，结果用

“平均数±标准差”表示。

（三）实验结果分析

1. 不同BMI成年女性穿不同高度的高跟鞋行走时运动学指标

（1）不同BMI成年女性穿不同高度的高跟鞋行走的时空参数

表9-2-4是超重组实验对象穿不同高度的高跟鞋鞋行走时的运动学参数，可以看出，随着鞋跟高度的增加，步态周期、支撑期、双支撑期、双支撑/支撑四项参数呈现逐渐延长趋势，穿平底鞋行走时这四项参数的值分别是1046.0±32.5、682.4±37.5、284.4±54.3、33.0%±6.1%；当鞋跟高度为4cm时与平底鞋相比这四项参数几乎无变化（$P>0.05$）；鞋跟高度为5.3cm时开始有变化，具有统计学意义（$P<0.05$）；当高度超过5.3cm时出现显著变化（$P<0.01$）；8.5cm时各参数值达到最大分别为：1359.2±265.8、840.0±75.5、420.8±61.5、49.8%±13.5%，而足放平时间、单支撑时相、Avg步速、步长、MaxCOP$_y$轴则呈下降趋势，穿平底鞋行走时这五项参数的值分别是108.0±40.0、438.0±92.1、124.1±9.4、76.1±5.4、84.0±11.6；鞋跟高度为4cm时与平底鞋比较以上参数变化相似；鞋跟高度为5.3cm时各项参数出现明显下降趋势，具有统计学意义（$P<0.05$）；当高度超过5.3cm时，出现显著变化（$P<0.01$）；8.5cm时各参数值达到最小值分别为56.0±21.9、333.2±76.0、98.9±4.7、59.9±6.3、60.2±14.9。MaxCOP$_x$轴在整个步态周期中无显著性变化（$P>0.05$）。

表9-2-4　A组实验对象时空参数表

	G1	G2	G3	G4	G5
步态周期（ms）	1046.0±32.5	1080.0±95.5	1304.0±20.7	1334.4±178.4	1359.2±265.8
支撑时相（ms）	682.4±37.5	691.2±83.0	768.4±91.1	814.0±80.5	840.0±75.5
双支撑时相（ms）	284.4±54.3	282.4±64.7	377.2±58.7	383.2±87.0	420.8±61.5
单支撑时相（ms）	438.0±92.1	428.8±32.7	351.2±48.2	330.8±23.5	333.2±76.0
双支撑/支撑（%）	33.0%±6.1%	34.2%±4.7%	47.2%±8.0%	46.4%±8.3%	49.8%±13.5%
足放平时间（ms）	108.0±40.0	84.0±16.7	68.0±11.0	62.0±11.0	56.0±21.9
Avg步速（cm/s）	124.1±9.4	122.6±7.4	110.7±5.1	98.4±5.3	98.9±4.7
步长（cm）	76.1±5.4	74.1±3.3	63.9±7.7	62.1±7.8	59.9±6.3
MaxCOP$_y$轴（mm）	84.0±11.6	81.8±11.7	62.8±8.6	62.2±20.4	60.2±14.9
MaxCOP$_x$轴（mm）	8.4±2.8	5.6±2.3	6.8±1.9	7.8±3.9	6.4±2.7

表9-2-5是标准组穿不同高度高跟鞋行走的运动学参数，可以看出：鞋跟高度增

加，步态周期、支撑期、双支撑期、双支撑/支撑四项参数呈现逐渐延长趋势；足放平时间、单支撑时相、Avg 步速、步长、MaxCOP$_y$轴则呈下降趋势。实验结果与超重组实验组结果基本一致，但标准组实验对象穿鞋跟为 4cm、5. 3cm 时与平底鞋比较无显著差异（P>0. 05），鞋跟在 6. 5cm 时开始出现显著性变化（P<0. 01）。

表 9-2-5　B 组实验对象时空参数表

	G1	G2	G3	G4	G5
步态周期（ms）	1048. 2±73. 6	1047. 4±82. 3	1057. 6±84. 8	1164. 0±226. 1	1273. 2±355. 9
支撑时相（ms）	644. 4±57. 4	681. 2±46. 1	677. 8±77. 1	750. 5±67. 1	749. 4±88. 5
双支撑时相（ms）	231. 4±86. 3	267. 8±93. 9	260. 8±39. 2	364. 4±138. 5	367. 8±111. 7
单支撑时相（ms）	415. 0±66. 2	406. 2±67. 2	404. 4±30. 3	341. 5±81. 5	338. 0±25. 4
双支撑/支撑（%）	35. 4%±11. 3%	37. 1%±11. 2%	40. 4%±4. 5%	48. 9%±17. 7%	48. 5%±9. 3%
足放平时间（ms）	106. 0±29. 8	100. 0±35. 3	104. 0±26. 3	72. 0±21. 5	72. 0±25. 3
Avg 步速（cm/s）	140. 2±16. 2	135. 2±10. 2	134. 5±15. 6	120. 9±7. 9	118. 8±7. 5
步长（cm）	78. 1±8. 3	78. 9±14. 7	77. 4±2. 2	67. 6±9. 9	64. 0±8. 9
MaxCOP$_y$ 轴（mm）	93. 3±13. 4	92. 2±10. 9	82. 3±11. 6	75. 5±12. 4	75. 5±16. 6
MaxCOP$_x$ 轴（mm）	8. 6±4. 2	7. 6±3. 5	7. 2±3. 6	5. 9±2. 8	6. 3±3. 2

（2）不同 BMI 成年女性穿不同高度的高跟鞋行走过程中关节角度变化

人体在行走过程中经历足跟着地、足放平时期、站立中期、足跟离地时期、迈步期、足跟再次着地六个时期。根据人体行走中经历各时相中的踝、膝、髋关节角度变化，可以反映在一个步态周期内各关节角度的变化情况。

从表 9-2-6 可以看出，随着鞋跟高度的增加，踝关节首次着地跖屈角度、站立相最大跖屈角度、足趾离地跖屈角度、迈步相最大角度呈现逐渐增加的趋势；膝关节首次着地屈曲角度、站立相最大伸展角度、足趾离地伸展角度、迈步相最大角屈曲角度都呈逐渐下降趋势；髋关节首次着地屈曲角度、足趾离地伸展角度亦逐渐增大，站立相最大伸展角度、迈步相最大屈曲角度没有变化。鞋跟高度为 4cm 时与平底鞋相比，踝关节、膝关节、髋关节在各时相中的角度没有显著变化（P>0. 05）；鞋跟高度为 5. 3cm 时与平底鞋相比，踝关节、膝关节在各时相中有统计学意义（P<0. 05），髋关节首次着地屈曲角度、足趾离地伸展角度有统计学意义（P<0. 05）；鞋跟高度大于 5. 3cm 时与平底鞋相比，踝关节、膝关节在各时相中的角度变化有显著性差异（P<0. 01）。

表 9-2-6　A 组实验对象关节角度表

		G1	G2	G3	G4	G5
足跟着地	踝关节	100. 1±1. 5	102. 8±6. 8	116. 7±7. 8	116. 2±6. 4	125. 9±3. 5
	膝关节	169. 7±2. 3	163. 6±5. 2	116. 9±2. 1	114. 4±5. 3	106. 7±3. 9
	髋关节	102. 7±7. 7	115. 2±13. 7	116. 5±10. 9	157. 7±8. 5	157. 9±5. 9
站立相	踝关节	116. 1±4. 5	117. 1±6. 0	124. 2±4. 4	129. 2±2. 1	132. 5±2. 8
	膝关节	149. 9±2. 9	162. 9±2. 8	173. 4±2. 6	177. 3±1. 1	177. 1±1. 3
	髋关节	178. 2±1. 0	177. 2±2. 1	177. 2±1. 8	176. 5±1. 9	177. 7±0. 7
足趾离地	踝关节	105. 5±5. 3	112. 6±11. 8	121. 2±9. 4	128. 9±7. 2	133. 3±9. 5
	膝关节	121. 0±7. 8	121. 5±3. 9	128. 1±7. 5	127. 8±5. 4	129. 1±3. 2
	髋关节	170. 1±5. 3	171. 1±4. 8	170. 2±5. 0	162. 9±2. 3	154. 4±3. 9
迈步相	踝关节	115. 1±2. 8	117. 1±6. 5	114. 0±3. 9	115. 6±4. 8	116. 5±6. 2
	膝关节	162. 9±4. 1	162. 6±3. 2	163. 6±3. 0	162. 2±0. 7	162. 5±3. 3
	髋关节	164. 2±4. 6	162. 5±3. 3	169. 4±3. 0	172. 4±3. 9	172. 3±6. 8

从表 9-2-7 可以发现，随着鞋跟高度的增加，踝关节首次着地跖屈角度、站立相最大跖屈角度、足趾离地跖屈角度、迈步相最大角度呈现逐渐增加的趋势；膝关节首次着地屈曲角度、站立相最大伸展角度、足趾离地伸展角度、迈步相最大角和屈曲角度都呈逐渐下降趋势；髋关节首次着地屈曲角度、足趾离地伸展角度亦逐渐增大，站立相最大伸展角度、迈步相最大屈曲角度没有变化。实验结果与超重组的实验结果基本相似。

表 9-2-7　B 组实验对象关节角度表

		G1	G2	G3	G4	G5
足跟着地	踝关节	118. 9±7. 0	119. 5±11. 7	126. 7±3. 8	126. 5±4. 5	128. 7±9. 9
	膝关节	172. 1±5. 2	170. 3±4. 2	168. 8±3. 7	164. 0±3. 5	160. 6±8. 7
	髋关节	164. 6±3. 1	165. 9±2. 8	165. 9±1. 5	171. 1±4. 5	173. 0±4. 3
站立相	踝关节	125. 3±4. 8	128. 5±4. 2	131. 0±4. 1	137. 7±5. 9	138. 1±5. 6
	膝关节	169. 4±3. 8	168. 5±3. 3	167. 5±6. 3	160. 6±3. 3	160. 1±3. 2
	髋关节	176. 8±1. 3	176. 9±1. 0	176. 6±0. 9	178. 0±0. 9	178. 4±1. 2
足趾离地	踝关节	119. 3±7. 1	118. 9±8. 3	121. 6±5. 3	129. 1±4. 8	133. 9±10. 8
	膝关节	147. 4±13. 9	145. 8±14. 2	131. 8±9. 8	133. 9±14. 1	130. 6±14. 3
	髋关节	172. 4±3. 7	171. 6±3. 2	169. 1±2. 9	166. 5±7. 5	165. 9±2. 8

续表

		G1	G2	G3	G4	G5
迈步相	踝关节	129.9±6.6	130.9±4.6	133.2±4.4	133.7±4.4	132.3±4.9
	膝关节	153.4±3.2	155.3±2.5	156.3±2.5	154.7±2.0	153.4±3.1
	髋关节	166.5±2.7	166.9±2.3	166.5±2.9	167.7±1.4	167.3±1.9

2. 不同BMI成年女性穿不同高度的高跟鞋行走时动力学指标

（1）不同BMI成年女性穿不同高度的高跟鞋行走时足底压力峰值变化

人在站立、行走及奔跑中足底触及地面产生作用于地面的力量时，地面会产生的一个大小相等、方向相反的力。

由表9-2-8可以看出，随着鞋跟增高，超重组实验对象和标准组实验对象足底压力峰值有递增的趋势，鞋跟高度为8.5cm时，足底压力峰值达到最大，分别为812.6±87.3N、727.8±31.3N，且超重组足底压力峰值大于标准组的足底压力峰值。鞋跟为4cm时与平底鞋比较，超重组实验对象和标准组实验对象的足底压力峰值都没有明显变化（$P>0.05$）；鞋跟高度为5.3cm时与平底鞋比较，超重组实验对象的足底压力峰值开始显著增加（$P<0.05$），数值为748.6±15.8N；标准组实验对象的足底压力峰值没有显著性差异（$P>0.05$）；当鞋跟高度大于5.3cm时，标准组实验对象的足底压力峰值开始出现递增趋势，有显著性变化（$P<0.05$），数值为703.9±47.2N。

表9-2-8　两组实验对象的足底压力峰值表　（单位：N）

	G1	G2	G3	G4	G5
A组	670.4±32.9	671.6±57.7	748.6±15.8	771.5±40.2	812.6±87.3
B组	647.0±84.2	653.8±20.8	650.9±44.6	703.9±47.2	727.8±31.3

（2）不同BMI成年女性穿不同高度的高跟鞋行走时足底压强峰值

足底峰值压强是指实验对象在整个运动过程中足底压力鞋垫中的每个传感器测得的最大压强值，它所反映的是足底各区在行走过程中压强所达到的最大水平，通过分析足底各部分的峰值压强可以得到实验对象在行走过程中足底的主要受力部分。

从表9-2-9可以发现，与穿平底鞋行走比较，超重组实验对象穿4cm高跟鞋行走时，HM区域、HL区域、M2区域、M3区域、M4区域的压强峰值没有显著性差异（$P>0.05$），M5区域的压强峰值显著性升高（$P<0.05$）。当鞋跟高度为5.3cm时与平底鞋比较，HM区域、HL区域、M1区域、M2区域、M3区域、M5区域的压强峰值开始有明显的变化（$P<0.05$）压强值分别为：24.6±2.9 N/cm^2、22.4±6.0 N/cm^2、32.6±4.8 N/cm^2、28.6±3.2 N/cm^2、32.8±1.3 N/cm^2、8.2±5.4 N/cm^2；其中M1区域和M2区

域的压强峰值的变化更为显著（$P<0.01$），当鞋跟大于 5.3cm 时，HM 区域、HL 区域、M3 区域、M5 区域的压强出现显著性差异（$P<0.01$）。其中 HM 区域、HL 区域、M5 区域的压强峰值随着鞋跟增高而减小，HM 的压强峰值大于 HL 的压强峰值，M2 区域、M3 区域的压强峰值随鞋跟增高而增大。M4 区域的压强峰值不随鞋跟增高而改变。

表 9-2-9　A 组实验对象的足底各区压强峰值表　（单位：N/cm^2）

	G1	G2	G3	G4	G5
HM	31. 0±11. 5	27. 9±3. 5	24. 6±2. 9	21. 7±2. 9	19. 6±8. 9
HL	29. 0±3. 6	28. 6±5. 8	22. 4±6. 0	21. 7±2. 4	20. 7±5. 3
M5	17. 1±5. 7	9. 9±2. 4	8. 2±5. 4	5. 4±5. 1	4. 2±5. 1
M4	15. 3±9. 8	13. 7±3. 0	10. 8±4. 8	11. 3±4. 2	10. 1±3. 9
M3	26. 8±4. 9	32. 1±4. 5	32. 8±1. 3	36. 9±1. 5	44. 1±2. 7
M2	27. 1±8. 2	26. 4±4. 5	28. 6±3. 2	34. 1±4. 1	36. 2±6. 6
M1	26. 6±4. 8	29. 5±8. 1	32. 6±4. 8	37. 8±4. 9	43. 5±2. 1

从表 9-2-10 可以发现，与平底鞋比较标准组实验对象穿 4cm 高跟鞋行走时，足底各区域压强峰值没有显著变化（$P>0.05$）。与平底鞋比较穿 5.3cm 高跟鞋行走时，M2 区域、HM 区域、HL 区域的压强峰值具有显著性差异（$P<0.05$），M5 区域、M4 区域、M3 区域、M1 区域的压强峰值无显著性差异（$P>0.05$），其中随着鞋跟增高 M2 区域的压强增高，H1 区域和 H2 区域的压强峰值减少，HM 区域的压强峰值大于 HL 区域的压强值。与平底鞋比较，当鞋跟高度分别为 6.5cm、8.5cm 时，HM 区域、HL 区域的压强峰值有显著性差异（$P<0.05$），M5 区域、M3 区域、M2 区域、M1 区域的压强峰值有非常显著性差异（$P<0.01$），M4 区域的压强峰值无显著性差异（$P>0.05$），其中 HM 区域、HL 区域、M5 区域的压强随鞋跟高度的增加而减少，且 HM 区域的压强大于 HL 区域的压强，M3 区域、M2 区域、M1 区域的压强随鞋跟高度的增加而增大。

表 9-2-10　B 组实验对象的足底各区压强峰值表　（单位：N/cm^2）

	G1	G2	G3	G4	G5
HM	28. 6±9. 8	22. 5±3. 3	20. 7±4. 3	22. 3±5. 8	20. 4±3. 9
HL	27. 7±9. 7	21. 3±4. 5	20. 0±6. 3	21. 0±4. 9	20. 6±6. 7
M5	14. 8±6. 4	12. 9±2. 2	11. 3±3. 6	6. 6±5. 6	3. 4±4. 7
M4	15. 6±3. 3	13. 2±3. 4	12. 8±3. 6	21. 9±6. 4	12. 9±2. 2
M3	20. 9±4. 5	20. 9±4. 3	21. 9±6. 4	26. 9±8. 1	28. 8±4. 3
M2	24. 3±6. 7	24. 3±7. 0	31. 3±5. 7	31. 9±9. 4	36. 6±7. 7
M1	23. 5±11. 7	24. 2±5. 4	24. 1±5. 7	33. 4±6. 1	36. 6±6. 5

REFERENCES

参考文献

[1] 全国体育院校函授教材委员会《运动生物力学》编写组．运动生物力学［M］．北京：人民体育出版社，1999.

[2] 全国师范院校教材委员会体育系通用教材组．运动生物力学［M］．北京：高等教育出版社，1987.

[3] 李良标，等．运动生物力学［M］．北京：北京体育学院出版社，1991.

[4] 马和中．生物力学导论［M］．北京：北京航空学院出版社，1986.

[5] 冯元桢．生物力学［M］．北京：科学出版社，1983.

[6] 体育院校成人教育协作组《运动生物力学》教材组编写组．运动生物力学［M］．北京：人民体育出版社，1997.

[7] 弗拉基米尔·M. 扎齐奥尔斯基．运动生物力学——运动成绩的提高与运动损伤的预防［M］．北京：人民体育出版社，2004.

[8] 金季春．运动生物力学高级教程［M］．北京：北京体育大学出版社，2007.

[9] 闫红光．运动生物力学［M］．北京：北京师范大学出版社，2012.

[10] 闫红光，娄彦涛．运动康复生物力学［M］．北京：人民体育出版社，2016.

[11] 陆爱云，等．运动生物力学［M］．北京：人民体育出版社，2010.

[12] 闫红光．自由式滑雪空中技巧项目运动生物力学理论与实践［M］．北京：人民体育出版社，2015.

[13] 闫红光，等．自由式滑雪空中技巧项目备战第19届冬奥会科技攻关服务内部技术反馈报告［R］．2002.

[14] 闫红光，等．自由式滑雪空中技巧项目备战第20届冬奥会科技攻关服务内部技术反馈报告［R］．2006.

[15] 闫红光，等．自由式滑雪空中技巧项目备战第21届冬奥会科技攻关服务内部技术反馈报告［R］．2010.

[16] 于经伦．女子二级羽毛球运动员下肢优势侧与非优势侧落地的生物力学分析［D］．沈阳：沈阳体育学院，2020.

[17] 闫红光，陈奕男．对穿高跟鞋人群行走步态的运动生物力学研究［J］．辽宁体育科技，2009，25（2）：25-28.